Buch und Lesen in Kindheit und Jugend

Reihe **Beltz Stiftung Lesen**

Buch und Lesen in Kindheit und Jugend

Ein kommentiertes Auswahlverzeichnis von Literatur und Modellen zur Leseförderung

Materialien der Stiftung Lesen
zur Leseförderung und Leseforschung
Band 5

Beltz Verlag · Weinheim und Basel

Die Deutsche Bibliothek – CIP-Einheitsaufnahme

Buch und Lesen in Kindheit und Jugend : ein kommentiertes
Auswahlverzeichnis von Literatur und Modellen zur
Leseförderung / [Red.: Manfred Engel ...]. – Weinheim ; Basel : Beltz, 1992
   (Materialien der Stiftung Lesen zur Leseförderung und Leseforschung ;
   Bd. 5) (Beltz Stiftung Lesen)
   ISBN 3-407-34900-9
NE: Engel, Manfred [Red.]; Stiftung Lesen: Materialien der Stiftung ...

Die Erstellung dieser Bibliographie wurde vom Bundesministerium des Inneren
über die Kulturstiftung der Länder gefördert.

Lektorat: Ingeborg Strobel

Druck nach Typoskript

© 1992 Beltz Verlag · Weinheim und Basel
Redaktion: Manfred Engel, Bodo Franzmann, Heinrich Kreibich
Satz: Manfred Engel, Andreas Zepig
Druck: Druck Partner Rübelmann GmbH, Hemsbach
Umschlaggestaltung: Atelier Warminski, Büdingen
Printed in Germany

ISBN 3-407-34900-9

Inhaltsverzeichnis

Vorwort   7
Hinweise zur Benutzung   9

Teil I: Projekte

1. Projekte zur Leseförderung in der Freizeit   13
2. Projekte zur Leseförderung in der Bibliothek   36
3. Projekte zur Leseförderung in der Schule   48
4. Leseförderung durch Literaturpreise   69

Teil II: Literatur

1. Lese- und Medienforschung   81
2. Kinder- und Jugendliteraturforschung   103
3. Themen der Kinder- und Jugendliteratur   127
4. Verzeichnis zur Kinder- und Jugendliteratur   142
5. Vorschulische Leseförderung   153
6. Leseförderung im Primarbereich   165
7. Leseförderung im Sekundarbereich   193
8. Leseförderung durch Bibliotheken   213

Teil III: Informationsquellen

1. Handbücher   221
2. Informationsdienste   233
3. Kontaktadressen   257

Teil IV: Register   257

Vorwort

Seit Anfang 1988 unterhält die Stiftung Lesen eine Dokumentationsstelle, die Literatur, Projekte und Institutionen zu den Themengebieten Leseförderung und Leseforschung sichtet und für einen computergestützten Informationsdienst aufbereitet. Dieser bis Februar 1991 vom Bundesministerium für Bildung und Wissenschaft finanziell unterstützte Service wendet sich an alle im Feld der Leseförderung und Leseerziehung tätigen Personen, um den Austausch von Kenntnissen und Erfahrungen zu fördern und zu verbessern. Ein Bestandteil dieses Serviceangebots ist die Herausgabe von kommentierten Bibliographien in Buchform.

Mit dem vorliegenden Werk legt die Dokumentationsstelle der Stiftung Lesen nach "Buch und Lesen in der Kindheit" ein zweites Verzeichnis von Literatur und Projekten zur Leseförderung vor. Der Titel "Buch und Lesen in Kindheit und Jugend" weist zutreffend darauf hin, daß es sich bei der neuen Broschüre sowohl um eine Aktualisierung der im ersten Verzeichnis abgedeckten Themenbereiche als auch um eine thematische Ausweitung durch die Einbeziehung älterer Adressatenkreise der Leseförderung handelt.

Die hier nachgewiesenen Literaturtitel und Projektmaßnahmen beziehen sich auf alle Formen inner- und außerschulischer Leseförderung für Kinder und Jugendliche. Damit liegt eine umfassende Übersicht über Literatur und insbesondere über Projekte zur Planung und Unterstützung von Leseförderungsaktionen vor; die wesentlichen Informationen des ersten Verzeichnisses sind im vorliegenden aktualisiert worden.

Das 1989 in einer ersten Auflage von 1500 und 1990 in einem Nachdruck von 700 Exemplaren angebotene Werk "Buch und Lesen in der Kindheit" hat sehr rege Nachfrage erfahren. Die reduzierte Auflagenhöhe des Nachdrucks von 1990 ist schon mit Blick auf dieses nun vorliegende neue Verzeichnis erfolgt, denn die in der Dokumentationsstelle zwischenzeitlich neu ausgewertete aktuelle Literatur ist qualitativ und der Anzahl nach so bedeutsam, daß der Nachweis der wichtigsten Neuzugänge in einem solchen für die Praxis der Leseförderung konzipierten Hilfsmittel zweckmäßig bzw. notwendig wird. Die Aufgabe der Leseförderung stößt in allen Sozialisationsbereichen zunehmend auf positive Resonanz und Aktivitätsbereitschaft. Damit verbunden ist ein Informationsbedarf, der sich einerseits auf praktische Möglichkeiten, das heißt auf Konzepte, Ideen und Erfahrungen zur Leseförderung erstreckt, andererseits aber auch auf Hintergrundwissen über wissenschaftliche und pädagogische Kenntnisse zur Herausbildung und Entwicklung des Leseverhaltens und zur Aneignung und Aufrechterhaltung der Lesefähigkeit gerichtet ist.

Die Broschüre wendet sich damit sowohl an unmittelbare Praktiker der Buch- und Leseerziehung, als auch an Verantwortliche in der Bildungs- und Bibliotheksverwaltung, an Publizisten und an Interessenten aus dem Buchhandels- und Verlagswesen. Eltern, Erzieherinnen, Pädagogen und Bibliothekare können mit Hilfe der hier nachgewiesenen Literatur und der beispielhaft beschriebenen Förderungsmodelle motivierende und praktisch erprobte Ideen kennenlernen, die in unterschiedlichen sozialen Umgebungen die Begegnung von Kindern und Jugendlichen mit dem Lesen anregen.

Die hier gebunden vorgelegten Beschreibungen von Literatur und Projekten bilden erneut nur eine begrenzte Auswahl der in der Dokumentationsstelle auf dem Personalcomputer gespeicherten Dokumente. So sind z.B. von den 240 gespeicherten Projekten allein 150 Maßnahmen, die an Kinder und Jugendliche gerichtet sind. Weiterhin liegen inzwischen Nachweise über 3400 Literaturtitel und 440 Adressen mit Kurzbeschreibungen von Institutionen und Experten aus dem Umfeld der Leseförderung und Leseforschung vor.

Das damit erschlossene Themenspektrum liefert auch Informationen über Fragen der Lese- und Medienforschung in internationaler Perspektive, über leserelevante Aspekte der Kulturpolitik oder über medienpädagogische Ansätze und Konzepte. Die Dokumentationsstelle steht weiterhin für individuelle Anfragen zu spezifizierten Themenstellungen zur Verfügung.

Alexander Botte und Andreas Zepig, die am Aufbau der Dokumentationsstelle und an diesem Verzeichnis maßgeblichen Anteil haben, sei an dieser Stelle herzlich gedankt.

Hilmar Hoffmann   Bodo Franzmann
Rolf Zitzlsperger   Heinrich Kreibich
                           Manfred Engel

Mainz, im Juni 1992

Hinweise zur Benutzung

Die vorliegende Bibliograyphie ist in drei Teile gegliedert. Dabei enthält der mit "Projekte" bezeichnete und für die Leseförderungspraxis wichtigste Teil einerseits modellhafte Initiativen und Maßnahmen, die entweder Anregungen für eigene Aktivitäten, oder Beteiligungsmöglichkeiten an größeren Veranstaltungen bieten. Außerdem werden hier in einem Unterkapitel wichtige Preise und Auszeichnungen für Kinder- und Jugendliteratur genannt, die einerseits den Praktikern der Leseförderung Entscheidungskriterien an die Hand geben, die andererseits aber auch durch die häufig mit der Auszeichnung verbundene Geldsumme einen wichtigen Beitrag zur Literatur- und Autorenförderung leisten.

Die - zumindest quantitative - Vorrangstellung der im zweiten Teil verzeichneten Literatur entspricht der überproportionalen Bedeutung, die diese Datei im Rahmen der Datenbank einnimmt. Während die im Projektteil aufgeführten Modelle, Hilfsmittel und Auszeichnungen teilweise und in aktualisierter Form die im ersten Band vorgestellten Maßnahmen wieder aufgreifen und teilweise eine Ergänzung im Hinblick auf das größer gewordene Altersspektrum bieten, spielt die Ausweisung neuerer Dokumente im Literaturteil eine weit wichtigere Rolle.

Dies liegt daran, daß die Entwicklung neuer Modelle der Leseförderung nicht im gleichen Tempo vor sich geht wie die Verbreitung neuer Literatur zum Themenfeld. In der Literatur schlagen sich neue Erkenntnisse, Erfahrungen und Möglichkeiten der praktischen Arbeit am raschesten nieder. Die Literatur ist daher primärer Zugang für die Erschließung neuer Entwicklungen.

Der dritte, mit "Informationsquellen" bezeichnete Teil wurde so konzipiert, daß er Ratsuchenden aus den verschiedensten Bereichen schnell zu einem ersten Einstieg in ein bestimmtes Thema verhelfen kann. In den einzelnen Kapiteln dieses Teils werden einerseits Handbücher und Informationsdienste genannt, die Grundlegendes und Überblicksdarstellungen zu den unterschiedlichen Aspekten der Kinder- und Jugendliteratur enthalten, andererseits aber auch eine Anzahl von Kontaktadressen und Ansprechpartnern, die den Interessierten bei speziellen Fragestellungen weiterhelfen können.

Die drei Teile sind jeweils nach sachlichen Aspekten in Kapitel untergliedert. Jeder Literatur-, jeder Projekt- und jeder Informationsquellennachweis erscheint nur einmal in einer festen Kapitelzuordnung. Neben der Kapiteleinteilung bietet daher das Sachregister im Anhang einen weiteren Zugang, wenn gezielt nach bestimmten Themen und Merkmalen gesucht werden soll. Damit kann kapitelübergreifend auf vielfältige Aspekte und Teilthemen direkt zugegriffen werden. So finden sich unter dem Schlagwort "Lesemotivation" alle diese Thematik betreffenden Nachweise, gleich in welchem Kapitel sie eingeordnet sind. Die im Register hinter den Schlagworten aufgeführten Ziffern verweisen auf die in den drei Verzeichnissen durchlaufende Numerierung.

Teil I: Projekte

Das Projekt-Verzeichnis ist in vier Kapitel untergliedert. In den ersten drei Kapiteln orientiert sich die Einteilung an den Bereichen, auf welche die Maßnahmen vorwiegend bezogen sind: Freizeit, Bibliothek, Schule.

Kapitel 4 enthält wichtige Preise und Auszeichnungen der Kinder- und Jugendliteratur. Die 33 in diesem Kapitel aufgeführten Maßnahmen sind sowohl für Autoren als auch für Eltern, Erzieher/innen, Pädagog/innen und Bibliothekar/innen interessant: für die ersteren, weil auf diese Weise ihre gute Arbeit gewürdigt und honoriert wird; für die letzteren, weil ein positiver Juryentscheid immer ein gutes Kriterium zur Anschaffung eines Buches ist. Innerhalb der Kapitel sind die Projekte alphabetisch nach den halbfett gedruckten Titeln und dann nach Trägern geordnet.

Teil II: Literatur

Die Literatur-Bibliographie liefert Hinweise auf Bücher und Aufsätze aus Zeitschriften und Sammelwerken. Neben handlungsbezogenen Handreichungen, Empfehlungen und Erfahrungs- sowie Projektberichten findet sich hier auch eine praxisorientierte Auswahl an zentralen Titeln aus dem Wissenschaftsbereich.

In die Auswahl wurde in der Regel neueste Literatur ab 1989 aufgenommen. Dies gilt überwiegend auch für die neu hinzuge-

10

kommenen Inhaltsbereiche, die sich mit der Leseförderung älterer Kinder und Jugendlicher befassen. Ausnahmen von diesem Aktualitätsgrundsatz wurden vor allem bei grundlegenden Beiträgen und Standardwerken gemacht. Die aufgeführte Literatur ist in acht Kapitel unterteilt. In Kapitel 1 werden unter "Grundlagen der Lese- und Medienforschung" die bedeutendsten theoretischen und empirischen Arbeiten der jüngeren Zeit beschrieben, die die Grundlage für Einschätzungen und Konzepte im Bereich der Medien- und Bildungspolitik, soweit sie auf die Beeinflussung des Leseverhaltens gerichtet ist, bilden.

Kapitel 2 befaßt sich mit zentraler Literatur der Forschung zur Kinder- und Jugendliteratur. Daneben sind in diesem Kapitel grundlegende Argumente und Ansätze zur Leseförderung verzeichnet.

Kapitel 3 und 4 setzen sich mit der Produktion und Vermittlung von Kinder- und Jugendliteratur auseinander, die eine der wesentlichen Grundlagen für die Leseförderung liefert. Die Literatur zu diesem Themenbereich ist sehr zahlreich, so daß hier gegenüber der im Computer vorhandenen Titelanzahl große Abstriche gemacht werden mußten. Dies gilt insbesondere für die empfehlende und beratende Literatur, von der vornehmlich eine Auswahl für zur Zeit stark nachgefragte Inhalte und Formen getroffen wurde.

Kapitel 5 behandelt speziell die vorschulische Förderung. Die relativ geringe Anzahl der in diesem Kapitel aufgenommenen Literatur gibt einerseits Hilfestellungen für den Umgang mit Kinderbüchern im Rahmen der Kindergarten- und Vorschulerziehung sowie im Rahmen der familiären Leseförderung. Andererseits haben einige der aufgeführten Titel auch den sinnvollen Einsatz der Neuen Medien zum Thema.

Kapitel 6 und 7 sind auf die zentrale Instanz der Leseförderung, nämlich die Schule, bezogen. Im Gegensatz zum vorschulischen und familiären Bereich konnte hier auf ein relativ großes Reservoir an Literatur zurückgegriffen werden. Exemplarische Literaturbeispiele wurden ausgewählt, für weitere Hinweise sollte der Anfrageservice der Dokumentationsstelle in Anspruch genommen werden.

Die in Kapitel 8 verzeichneten Titel führen Beispiele für Förderungsmaßnahmen und organisatorische Ansätze im Freizeit- und Bibliotheksbereich an. Neben der Schule gehört die Bibliothek zu den wichtigsten Instanzen der Leseförderung bei Kindern und Jugendlichen, was sich auch in zahlreichen Erfahrungsberichten in den einschlägigen Zeitschriften niederschlägt, die hier nur exemplarisch aufgenommen wurden. Daneben wird in diesem Kapitel der eher defizitäre Bereich der Jugend- und Sozialarbeit mit einigen modellhaften Ansätzen berücksichtigt.

Die Literaturnachweise sind nach folgender Struktur aufgebaut: Autor bzw. Urheber - Titel und Untertitel (in halbfett) - Quellenangabe - Inhaltsbeschreibung. Dabei kann die Inhaltsangabe bei Forschungsliteratur auch Angaben zu den methodischen Verfahren bei empirischen Arbeiten enthalten. Die Quelle der Inhaltsbeschreibungen wird am Ende in Klammern angezeigt. Dabei bedeuten die verwendeten Kürzel:

Bot = Alexander Botte
Ze = Andreas Zepig
men = Manfred Engel

Innerhalb der Kapitel wurde eine Sortierung nach Autor bzw. Hauptsachtitel (bei Urheberwerken) und dann absteigend nach Erscheinungsjahr gewählt.

Teil III: Informationsquellen

In den drei Kapiteln dieses Teils sind Handbücher, Informationsdienste und Kontaktadressen verzeichnet. Das erste Kapitel enthält die wichtigen und grundlegenden Standardwerke zur Kinder- und Jugendliteratur. In diesem Kapitel wurde der ansonsten strikt eingehaltene Aktualitätsgrundsatz durchbrochen, denn aufgrund relativ geringer Publikationstätigkeit in diesem Bereich hat ein Werk wie das von A.C. Baumgärtner auch heute noch seine Berechtigung.

Kapitel zwei enthält regelmäßig erscheinende Informationsdienste, Zeitschriften oder Handreichungen, die über die Möglichkeiten der Leseförderung, teilweise auch über neue Forschungsprojekte und -ergebnisse sowie über Neuerscheinungen im Bereich der Kinder- und Jugendliteratur informieren.

Im dritten Kapitel dieses Teils werden für alle, die an speziellen Fragestellungen interessiert sind, Kontaktadressen und Ansprechpartner genannt, die ihnen bei ihren speziellen Wünschen und Bedürfnissen weiterhelfen können.

TEIL I: PROJEKTE

1. Projekte zur Leseförderung in der Freizeit

(1)
"Erzähl doch mal...
Senioren lesen für Kinder - Kinder lesen für Senioren"
Träger: Stiftung Lesen; Fischtorplatz 23; 6500 Mainz
Ansprechpartner: Mosbach, Gabriele; Wansleben, Margot;
Tel.: 06131/230888
Vorlese- und Erzählstunden sind ein wunderbares Mittel, junge
Menschen mit älteren zusammenzubringen. Sie können zum
gegenseitigen Verstehen beitragen, zum Lesen verführen und
neue Kontakte vermitteln. Vor allem über Bibliotheken und Bü-
chereien, aber auch über Alteneinrichtungen und publizistische
Öffentlichkeitsarbeit sollen zunächst ältere Personen gewonnen
werden, die Spaß an und eventuell auch Erfahrung mit erzähle-
rischer Betätigung haben. Über regionale Arbeitsgruppen und
Fortbildungen vermitteln die Organisatoren Einführungen in die
Techniken des Vorlesens und Erzählens.
   In Büchereien, Bibliotheken, Kindergärten, Schulen usw.
werden Kindern regelmäßige Erzählstunden angeboten. Besonders das "Erzählcafé" ist eine geeignete Veranstaltungsform zur generationenübergreifenden Vermittlung lebendiger
Erzählung. Als kooperierende Träger des Projekts unterstützen
die Stiftung Lesen folgende Institutionen: Bundesverband der
Friedrich-Bödecker- Kreise, Bundesverband deutscher Zei-
tungsverleger, DBI, Deutscher Bibliotheksverband.
Hinweise: Einrichtungen, die gerne an dem Projekt teilnehmen
möchten, sollten sich an die Stiftung Lesen wenden, um zu erfahren, welche Partner in ihrem lokalen Umfeld schon beteiligt
sind. Sog. "Modellstädte", in denen das Projekt durchgeführt
wird, sind Celle, Gelsenkirchen, Gladbeck, Köln und Mainz.

(2)
"Gustav", Das Leseschiff
Träger: Börsenverein des Deutschen Buchhandels; Großer Hirschgraben 17-21; Postfach 100442; 6000 Frankfurt/M. 1
Ansprechpartner: Fretter, Dagmar; Tel.: 069/1306333

Mit einem ähnlichen Grundkonzept wie das 1987 gestartete Lesemobil lief das Leseschiff vom 16. Juli bis 16. August 1989 zu einer Leseförderungsaktion auf dem Rhein und seinen Nebenflüssen von Frankfurt aus insgesamt 18 Städte an. Zusätzlich zu den im Rahmen des "Lesemobils" erprobten Veranstaltungen bietet das Schiff Möglichkeiten der Betätigung in Innenräumen: Bord-Bibliothek, Autorenlesungen, Mitspieltheater. Das Schiff hielt sich täglich 12 Stunden an wechselnden Orten auf, das Hauptprogramm am Oberdeck dauerte ca. 2 Stunden.
Hinweise: Die Veranstaltung war - wie das Lesemobil - stark von der Kooperation der lokalen Buchhändler, Bibliothekare und Kulturverantwortlichen abhängig.

(3)
"Lyrik-Lesezeichen"; "Gedicht des Monats"
Träger: Verein Bremer Literaturkontor e.V.; Villa Ichon; Goetheplatz 4; 2800 Bremen 1; Tel.: 04121/327943

Anknüpfend an die erfolgreichen "Lyrik-Lesezeichen" im Jahre 1988 haben sich die Stadtbibliothek und Literaturkontor Bremen die Aktion "Gedicht des Monats" einfallen lassen. Es sind Bremer Lyrikerinnen und Lyriker, deren Text im monatlichen Wechsel in Form eines Plakates veröffentlicht wird. Diese Plakate werden an verschiedene Institutionen mit der Bitte um Aushang an geeigneter Stelle verschickt.
Hinweise: Diese mit relativ geringem personellen und finanziellen Aufwand durchführbare Aktion der Autoren-, Literatur- und Leseförderung bietet sich dort an, wo über eine literarische Autorenagentur, wie z.B. ein Literaturbüro, Verbindungen zur lokalen Autorenschaft existieren.

(4)
Abenteuer Lesen
Träger: Stiftung Lesen; Fischtorplatz 23; 6500 Mainz
Ansprechpartner: Kreibich, Heinrich; Hasselblatt, Tamara; Tel.: 06131/230888

Das vielfältige Medienverbundprogramm wendet sich an Kinder und Jugendliche im Schulalter und ihre Erziehungsberechtig-

ten. Unter dem Motto "Spaß am Lesen" hat das Programm folgende thematische Schwerpunkte: Spaß und Humor (auch Sprachspielereien); Spannung und Gruseln (Abenteuer, Krimi, Gespenstergeschichten); "Das geht mich auch was an" (Umwelt, Arbeitswelt, Tabus); "Ich und du - du und ich" (Beziehungen, Freundschaft); Schulgeschichten (Schule als Lebensraum); "Woanders leben" (Solidarität, Toleranz, andere Kulturen). Die Inhalte werden in folgenden Formen an die Zielgruppen herangetragen:
- Jugendzeitschriften für Kinder von 8-11 Jahren/ Sonderausgaben bzw. Themenverbund mit eingeführten Jugendzeitschriften des Deutschen Jugendschriftenwerks;
- "Buch-Test-Buch" für Jugendliche von 9-14 Jahren: "Die Bücherbande". Thematisch aufbereitetes Leseanimationsbuch;
- "Impulsfilme für Kinder und Jugendliche - Kulturgeschichte des Lesens für Erwachsene": Ausstrahlung von Fernsehfilmen, die die vielfältigen Funktionen von Lektüre situativ vermitteln;
- Plazierung von Beiträgen in Fernsehen, Hörfunk und Tageszeitungen/Zeitschriften mit der Aufforderung zur Beteiligung an der Aktion "Abenteuer Lesen";
- Faltprospekte in Supermärkten, Arztpraxen, Postämtern, Banken etc. mit gleicher Zielsetzung;
- Aktionen in Bibliotheken, Schulen, Kindergärten sowie in der Erwachsenenbildung/kulturellen Jugendbildung mit dem Ziel der produktiven Auseinandersetzung mit Lektüre.
Ein zentraler, zielgruppenspezifischer Projekt- und Materialpool wurde erstellt, der das Know-how der Organisationen der Leseförderung zusammenführt und für Aktionen zugänglich macht.
Materialien: Faltprospekte; Materialpools

(5)
Abenteuer Lesen auf dem Planwagen
Träger: Westfälisches Literaturbüro e.V.; Markt 1; 4750 Unna
Ansprechpartner: Littau, Monika; Tel.: 02303/271097

Im Sommer 1990 tourte ein Planwagen mit wechselnder Besetzung von insgesamt 17 Kinder- und Jugendbuchautoren durch Westfalen. In Kooperation mit lokalen Veranstaltern kamen Lesungen in Schulen, Kinderheimen, Bibliotheken, aber auch auf öffentlichen Plätzen zustande. Häufig wurde die Verbindung zu anderen lese- bzw. literaturförderlichen Veranstaltungen gesucht oder direkt hergestellt: Eröffnung von Literaturtagen,

Filmvorführungen, Bücherflohmärkte, Workshops für Autoren, Multiplikatoren und Pädagogen. Eine vom Literaturbüro erstellte Broschüre informierte vorab über das Programm sowie über die Autoren und ihre Veröffentlichungen.

Hinweise: Ähnlich wie die zeitlich befristeten Veranstaltungsreihen des Börsenvereins, Lesemobil und Leseschiff, ist die Vorbereitung und Durchführung einer solchen "wandernden" Aktion mit relativ hohem personellen und finanziellen Aufwand verbunden. Begünstigt wird die Durchführung aber durch die Vielzahl der erreichten Adressaten und die damit verknüpfte Resonanz bei Publikum und Presse. Dadurch kann jeweils vor Ort, aber auch überregional, Unterstützung sowohl bei der Bewältigung der Arbeitsaufgaben als auch bei der Finanzierung gewonnen werden. Das Projekt wurde von der Stiftung Lesen als Teil der Aktion "Abenteuer Lesen" gefördert.

Materialien: Veranstaltungsprogr.; Planwagen; Bücher; Film

(6)
Abenteuerferien "Auf den Spuren Goethes"
Träger: Freizeitzentrum "Insel"; Cossebauder Str. 35; O-8080 Dresden
Ansprechpartner: Wend, Ulrike; Tel.: 0351/434688

Die 10- bis 14jährigen Kinder sind je eine Woche in Weimar und Ilmenau, wichtigen Wirkungsstätten Goethes, im Quartier. Dort werden sie mit wichtigen Stationen aus Goethes Leben vertraut gemacht. Die Kinder erfahren etwas über die damalige soziale Lage, über Spiele und Speisen der Goethezeit, sie erleben sozusagen ein Stück Literaturgeschichte.

(7)
Aktion "Das fröhliche Krankenzimmer"
Träger: Deutscher Ärztinnenbund; Kolbergerstraße 11; 8000 München 80
Ansprechpartner: Mundt, Edith; Tel.: 089/984551

1981 als Projekt der Kinderklinik der Universität München begonnen, ist das Konzept inzwischen von zahlreichen Krankenhäusern übernommen worden. Das Team in München unterstützt (z.B. durch Buchempfehlungslisten) die Arbeit an anderen Orten. Kernpunkt des therapeutischen Ansatzes ist es, die regelmäßige Versorgung der Krankenhauskinder mit adäquater Literatur durch persönliche Betreuung spezielle bibliothekarischer oder sozialpädagogischer Kräfte zu ergänzen. Soweit möglich, sollen gemeinsame Aktivitäten gefördert werden.

Hinweise: Zum Zwecke der Weiterbildung und des Informationsaustausches findet (normalerweise) einmal jährlich ein Seminar statt. Die Maßnahme hat inzwischen auch Nachahmung im Ausland gefunden: Österreich, Jugoslawien, Niederlande, Schweiz.

Materialien: Buchempfehlungsliste; Plakate; Aufkleber

(8)
Bücherferien mit Autoren
Träger: Stiftung Lesen; Fischtorplatz 23; 6500 Mainz
Ansprechpartner: Bergmann, Günter; Tel.: 06131/230888

Die Maßnahme, die sich insbesondere um soziokulturell benachteiligte Familien bemüht, besteht in der Veranstaltung von Ferienfreizeiten für die ganze Familie. Die Freizeiten werden von sozialpädagogischen Fachkräften betreut, an ihrer Gestaltung beteiligen sich maßgebend Autoren, die möglichst aus der näheren Umgebung stammen. Sie sind in alle Aktivitäten während der Bücherferien einbezogen, verhelfen den Teilnehmern so zu authentischer Information über die Literaturproduktion und vermitteln einen persönlichen Bezug zum Buch.

Hinweise: Diese Freizeiten der Stiftung Lesen unterscheiden sich von gleichartigen Veranstaltungen anderer Organisatoren vor allem dadurch, daß durch Werbung und Kooperation mit Wohlfahrts- und Sportverbänden, kommunalen Behörden und den Friedrich-Bödecker-Kreisen verstärkt solche Familien angesprochen werden, die gewöhnlich wenig lesen.

Materialien: Erfahrungsberichte

(9)
Bücherfrühling
Träger: Stiftung Lesen; Fischtorplatz 23; 6500 Mainz
Ansprechpartner: Bergmann, Günter; Tel.: 06131/230888

Der seit 1983 bundesweit veranstaltete Bücherfrühling findet in der Regel im Mai statt. Durch die Vielfalt verschiedenster Veranstaltungen von Autorenlesungen über Buchausstellungen bis zu Buchflohmärkten soll der Kontakt zum Medium Buch geknüpft werden. So sollen Lust und Vergnügen am Lesen für Kinder, Jugendliche und Erwachsene vermittelt und als Möglichkeit einer attraktiven Freizeitgestaltung aufgezeigt werden.

Die Veranstaltungen werden hauptsächlich in Zusammenarbeit verschiedener örtlicher Institutionen und Träger durchgeführt; so kooperieren z.B. Schulen mit Bibliotheken/ Büchereien, Kindergärten mit Buchhandlungen usw. Die Stiftung Lesen unterstützt die dezentralen Aktionen durch Beratung, Koordination und Materialien (Plakate, Handzettel usw.). Durch die Beteiligung des Börsenvereins des Deutschen Buchhandels, des Deutschen Bibliotheksverbandes und des Arbeitskreises für Jugendliteratur hat der Bücherfrühling eine organisatorische und publizistische Verbreiterung erfahren. Im Rahmen des Bücherfrühlings wurden 1992 wiederum besondere Akzente im Norden und Süden Deutschlands gesetzt: In den fünf Küstenländern ging der Norddeutsche Bücherfrühling in sein 2. Jahr; in Bayern stand die 3. Internationale Frühjahrsbuchwoche unter dem Motto "Alte Welt - Neue Welt.

Hinweise: Hervorzuheben ist hierbei, daß durch die zentrale Unterstützung des Bücherfrühlings Institutionen vor Ort zu einer längerfristigen Zusammenarbeit über diese Veranstaltung hinaus angeregt werden. Diese Verbesserung der kulturellen Infrastruktur bildet die Basis für die weitere kulturelle Arbeit, vor allem in ländlichen Regionen.

Materialien: Broschüre "Bücherfrühling". 9. überarbeitete Auflage 1992. Plakate, Handzettel, Erfahrungsberichte

(10)
Bücherrallye
Träger: Stiftung Lesen; Fischtorplatz 23; 6500 Mainz
Ansprechpartner: Hasselblatt, Tamara; Tel.: 06131/230888

Eine Bücherrallye kann von Schulen, Bibliotheken oder auch sonstigen Einrichtungen veranstaltet werden, die Kinder und Bücher zusammenbringen wollen. Ausdehnung und Art der Aufgabenstellungen sind variabel und können auf die jeweiligen Bedingungen abgestimmt werden. In Mainz sind im Rahmen des Bücherfrühlings zahlreiche Institutionen (u.a. auch das Gutenbergmuseum, das Naturhistorische Museum und Buchhandlungen) in die Aktion eingebunden. Die Kinder können ihre Teilnahmebögen an mehreren Stellen abholen.

Wie bei einer Schnitzeljagd müssen verschiedene Orte aufgesucht werden, an denen Aufgaben zu lösen sind, die direkt oder indirekt mit Büchern zu tun haben: Raten von Romanfiguren oder Autoren; Ergänzen von Buchinhalten; Aufsuchen von Bibliotheken, Buchhandlungen und sonstigen buchbezogenen Einrichtungen, um deren Angebot kennenzulernen etc.

Die Kinder erhalten an jeder Station für eine richtige Lösung einen Vermerk auf ihrem Teilnahmebogen oder einen Puzzlestein. Wer alle Lösungen - mit oder ohne Zeitbeschränkung -

richtig gefunden hat und das Puzzle vollständig zusammenset-
zen kann, nimmt an der Preisverlosung teil.
Hinweise: Es ist sinnvoll, die Veranstaltung mit einem kleinen
Fest abzuschließen. Langfristige Vorbereitung - vor allem mit
Blick auf die Absprachen mit anderen Institutionen - ist ange-
bracht. Die Aufgabenstellungen sollten so gewählt werden, daß
die Routine der teilnehmenden Institutionen nicht zu sehr bela-
stet wird. Im Vordergrund der Aufgabenlösung muß der Spaß
an der Sache stehen, nicht die pädagogische Absicht.
Materialien: Teilnahmebögen; Plakate; Preise

(11)
Ein Ohrbuch - Literatur zum Hören
Träger: Ohrbuch-Verlag; Bauerstraße 37; 8000 München 40
Tel.: 089/2713845

Interessierte Autoren werden angeregt, für ein Ohrbuch ver-
wendbare Geschichten zu verfassen. Diese werden dann auf
das "Ohrbuch" gesprochen (z.T. von den Autoren selbst). In
Abständen von ca. 5 Minuten werden akustisch untermalte
Pausen eingestreut, in denen sich der Hörer auf das Gehörte
rückbesinnen oder auch einfach nur abschalten kann. Auf at-
mosphärische Übereinstimmung von Text und Musik sowie auf
hohe akustische Qualität wird Wert gelegt.
Hinweise: Die Kassetten sind zu einem Preis von DM 19,95
beim Verlag, der von den Autoren geführt wird, zu erwerben.

(12)
Europäisches Autorensuchspiel für Kinder und Jugendl.
Träger: Stiftung Lesen; Fischtorplatz 23; 6500 Mainz;
Ansprechpartner: Ihm, Karen; Mosbach, Gabriele;
Tel.: 06131/230888

Auf einem illustrierten Teilnahmebogen sind ca. zehn Fragen
angeführt, die in Form eines Ratequiz europäische Autoren und
Literatur ins Gedächtnis rufen. Der Teilnahmebogen erscheint
in allen Sprachen der beteiligten Länder. Auf ihrer Suche nach
den Autoren können und sollen sich die Kinder und Jugendlichen helfen lassen: in der Bibliothek, in der Buchhandlung, in
der Schule, zu Hause oder anhand eines Lexikons. Das Spiel
kann unterrichtsbegleitend eingesetzt werden. Schulen oder
Bibliotheken können mit einer eigenen internen Preisverleihung
einen ersten Anreiz bieten. Das Autorensuchspiel startet jeweils
im Mai und wird im Rahmen der Europäischen Buchwoche, die

1990 anläßlich des UNO-Jahres des Lesens und Schreibens erstmals veranstaltet wurde, durchgeführt. 1990 stand der Wettbewerb unter dem Motto "Gesucht: Europäische Autoren", 1991 war mit "Abenteuer Lesen" Europas Abenteuerliteratur Mittelpunkt, 1992 drehte sich alles um "Kolumbus & Co." und "die Entdeckung neuer Welten". Wer Texte oder Bilder zu dem jeweiligen Motto anfertigt, kann auf einen Sonderpreis hoffen.

In jedem Teilnehmerland finden zunächst nationale Gewinnauslosungen statt. Am Abschluß steht die internationale Auslosung mit den Hauptpreisen (1990 Teilnahme an einem europäischen Ferienlager in der BRD). 1990, 1991 und 1992 beteiligten sich folgende Länder: Bulgarien, Bundesrepublik, (1990: DDR), Frankreich, Griechenland, Großbritannien, Österreich, Polen, Schweiz, Sowjetunion, Tschechoslowakei, Spanien, Estland, Kroatien, Slowenien.

Hinweise: Einsendeschluß ist in der Regel Ende September. Es gibt 1001 Preise zu gewinnen.

(13)
Freizeiten für Leseratten
Träger: Landesarbeitsgemeinschaft Jugend und Literatur Nordrhein-Westfalen; von-Werth-Str. 159; 5024 Pulheim 2
Ansprechpartner: Müller-Beyreiss, Brigitte; Tel.: 02234/84286

Unter Anleitung und Betreuung von literarischen und pädagogischen Fachkräften werden den Teilnehmern Aktivitäten rund um das Buch angeboten. Spielerisch erfahren die Teilnehmer, was man alles mit Texten - mit der Sprache - machen kann; ihre Phantasie und Kreativität werden angeregt. Darüber hinaus erleben sie, daß Literatur für sie mehr sein kann als bloßer Zeitvertreib. Im Rahmen der Freizeiten soll den Teilnehmern die Möglichkeit gegeben werden, gegenseitige Vorurteile abzubauen, und über gezielte interaktive Angebote positive Gruppenerlebnisse und soziale Übungsfelder vermittelt werden.

Themen der Freizeiten in den Jahren 1991/1992: "Itzibitz, die Liedermaus" - Wir erfinden neue Geschichten und Lieder im Jahreskreis; "Wir spielen eine Gespenstergeschichte"; "Komm, wir schreiben ein Gedicht"; "Märchen erleben und gestalten"; "Keine Angst vor Geistern und Kobolden" - aus Ton formen wir unseren Hausgeist, bemalen ihn mit bunten Farben und lassen ihn seine Geschichte erzählen.

Hinweise: In den letzten Jahren ist ein wachsendes Interesse für die Durchführung von Freizeiten für Leseratten festzustellen. Da die jährlichen Landesmittel nicht ausreichen, können zahlreiche beantragte Freizeiten nicht berücksichtigt werden.

(14)
Hamburger Kinder- und Jugendbuchtage
Träger: Behörde für Schule und Berufsbildung;
Amt für Schule; Hamburger Straße 31; 2000 Hamburg 76
Ansprechpartner: Widmann, Bernd-Axel; Tel.: 040/29188-2072

Im Rahmen der Jugendbuchwoche 1987 bot Hamburg Teilnehmern aus 120 Schulen sowie der interessierten Öffentlichkeit ein breites Veranstaltungsprogramm unter dem Motto "Robinson an der Alster": Ausstellungen, Lesungen und Podiumsdiskussionen, Möglichkeiten zu eigener kreativer Betätigung und zu Kontakten mit Buchproduzenten, begleitende Kulturveranstaltungen. Die Breite des Programmangebots anläßlich der jährlichen Buchwochen wird in Zukunft aufgrund finanzieller Eingrenzungen verengt werden. Seit 1988 liegt der Schwerpunkt bei Autorenlesungen in den Stadtteilen.
Materialien: Plakate, Broschüre, Handzettel

(15)
Immer dieses Fernsehen
Träger: Stiftung Lesen; Fischtorplatz 23; 6500 Mainz
Ansprechpartner: Kreibich, Heinrich; Tel.: 06131/230888

Das Programm wurde als Weiterentwicklung des Medienverbundprogramms "Buch-Partner des Kindes" gemeinsam vom österreichischen Bundesministerium für Unterricht, Kunst und Sport, der Deutschen Lesegesellschaft und dem Schweizer Pestalozzianum, Zürich, konzipiert. Nach eingehender Diskussion mit Vertretern der Erwachsenen- und Familienbildung sowie einer Umfrage über die von Eltern besonders häufig angesprochenen Problemkreise wurden folgende Themen des Medienverbundes festgelegt:
- So war's doch nicht - Medien und Wirklichkeit;
- Das kann ins Auge gehen - Wirkung der Medien;
- Na, dann gute Nacht - Gewalt und Angst;
- Wenn ich Sheriff wär' - Idole und Medien;
- Freizeitstreß - Medien und Freizeit;
- Gute Vorsätze - Umgang mit den Medien.
Parallel zu den Filmen wurden ca. 1200 lokale Begleitveranstaltungen durchgeführt, die mit gleichzeitig konzipierten Informations- und Lehrmedien arbeiteten. Mit Unterstützung des Bundesministeriums für Bildung und Wissenschaft (BMBW) hat die

Deutsche Lesegesellschaft in Zusammenarbeit mit Wissenschaftlern der Universitäten Heidelberg und Mainz Begleituntersuchungen durchgeführt, deren Ergebnisse 1985 als Band 15 der "Studien zu Bildung und Wissenschaft" des BMBW veröffentlicht wurden.

Hinweise: "Immer dieses Fernsehen" ist der Versuch, medienerzieherische Inhalte in Form einer Familienserie den Zuschauern nahe zu bringen. Die Filme sind für die Elternarbeit/Motivation der Gesprächskreisteilnehmer besonders geeignet und bei den Landesfilmdiensten zu erhalten (vgl. auch Literaturteil, Nr. 549).

(16)
Internationale Frühjahrsbuchwoche
Träger: Bayern liest e.V.; Rosenheimerstr. 5;8000 München 80
Ansprechpartner: Sako, Renata; Tel.: 089/48098384

Die über ganz Bayern verteilten Veranstaltungen werden lokal von Buchhändlern, Bibliotheken, Schulen etc. organisiert, wie es bei Frühjahrsbuchwochen üblich ist. Der Verein unterstützt die lokalen Träger bei Vorbereitung und der Ausstattung mit Informations- und Werbematerial. Ein besonderes Charakteristikum der 1990 zum ersten Mal durchgeführten Reihe sind Veranstaltungen mit internationaler Beteiligung, vor allem bei Autorenlesungen, aber auch bei anderen medialen und aktionsbezogenen Veranstaltungsformen.

Hinweise: Literatur- und Leseförderungseinrichtungen, die nur über geringe Mittel verfügen, können im Einzelfall neben der werblichen auch mit finanzieller Unterstützung rechnen.

(17)
Jugendbücher
Träger: Naturschutzjugend - Projektteam "Jugendbücher"; Alter Bahnhof Trais-Horloff; 6303 Hungen
Ansprechpartner: Bergstedt, Jörg; Tel.: 06402/7924

Ausgehend von der Unzufriedenheit vieler Kinder und Jugendlicher mit dem Jugendbuchangebot wurde die Idee entwickelt, selbst schriftstellerisch und gestalterisch tätig zu werden. Die anvisierten Texte befassen sich vor allem mit Themen des Natur- und Umweltschutzes. Nach dem Grundsatz "Autoren schreiben für Gleichaltrige" wurden drei Projektbereiche unterschieden: Jugendliche schreiben für Jugendliche; Kinder schreiben für Kinder; Schüler schreiben für Schüler. Dabei übernehmen die jugendlichen "Schreiberlinge" alle kreativen und gestalterischen Aufgaben von der Textproduktion bis zur graphischen Ausgestaltung. Das Projektteam "Jugendbücher" ist hauptsächlich Koordinationsstelle für die erstellten Arbeiten, d.h. von dem Projektteam gehen die Verlagskontakte aus, jährlich wird ein Seminar für die Autoren durchgeführt. Zudem entstehen im Projektteam die Ideen für eine breite Öffentlichkeitsarbeit.

(18)
Jugendkalender für den Landkreis Hersfeld-Rotenburg
Träger: Jugendbildungswerk; Kreisausschuß Hersfeld-Rotenburg; Friedloser Str. 12; 6430 Hersfeld
Ansprechpartner: Schneider-Rose, G.; Tel.: 06621/87303

Jeweils im Frühjahr treffen sich Jugendliche zu einer Redaktionsgruppe und beginnen mit der Sammlung von Beiträgen zum Kalender. Dies können z.b. Kurzgeschichten, Fotos, Cartoons, Zeichnungen oder Reportagen sein. In regelmäßig stattfindenden Redaktionstreffs werden die eingegangenen Beiträge gesichtet und diskutiert. Im November/ Dezember werden die Taschenkalender in einer Auflage von 1500 Exemplaren in Jugendgruppen, Schulen und Buchhandlungen zum Kauf angeboten. Zuvor aber wird der fertige Kalender in einer "Vernissage" der Presse und den Jugendpolitikern und -funktionären vorgestellt.
Hinweise: Für den Druck müssen mindestens 4 Wochen kalkuliert werden, für den Verkauf 8 Wochen. Je nach Umfang, Aufmachung und Auflage kostet der Druck DM 3,- bis 5,- pro Exemplar. Wichtig ist eine Institution, die den Druck vorfinanziert und eventuelle Verluste trägt.

(19)
Leseclub für Kinder
Träger: Lesecafé "gratis"; Asbachstr. 1; O-5300 Weimar
Ansprechpartner: Langbein, Chriseldis; Tel.: 03643/61984

Der Leseclub ist nicht nur als sinnvolle Freizeitbeschäftigung für Kinder gedacht, sondern auch, um Interesse an Büchern zu wecken und die Motivation zum Lesen zu geben. Dabei geht es darum, die spielerische Möglichkeit der Literaturvermittlung, Wege der Bildung, der Kommunikation und des Vergnügens aufzuzeigen. Die Kinder können empfinden, wie mit Worten "gearbeitet" werden kann, z.B. auch mittels Wortspielereien.

Bücher geben vielfältige Anregungen: Sie können nicht nur gelesen werden, man kann darüber reden, Erfahrungen sammeln und austauschen, sie können gesungen und gespielt werden, sie aktivieren zum Basteln, Malen, Informieren, Zuhören, Berichten, Helfen, Phantasieren und sonst allerlei Spiel und Spaß. Die Aktivitäten des Kinderleseclubs: regelmäßige Treffs; Buchausstellungen; Besuche von Büchereien und Verlagen; Begegnungen mit Autoren; Gesprächsrunden; Märchenstunden; Wort-, Lese-, Schreibspiele; Kooperation mit anderen Einrichtungen.

Materialien: Broschüren und Materialien der Stiftung Lesen, Musikinstrumente, Hörspielkassetten, Spiele, Bastelmaterial, im Lesecafé vorhandene Kinder- und Jugendbücher

(20)
Leseclubs für deutsche und ausländische Kinder und Jugendliche
Träger: Stiftung Lesen; Fischtorplatz 23; 6500 Mainz
Ansprechpartner: Schmidt, Joachim; Ihm, Karen;
Tel.: 06131/230888

Die Leseclubs sind vor allem stadtteilorientierte Initiativen, die mit ihrer Tätigkeit einen Beitrag zur Kinder- und Jugendarbeit leisten. Die anfänglich durch die Stiftung Lesen zur Verfügung gestellte Buchgrundausstattung sollte laufend ergänzt und aktualisiert werden. Abgestimmt auf die jeweiligen Interessen der Clubmitglieder entwickelt sich die Programmgestaltung. Die Leseclubs bieten Möglichkeiten, sich individuell oder in Gruppen mit Büchern zu beschäftigen. Die Verwendung zusätzlicher Medien und Spiele sind Bestandteil der Leseclubs.

Anfang 1992 waren über 200 Leseclubs eingerichtet. Besonderer Wert wird auf die Integration von ausländischen Kindern und Jugendlichen gelegt. Die Begleituntersuchung von 1983 wurde 1987/88 durch neue Ergebnisse ergänzt. Eine Erweiterung erfährt das Konzept seit 1988 in Ludwigshafen, Hamburg, Frankfurt und Reutlingen, wo in Zusammenarbeit mit Volkshochschulen Leseclubs in der Alphabetisierung für Erwachsene erprobt werden. In den neuen Bundesländern werden Leseclubs vor allem in Bibliotheken und Schulen eingerichtet.

Hinweise: Nachdem sich das Modell bewährt hat, wird die Unterstützungsfunktion der Stiftung Lesen beim Aufbau neuentstehender Clubs zunehmend durch Eigenleistung der Clubmitglieder und ihres Umfeldes ersetzt. Neben der Buchgrundausstattung gewährt die Stiftung Lesen ihre Dienste v.a. im Bereich des Informations- und Kommunikationsaustausches sowie der Fortbildungsmaßnahmen für die Clubbetreuer.

(21)
Lesemarathon (Read-a-thon)
Träger: Deutsche Multiple Sklerose Gesellschaft;
Bundesverband; Rosental 5; 8000 München 2;
Tel.: 089/2603058

Die Projektform wurde ursprünglich in den USA entwickelt. An Elementarschulen, Bibliotheken oder auf stark frequentierten Plätzen wird mindestens einen Tag lang ununterbrochen vorgelesen. Die Art und Abfolge der Texte ist beliebig. Die Organisatoren bzw. die Vorlesenden bestimmen die Auswahl. Es wird in der Regel versucht, (lokal) prominente Persönlichkeiten für die Teilnahme zu gewinnen.

Inzwischen gibt es diese Aktionsform auch in der Bundesrepublik, wo sie von der Multiple Sklerose Gesellschaft in abgewandelter Form und für einen gemeinnützigen Zweck durchgeführt wird. Über Schulen werden Kinder aufgefordert, einen Monat lang möglichst viele Bücher zu lesen, für die sie jeweils als Belohnung einen bestimmten Spendenbeitrag erhalten. Schulen, die sich zum Lesemarathon angemeldet haben, erhalten Material zum Sammeln von Geld für die MS Gesellschaft und Lesestoff.

Hinweise: Eine solche Veranstaltungsform bedarf sorgfältiger Vorbereitung, die von den Landesverbänden der "Aktion Multiple Sklerose Erkrankter (Amsel)" unterstützt wird.

(22)
Lesemobil
Träger: Börsenverein des Deutschen Buchhandels; Großer Hirschgraben 17-21; Postfach 100442; 6000 Frankfurt/M. 1
Ansprechpartner: Fretter, Dagmar; Tel.: 069/1306333

Zur Zeit der großen Ferien 1987 schickte der Börsenverein einen mobilen "Bücherzirkus" auf Tournee durch Urlaubsorte in Schleswig-Holstein. Veranstaltet wurde ein buntes Programm rund um das Buch und das Lesen: Darstellendes Spiel und Akrobatik, Quiz, Autorenlesungen, musikalische Darbietungen. Kurverwaltungen, Buchhandlungen und Bibliotheken konnten sich als Partner und Multiplikatoren am Aktionsangebot beteiligen: Organisation und Vorbereitung, Bücherstände, Ausstellungen. Rundfunk und Tagespresse berichteten über den Fortgang der Tournee.

Hinweise: Die Durchführung eines solchen Programms sollte im Vorfeld und während der Tournee von intensiver Pressearbeit begleitet sein. Die - insgesamt positive - Gesamteinschät-

zung der Veranstalter merkt kritisch an, daß die Autorenlesungen sich in der bisherigen Form nur schwer in den Showcharakter des Programms integrieren ließen.
Materialien: Plakate, Aufkleber, Schirmmützen, Bastelbögen

(23)
Lesen im Park
Träger: Internationales Institut für Jugendliteratur und Leseforschung; Mayerhofgasse 6; A-1040 Wien
Ansprechpartner: Binder, Lucia; Krotky, Alice;
Tel.: (0043) 1/650359 oder 5052831

Das Projekt "Lesen im Park" wird vom Internationalen Institut für Jugendliteratur und Leseforschung in Zusammenarbeit mit den Wiener Städtischen Bibliotheken und mit besonderer Förderung der Magistratsabteilung 13 der Stadt Wien, seit 1991 erfolgreich durchgeführt. Alljährlich wird während der Sommerferien in zwei großen Wiener Parks den Kindern und Jugendlichen die Möglichkeit geboten, sich an Ort und Stelle mit Büchern zu beschäftigen, sie können aber auch für zu Hause völlig unbürokratisch entliehen werden.

Vorrangiges Ziel ist es, neue Leserschichten zu gewinnen; angesprochen werden sollen vor allem Kinder und Jugendliche, für die der Umgang mit Büchern aus verschiedenen Gründen keine Selbstverständlichkeit darstellt. Veranstaltungen wie Autorenlesungen, Auftritte von Zauberern und Puppenspielern geben die Möglichkeit, dem Buch in unkonventioneller und sehr lebendiger Weise zu begegnen. 1991 wurde das Projekt erstmals auch auf andere Stationen, das Völkerkundemuseum, das Haus des Meeres und Aktionstage von Amnesty International erweitert, um die Integration von Büchern in verschiedensten Bereichen zu erreichen.

Hinweise: Die Veranstaltung ist seit 1983 eingegliedert in die Wiener Aktion "Ferienspiel". Die unter dem gleichen Titel in Hofheim (BRD) stattfindende Veranstaltung ist an dem Wiener Modell ausgerichtet.
Materialien: Buchlisten, Poster, Plakate

(24)
Lesen ist Familiensache
Träger: Stiftung Lesen; Fischtorplatz 23; 6500 Mainz
Ansprechpartner: Kreibich, Heinrich; Tel.: 06131/230888

Auf Grundlage der vom Bundesminister für Jugend, Familie, Frauen und Gesundheit sowie dem Börsenverein des Deutschen Buchhandels initiierten Studie "Familie und Lesen" (1988) sollten Maßnahmen zur Verbesserung der Lesesituation in Elternhaus, Kindergarten, Schule, Bibliothek und Buchhandel ergriffen werden. Als Teilprojekt des Gesamtvorhabens "Abenteuer Lesen" wurde "Lesen ist Familiensache" im Verlauf des Jahres 1990 propagiert und in Form verschiedener (im Feld "Materialien" aufgeführter) Publikationen den Zielgruppen Eltern und Erziehern zugänglich gemacht.

Materialien: Leporellos mit Ratschlägen und Tips zur Leseerziehung (Auflage 200000 Ex.); Broschüre "Damit uns nicht Hören und Sehen vergeht" für Eltern mit Kindern von 5-8 Jahren; Broschüre "Lesen ist Familiensache"

(25)
Literaturcircus
Träger: Westfälisches Literaturbüro; Markt 1; 4750 Unna
Ansprechpartner: Littau, Monika; Tel.: 02303/271097

Für Kinder und Erwachsene ist der Zirkus ein spannender Ort des Erlebens, der Ideen, Träume, Phantasien des Publikums in Gang setzt und zur Eigenaktivität animieren kann. Nicht nur das Schauen macht Spaß, auch das Mitmachen und Selbermachen. Im Literaturcircus soll der Akzent besonders auf Aspekten der Schreibförderung zum Thema Circus liegen, aber auch die szenische Erarbeitung wird berücksichtigt.

Der Literaturcircus gliedert sich in zwei Blöcke: Am Morgen wird im Zelt des Kindercircus "Travados" ein Literaturcircus stattfinden - mit szenischen Lesungen von Kinderbuchautor/innen, die sich mit dem Thema Circus beschäftigt haben oder Circus-/ Theatererfahrungen mitbringen, - mit Geschichten, die Unnaer Grundschüler/innen selbst geschrieben haben, - mit Circusmusik und - mit Feuerschluckern und Akrobaten des Circus "Travados". Am Nachmittag versuchen Autor/innen, Theater- und Musikpädagog/innen in Gruppen die verschiedenen Aspekte des Projekts herauszuarbeiten sowie Sachinformationen zum Circus, Hilfen zur Schreibanimation, Anregungen zur musikalischen Umsetzung zu geben.

(26)
Lyrik und Jazz
Träger: Stiftung Lesen; Fischtorplatz 23; 6500 Mainz
Ansprechpartner: Schmidt, Joachim; Ihm, Karen;
Tel.: 06131/230888

In der Veranstaltungsreihe "Lyrik und Jazz" sollen durch die

Verbindung von Gedichten und Musik das Musikalische der Dichtung und das Sprachliche der Musik miteinander verschmolzen oder reizvoll kontrastiert werden. Als Teil dieser seit 1981 bestehenden Veranstaltungsreihe organisierte die Stiftung Lesen am 10./ 11. Mai 1990 in der Ost-Berliner Gethsemanekirche ein Konzert "Lyrik und Jazz". Die Veranstaltungen wurden anschließend in Frankfurt/M. und Stuttgart wiederholt und von den Sendern DFF, WDR, HR, SFB und SDR aufgezeichnet und ausgestrahlt.

Es wirkten mit: Senta Berger, Erika Pluhar, Elisabeth Trissenaar, Jutta Wachowiak, Ingo Hülsmann, Karl-Michael Vogler, Albert Mangelsdorff, Walter Norris, Aladar Pege, Conny Bauer, Volker Kühn.

Im Rahmen der Jahreshauptversammlung 1991 der Stiftung Lesen im Deutschen Theater in Berlin zeichneten der SFB, SDR und der HR die "Lyrik und Jazz"-Veranstaltung "Mein Land trägt meine Züge" auf. Weitere "Lyrik und Jazz"-Veranstaltungen unter diesem Motto fanden im Mai 1992 in Frankfurt/Oder, Berlin und Leipzig statt.

(27)
Musikalische Vorlesestunden, leicht verspielt
Träger: Wilke, Ulrike; Am Wald 8; 8079 Sappenfeld; Tel.: 08421/8795

Seit November 1987 führt Frau Wilke in drei Altersgruppen (Vorschulkinder, 5- bis 8jährige, 8- bis 11jährige Kinder) einmal wöchentlich musikalisch-literarische Gruppenstunden durch. Zu einem festen Thema werden Texte gelesen und vorgelesen, passende Lieder gesungen und in Spielen (Liedspiel, Rollenspiel) weiter umgesetzt. Ergänzt werden die Stunden durch Literaturempfehlungen für die Heimlektüre. Das abwechslungsreiche Programm wirkt Konzentrationsschwächen entgegen und gibt dem Bewegungsdrang der Kinder Spielraum.
Hinweise: Frau Wilke bereitet auch Buchausstellungen zu bestimmten Themen der Kinderliteratur vor und bietet Fortbildungsveranstaltungen für Eltern und andere Interessierte an.

(28)
MZ-Leser und ihr Lieblingsbuch
Träger: Mendener Zeitung; Postfach 460; 5750 Menden 1
Ansprechpartner: Rosenthal, Doris; Tel.: 02373/173-0

Einmal wöchentlich erhält ein Leser die Möglichkeit, sein Lieblingsbuch in Form einer Rezension auf der Kulturseite seiner

Tageszeitung einem größeren Publikum zu präsentieren. Die Aktion, bei der die Rezensenten meist in Text und Bild vorgestellt werden, ist ohne großen Aufwand durchzuführen und hat sich bei der Mendener Zeitung zu einem Selbstläufer entwickelt, der keiner besonderen Werbung bedarf. Beim Start der Aktion hat die Zeitung zunächst prominente Bürger um initiierende Mitwirkung gebeten.

(29)
Oldenburger Kinder- und Jugendbuchmesse
Träger: Stadt Oldenburg; c/o Stadtbibliothek Oldenburg; Peterstr. 3; 2900 Oldenburg
Ansprechpartner: Reimer, Sabine; Tel.: 0441/3005

Es handelt sich um eine zehn Tage lang dauernde Buchmesse im November. Ausgestellt werden alle Neuerscheinungen des laufenden Jahres, soweit sie von den Verlagen eingeschickt werden. Die Veranstalter treffen keine qualitative Vorauswahl. Die Bücher sind nach Alters- und Sachgruppen geordnet. Das Rahmenprogramm setzt sich aus Autorenlesungen, Vorträgen, Theater und buchbezogenen Projekten für Kinder und Jugendliche zusammen.

Die Einbeziehung audiovisueller Medien ist geplant, aber aus finanziellen und personellen Gründen über Einzelveranstaltungen nicht hinausgegangen.
Hinweise: Die finanzielle Ausstattung ist knapp ausreichend, läßt eine Erweiterung der Kinderbuchmesse jedoch nicht zu. Die personelle Situation muß als unbefriedigend bezeichnet werden, Vorbereitung und Durchführung der Messe werden "nebenbei" von Bediensteten der Veranstalter erledigt.

(30)
Projekt Budenheim - Leseförd. in einer kleinen Gemeinde
Träger: Stiftung Lesen; Fischtorplatz 23; 6500 Mainz
Ansprechpartner: Ihm, Karen; Tel.: 06131/230888

Die im sozialen, bildungspolitischen und kulturellen Bereich angesiedelten Einrichtungen der Gemeinde sollen dahingehend angeregt und unterstützt werden, ihre Arbeitsfelder um Maßnahmen der Leseförderung zu erweitern. Wesentliche Voraussetzung für den Erfolg des Projekts ist die Kooperation der verschiedenen Träger. Durch die Verzahnung der Aktivitäten sollen auch selbsttragende Strukturen gebildet werden. Projektaktivitäten:

- Durchführung von Informations- und Gesprächsabenden;
- Gründung eines Arbeitskreises "Buch und Lesen";
- Lesungen für Erwachsene und ältere Jugendliche;
- Leseclubgründungen;
- Sprachkurse für ausländische Frauen;
- Vorlesestunden in Kindergärten;
- Buchausstellungen für Kinder, Jugendliche und Autoren;
- Gründung eines Lesekreises.

Im Verlauf des Projekts entwickelte sich außerhalb des Modells Budenheim bei einzelnen Aktivitäten eine Anbindung an verschiedene Projektbereiche der Stiftung Lesen und an andere Institutionen in Budenheim, so daß die Notwendigkeit einer zentralen Betreuung im "Modell Budenheim" nach und nach geringer wurde.

Hinweise: Im Vorfeld des Projekts wurde in Zusammenarbeit mit dem Pädagogischen Institut der Uni Mainz eine repräsentative Umfrage zur soziokulturellen Infrastruktur und zum Freizeit- und Leseverhalten junger Budenheimer durchgeführt.

(31)
Prominente lesen eine Geschichte
Träger: Stiftung Lesen; Fischtorplatz 23; 6500 Mainz
Ansprechpartner: Hohm, Gaby; Tel.: 06131/230888

Prominente Bürger aus Kunst, Kultur, Wirtschaft und Politik lesen vor der Kamera ihre Lieblingsgeschichte vor. Die Filme werden von der Stiftung Lesen seit 1986 für den Südfunk Stuttgart produziert und zweimal im Monat in Süd-West 3 ausgestrahlt. Ein Verzeichnis der bisher produzierten Sendungen ist bei der Stiftung Lesen erhältlich; die Filme sind auf Video vorhanden und können ausgeliehen werden.

(32)
Puchheimer Literaturtage
Träger: Gemeinde Puchheim; Poststr. 2; 8039 Puchheim
Ansprechpartner: Frau Djurdjevic; Tel.: 089/809838

Die Puchheimer Literaturtage finden seit 1985 alle drei Jahre statt. Zwei Veranstaltungsformen werden besonders herausgestellt:
1. Der Leserpreis, bei dem die Öffentlichkeit aus fünf Vorschlagsromanen einen Preisträger auswählt, will die Lektüre guter Literatur - auch über die örtliche Bücherei - fördern. Neben dem preisgekrönten Autor können auch die beteiligten Leser Preise gewinnen.

2. Der Jugendwettbewerb "Lesen und Schreiben" fordert in zwei Gruppen (5. -7. Klasse und 8. -11. Klasse) Jugendliche auf, zwei Vorschlagsbücher zu lesen und in Aufsatzform zu rezensieren. Drei Gewinner erhalten Geldpreise.

Die Literaturtage beschränken sich nicht nur auf die Wettbewerbe, sondern bezeichnen eine kulturelle Veranstaltungswoche, deren Abschluß die Verleihung des Leserpreises bildet. Unter anderem werden folgende, allgemein zugängliche Veranstaltungen zum jeweils aktuellen Thema angeboten: Kunstausstellungen, Vorlesestunden, Theaterspiele und ähnliches. Die Durchführung dieser Veranstaltungen und die damit verbundene Öffentlichkeitsarbeit ist maßgeblich für die Beteiligung an den Literaturtagen.

Hinweise: Es erweist sich als sinnvoll, die Sommerferien in die Lesezeit einzubeziehen.

(33)
Schenk mir ein Buch
Träger: ZDF Redaktion Kinder und Jugend;
Postfach 4040; 6500 Mainz
Ansprechpartner: Lösch, Susanne; Tel.: 06131/702329

Die Sendung "Schenk mir ein Buch" stellt jeweils im Mai und November eines Jahres zu einem festen Themenbereich neue Kinder- und Jugendbücher in lockerer und auf die Zielgruppe gerichteter Form vor. Seit 1989 kommen in dieser Sendung auch die vierteljährlich vom "Leselotsen" empfohlenen Kinder-, Jugend- und Bilderbücher zur Präsentation.

Diese Auswahlliste wird von einer Jury aus Buchhändlern, Bibliothekaren und Kinderbuchkritikern zusammengestellt. Der Leselotse steht in der Nachfolge des Empfehlungsverzeichnisses "Der bunte Hund". Die Stiftung Lesen stellt zu den Sendungen Buchempfehlungslisten zusammen, die noch zusätzliche Titel zu den entsprechenden Themen enthalten.

Hinweise: Die Buchempfehlungsliste kann gegen Einsendung eines frankierten Rückumschlags und DM 1,- in Briefmarken bei der Stiftung Lesen bestellt werden.

(34)
Schweizer Jugendbuchwoche
Träger: Schweizerischer Bund für Jugendliteratur (SBJ);
Gewerbestr. 8; CH-6330 Cham
Ansprechpartner: Merz, Ursula; Tel.: (0041) 42/413140

Die Schweizer Jugendbuchwoche, deren dezentrale Organisationsform und Veranstaltungsangebote weitgehend mit anderen Jugendbuchwochen übereinstimmen, wird als nationales Ereignis gefeiert. Außerdem werden zahlreiche lokale Veranstaltungen in der ganzen Schweiz durchgeführt, welche in einem Veranstaltungskalender vom Zentralsekretariat des SB's zusammengefaßt werden. 1989 gab es erstmals eine einwöchige "Tour de Suisse" mit einem Bücherwagen durch die Schweiz.

1992 fuhr eine Lesearche mit 2000 Büchern an Bord unter dem Motto "Lesen wirft Wellen" über den Vierwaldstättersee. In seinem Bauch beherbergte es über 200 Kinder- und Jugendbücher und einen Fundus von über 100 Veranstaltungen, die an den verschiedenen Anlegeorten durchgeführt wurden.

Hinweise: In Österreich gibt es die "Buchwoche" seit 1948.

Materialien: Für 1992 Broschüre "Lesen wirft Wellen"

(35)
Schweizerische Jugendbuchtagung
Träger: Schweizerischer Bund für Jugendliteratur;
Gewerbestr. 8; CH-6330 Cham
Ansprechpartner: Merz, Ursula; Tel.: (0041) 42/413140

Die Tagung findet jährlich im Herbst statt und bietet zum jeweiligen Spezialthema Referate mit Diskussion, Arbeitsgruppen, Autorenlesungen und Bücherausstellungen. Während 21 Jahren wurde die Tagung im Frühjahr in Gwatt bei Thun durchgeführt. 1991 wurde sie erstmals in den Herbst verlegt. 1992 fand sie außerdem zum erstenmal in Nottwil, Kanton Luzern statt, und zwar zum Thema "Kinderlyrik". Titel der Tagung: "Den Versen auf den Fersen", Termin: 25. - 27. 9. 1992.

Hinweise: Frühere Tagungen:
- 1991: Die Sache mit dem Sachbuch
- 1990: (Br)An(d)stiftung zum Lesen
- 1989: Bilderbücher... nicht nur Bücher mit Bildern
- 1988: Bücher, die das Leben schreibt

(36)
Vorlesen und Erzählen
Träger: Stiftung Lesen; Fischtorplatz 23; 6500 Mainz
Ansprechpartner: Wansleben, Margot; Mosbach, Gabriele;
Tel.: 06131/230888

Seit Dezember 1977 werden im Gutenberg-Museum in Mainz Vorlesestunden für Kinder von vier bis acht Jahren angeboten. Inzwischen hat die Maßnahme in zahlreichen Orten der Bundesrepublik Nachahmer gefunden, die in enger Kooperation mit

der Stiftung Lesen stehen. Diese veranstaltet, um die multipli-
katorische Wirkung zu steigern, regelmäßig Fortbildungsveranstaltungen für Erzieher, Lehrer, Eltern und Bibliothekare. 1984
konnte eine von der Stiftung Deutsche Jugendmarke unterstützte Aktion durchgeführt werden, die u.a. folgende Mittel
anwendete: Herstellung eines Medienpakets, Informationen an
Fachverbände und Medien, Sendungen in Rundfunk und Fernsehen. Im März 1991 tagte eine Expertenrunde zum Thema
"Vorlesen und Erzählen" und tauschte sich über die Erfahrungen der vergangenen Jahre aus.

Hinweise: Die Erfahrungen, die inzwischen im Projekt
gesammelt wurden, sind in der Broschüre "Vorlesen und Erzählen" zusammengefaßt worden. Zusammen mit weiteren Materialien kann diese gegen Einsendung des Portos bei der Stiftung Lesen bestellt werden. Die angebotenen Fortbildungsveranstaltungen und Vorträge erfassen neben "Vorlesen und Erzählen" auch die folgenden Themen: Vorstellung neuer Bilder-
und Vorlesebücher und Elternarbeit.

Materialien:
- Faltblatt "Bewährte Bücher zum Vorlesen und Erzählen"
- Ton-Kassette (DM 10,-)
- Plakat (DM 3,-)
- Broschüre "Vorlesen und Erzählen" (DM 3,-)

(37)
Vorlesestunde mit Tieren
Träger: Naturhistorisches Museum Mainz; Reichklarastr. 1;
6500 Mainz; Tel.: 06131/122646
Ansprechpartner: Lindner-Dittmann, Karoline

Die Vorlesestunde, in die die Pädagogin in der Regel Tiere
mitbringt, bietet in anschaulicher Form Kenntnisse über Natur-
vorgänge an und versteht sich als Beitrag kindgerechter Um-
welterziehung. Wie bereits aus dem Titel hervorgeht, ist die
Veranstaltungsreihe thematisch eingegrenzt: in jeder Stunde
geht es um eine spezielle Tierart, um eine Gruppe artverwand-
ter Tiere oder um besondere tierische Verhaltensweisen.

Zu Beginn jeder Vorlesestunde werden stets die präparierten
oder lebenden Tiere gestreichelt, betastet und in ihrem Verhalten beobachtet. In das anschließende Gespräch bringen die
Kinder ihre Beobachtungen und ihr Vorwissen ein. Dias oder
Filmausschnitte sowie Abbildungen und Fotos aus Sachbüchern tragen zur Ergänzung und Auflockerung bei. Am Schluß

jeder Vorlesestunde steht die Vorstellung eines ausgewählten Bilderbuches, das sich meist in humorvoller Weise mit dem Thema auseinandersetzt. Abgesehen von einer Sommerpause im Juli und August wird die Vorlesestunde seit 1992 ganzjährig angeboten. Aufgrund der verstärkten Nachfrage finden die meisten der jährlich 100 Veranstaltungen in den Monaten Oktober bis März statt. Insgesamt haben bis heute (Jahresmitte 1992) rund 15000 Kinder die Vorlesestunde mit Tieren besucht.

Hinweise: Die Vorlesestunde mit Tieren gehört seit November 1980 zum festen Veranstaltungsprogramm des Naturhistorischen Museums Mainz. Sie entstand mit Hilfe der Stiftung Lesen und wird von einer Museumspädagogin geleitet.

Materialien: Handgefertigte Plakate; Sachbücher; Bilderbücher; Bücher mit Tiergeschichten; Dias; Filmausschnitte; präparierte Tiere; lebende Tiere; Skelette; Kuscheltiere

(38)
Werner Wunderwurm -
Ein Abenteuer mit Tippo dem Landstreicher
Träger: Duisburger-Reibekuchen-Theater;
Hülser Landstraße 1; 4152 Kempen 1
Ansprechpartner: Frisch, Uwe; Tel.: 02152/6635

Das Stück für Kinder ab fünf Jahren wurde für die Buchmesse 1988 von Uwe Frisch geschrieben, der auch einziger und Hauptdarsteller ist. Der Landstreicher Tippo findet auf einem Dachboden einen Mülleimer voll Bücher und den Bücherwurm Werner Wunderwurm. Gemeinsam erleben die beiden zahlreiche Abenteuer rund um das Lesen und Geschichten-Erzählen.

Das sehr abwechslungsreiche und bewegte Stück fordert sekundenschnellen Rollenwechsel und bezieht als Mitmach-Theater auch die Kinder selbst ein. Im Jahr des Lesens 1990 ging das Duisburger Kindertheater mit diesem Stück auf Tournee in Stadtbibliotheken, Büchereien, Schulen und zu anderen kinderkulturellen Einrichtungen und Festen.

Hinweise: Das Kinderstück kann noch für bestimmte Termine im Jahr 1990 gebucht werden, wenn ein Raum für 50-150 Kinder und Erwachsene zur Verfügung steht. Die Kosten belaufen sich auf DM 800,- Gage plus Fahrtkosten. Neben dem Eintrittsgeld können in vielen Fällen kleinere Zuschüsse aus unterschiedlichen Quellen zu diesen Aufwendungen beitragen. Nähere Informationen beim Veranstalter.

Materialien: Informations-Faltblatt

(39)
"Spatzennest" -
ein Treffpunkt für literarisch-musikalische Veranstaltungen in der Notenbibliothek der Stadtbibliothek Cuxhaven
Träger: Stadtbibliothek Cuxhaven; Notenbibliothek; Abendrothstraße 16; 2190 Cuxhaven
Ansprechpartner: Brandt-Köhn, Susanne; Tel.: 04721/62847

"Spatzennest" ist zugleich Veranstaltungsmotto und Bezeichnung der Kinderecke der Bibliothek und wird dort, wie auch auf Werbematerialien, durch ein entsprechendes Signet gekennzeichnet. Die Veranstaltungen dauern in der Regel 60-90 Minuten und verlaufen wie folgt: Eine Geschichte wird vorgelesen oder frei erzählt. Möglicherweise stimmt zuvor Musik in das Thema ein. Aus manchen Büchern ergeben sich direkte Bezüge zu Werken der klassischen Musik (z.B. Mozarts Zauberflöte, Menottis Weihnachtsoper u.a.), die den Kindern (ggf. in vereinfachter Bearbeitung) solcherart nahegebracht werden.

In anderen Geschichten steht ein Lied, ein Instrument o.ä. im Mittelpunkt der Handlung, das dort Anlaß zu Gesang und Bewegung bietet. Möglich ist auch die Nacherzählung der Geschichte durch ein Lied, das alle zum Mitsingen und Nachspielen einlädt und somit zur Vertiefung beiträgt.

Neben den so geknüpften Verbindungen zwischen Literatur und Musik, in deren Gestaltung die Kinder aktiv einbezogen werden, gibt jeder Veranstaltungsnachmittag auch Gelegenheit zum Basteln oder Malen. Es entstehen dabei z.B. Papierfiguren und Kulissen für ein Tischtheater, Mini-Liederbücher, einfache Musikinstrumente, Bildergeschichten u.a.

Hinweise: Weitere, in der Notenbibliothek durchgeführte Veranstaltungen seien hier nur namentlich erwähnt: "Hallo Amadeus" - Mozart entdecken; "Hör-Spiel" zu "Ronja Räubertochter", eine musikalische Vorlesestunde; Aufsatzwettbewerb "Die Flöte vom Schloß Ritzebüttel".

Materialien: Ausgehend von einer Geschichte/ einem Thema/ einem Buch, bietet ein dazu selbstverfaßtes oder ausgewähltes Lied Gelegenheit zur spielerischen Mitgestaltung. Zum Einsatz kommen dabei z.B. einfache Musikinstrumente, Mal- und Bastelmaterialien zur Herstellung passender Requisiten, ggf. auch Lichtbilder oder Zubehör für eine Tischbühne.

2. Projekte zur Leseförderung in der Bibliothek

(40)
Aktion Bücherkiste
Träger: Stadtbücherei Köln; Schulbibliothekarische
Arbeitsstelle; Josef-Haubrich-Hof 1; 5000 Köln 1
Ansprechpartner: Tiedge, Christina; Tel.: 0221/2213893

Einmal pro Halbjahr werden die beteiligten 30 Kölner Grundschulklassen von der schulbibliothekarischen Arbeitsstelle mit
gut bestückten Bücherkisten ausgestattet. Die Bücher wurden
unter den Gesichtspunkten Unterhaltungswert und Attraktivität
eigens für das Projekt angeschafft; "Problemliteratur" und
Sachbücher bleiben ausgespart, d.h. die Bücherkisten sind
kein Ersatz für die Schulbibliothek.

Wesentlich für den Erfolg der Aktion ist die regelmäßige Einbeziehung der Kinderbücher in den Unterricht - und zwar vor-
zugsweise in Phasen des stillen, individuellen Lesens, für welche ein geeignetes Umfeld (z.B. Leseecken) geschaffen werden
muß. Diese "privaten" Leseerlebnisse können dann im Unterricht phantasievoll durch Wort, Bild, darstellendes Spiel oder
Vorlesen an die anderen Kinder weitervermittelt werden. Darüber hinaus finden die Bücherkisten aber auch ihre Funktion
bei zahlreichen Anlässen und Aktivitäten: Projektwoche "rund
ums Buch", innerhalb der "freien Arbeit", im Fach "Sprache",
bei Vertretungsstunden. Diese und weitere Ideen werden durch
die Einbeziehung des Projekts in die seit 1987 aktive Lehrer-
fortbildungsmaßnahme "Lesen in der Grundschule" unterstützt.
Seit 1990 wurden (nach einem Pilotprojekt mit 3 Schulen) 21
Lehrer/-innen, die an der Lehrerfortbildung teilgenommen hatten, in das Projekt aufgenommen. Die Verknüpfung brachte inhaltlich wie organisatorisch neue Impulse.

(41)
Aktion Leseförderung für Kinder und Jugendliche
Träger: Stadtbücherei Frankf.; Zeil 17-19; 6000 Frankfurt/M. 1
Ansprechpartner: Fuchs, Ursula; Tel.: 069/21234522

Basis des hier vorgestellten Projekts ist die Beschäftigung von
Pädagogen im Rahmen der Bibliotheksarbeit. Diese sind auf
verschiedene Zweigstellen des betrieblichen Systems der

Frankfurter Stadtbibliotheken einschließlich der Zentralen Kinder- und Jugendbibliothek verteilt und erarbeiten in enger Absprache mit bibliothekarischen Mitarbeitern Programmangebote, die über den Rahmen der normalen Arbeit hinausgehen. Die zusätzlichen Programme umfassen folgende Veranstaltungsarten: Vorlesen, Herstellung von Auswahlverzeichnissen, Kinderbibliothekszeitung "KIBIZ", Kreatives Schreiben und Erzählen, Malen und Basteln, Spielen, Bilderbuchkino, Hausaufgabenhilfe. Eine besondere Aktion ist ein Theaterspiel ("Verflixt nochmal im Buchregal") mit Figuren, Puppen und Personen, welches eigens für diesen Zweck geschrieben wurde.

Hinweise: Die Pädagoginnen waren zunächst auf der Basis von ABM-Stellen befristet eingestellt worden. Auf diese Weise konnten zu Beginn die finanziellen Belastungen gemildert werden, die mit der Durchführung eines solchen für die gesamte Bibliotheksarbeit sinnvollen Programms verbunden sind.

Materialien: Elternbriefe, Handzettel, Bibliotheksmedien

(42)
Aktionswoche "Rund ums Buch"
Träger: Stadtbüchereien Düsseldorf; Kinder- und Jugendbibliothek; Bertha-von-Suttner-Platz 1; 4000 Düsseldorf 1
Ansprechpartner: Frau Bracht; Tel.: 0211/8992970 oder 3549

Basierend auf Einzelerfahrungen, bei denen mit unterschiedlichen Schwerpunkten (Designstudenten illustrieren mit Kindern; eine kreative Woche rund um Paul Maars Buch "Türme") Aktionswochen mit Kindern im Alter von sechs bis zwölf Jahren durchgeführt wurden, will die Düsseldorfer Kinder- und Jugendbibliothek in Zukunft mehrmals jährlich ein solches Veranstaltungsangebot unterbreiten, bei dem es einerseits um das Kennenlernen der technischen und formalen Seiten der Buchproduktion (Schriften, Farben, Drucktechnik, Binden) geht, andererseits die inhaltliche Seite der Bücher (v.a. durch Beteiligung eines Autors) erfahrbar werden soll.

Entscheidend bei diesen Projekten ist es, daß die Kinder sich in allen Phasen aktiv mit den Materialien auseinandersetzen und am Ende ein Produkt vorweisen können, das unter Umständen (in Form einer Ausstellung oder eines Theaterstükkes z.B.) auch der Öffentlichkeit vorgestellt werden kann.

Hinweise: Eine Abwandlung dieser Projektform in Düsseldorf besteht darin, für ganze (Grund-)Schulklassen einmal pro Woche diese Veranstaltungen anzubieten.

Materialien: Druckkästen; Malgerät; Bastelgerät

(43)
Autorenlesung in der Bibliothek
Träger: Stadtbücherei Neu-Isenburg; Frankfurter Str. 152;
6078 Neu-Isenburg
Ansprechpartner: Frau Gmelch; Tel.: 06102/34051

In lockerer Folge werden in der Bücherei in Neu-Isenburg speziell für Kinder und Jugendliche Autorenlesungen durchgeführt. Im Anschluß daran besteht die Möglichkeit, sich mit dem Autor/der Autorin zu unterhalten. Auch im Rahmen von themenbezogenen Veranstaltungsreihen, z.B. zum Thema "sexueller Mißbrauch", können Autorenlesungen sinnvoll veranstaltet werden.

Außerdem bietet die Bibliothek bei für Schüler/-innen interessanten Themen in Kooperation mit den Schulen Zusatztermine zu den eigentlichen Lesungen an. Lehrer/-innen werden auf Klassensätze und Arbeitsmaterialien zu den in den Lesungen für Schüler/-innen behandelten Büchern aufmerksam gemacht.
Hinweise: Zur Planung und Finanzierung von Autorenlesungen allgemein sei auf die Tätigkeit der Friedrich-Bödecker-Kreise in der Bundesrepublik verwiesen.

(44)
Bilderbuch-Kino
Träger: Stadtbücherei Neu-Isenburg; Frankfurter Str. 152;
6078 Neu-Isenburg
Ansprechpartner: Rösler, Karin; Tel.: 06102/34051

Zu einigen Bilder- und Kinderbüchern werden Diaserien angeboten. Solche Diaserien bieten die Grundlage für Veranstaltungen, bei denen Kindergruppen unter Anleitung intensiv Bilder betrachten und besprechen können. Die Bibliothekarin kann die Geschichte begleitend erzählen oder den Text des Buches vorlesen.

Das Bilderbuchkino fördert nicht nur die Lust, das Buch selbst in die Hand zu nehmen, es ist auch ein guter Einstieg für weitere kreative Aktivitäten: Weiterfabulieren der Geschichte, Malen, Rollenspiel etc. Für die Vorführzeit von 15-20 Dias muß man ca. 20 Minuten rechnen; hinzu kommt weitere Zeit für das Anschlußprogramm. Die Veranstaltung eignet sich auch als Höhepunkt von Bibliothekseinführungen für Schulklassen, Kindergärten und sonstige Gruppen.
Hinweise: Diaserien können großenteils bei bibliothekarischen Fachstellen ausgeliehen werden, was in der Regel nicht viel mehr als die Versandkosten verursacht. Beim Kauf muß mit

80-100 Mark pro Serie gerechnet werden. Adresse: media nova Verlag, Langewieschestr. 10, 8032 Gräfeling. Aufgrund des noch begrenzten Angebots an Diaserien kann bei entsprechender Kameraausstattung auch erwogen werden, die Dias selbst zu erstellen.
Materialien: Diaserie; Diaprojektor

(45)
Bilderbuchkino - Film - Lesung
Träger: Stadtbücherei Mergentheim; 6990 Mergentheim
Ansprechpartner: Frau Hellmuth; Tel.: 07931/57253

Die nahezu wöchentlichen Veranstaltungen für Kinder in der Bibliothek setzen nach den großen Ferien ein und begleiten so die alltägliche Bibliotheksarbeit. Dabei werden neben traditionellen Formen der Leseförderung wie Autorenlesungen und Buchausstellungen auch elektronische Medien wie Film und Dias (Bilderbuchkino) eingesetzt und Bastelmaterialien zur kreativen Gestaltung von Geschichten verwendet.
Hinweise: Diese Maßnahmen werden begleitet von kontinuierlichen Angeboten an die Schulen der Stadt, die Dienste der Bibliothek in besonderer Weise in Anspruch zu nehmen. Das Veranstaltungsprogramm bildet in dieser Liste von Kooperationsmöglichkeiten einen festen Bestandteil.
Materialien: Bücher, Film, Dias, Verkleidungsmaterial

(46)
Buchdiskussionsgruppe
Träger: Internationale Jugendbibliothek;
Schloß Blutenburg; 8000 München 60
Ansprechpartner: Hermann, Angelika; Tel.: 089/8112020

Die Kinder und Jugendlichen treffen sich nach drei Altersgruppen getrennt alle 14 Tage in der IJB und diskutieren über jeweils ein Buch, welches sie vorher gelesen haben. Als Diskussionsleiter fungiert ein Erwachsener. Einmal pro Quartal wird eine Kurzrezension desjenigen Buches erstellt, welches im letzten Vierteljahr am besten gefallen hat. Die Veröffentlichung erfolgt regelmäßig im IJB-Report und gelegentlich in Lokalzeitungen. Begleitveranstaltungen sind: Verlagsbesuche, Autorengespräche und Filmveranstaltungen. Außerdem gibt es eine Zusammenarbeit mit der Zeitschrift "Bulletin Jugend und Literatur", in der die Buchkritiken veröffentlicht werden.

(47)
Buchtratschgruppe
Träger: Stadtbücherei Rüsselsheim;
Am Treff 5; 6090 Rüsselsheim
Ansprechpartner: Lange-Etzel, Angelika; Tel.: 06142/13001

Die Jugendlichen treffen sich vierzehntägig für ca. zwei Stunden. In Form von Besprechungen stellen sie sich gegenseitig Bücher vor, wobei es sich meist um Jugendromane handelt. Daneben werden zu ausgewählten Themen Bücher verteilt, die von allen gelesen und besprochen werden. Zu größeren Themenkomplexen werden eigene Buchbesprechungen geschrieben, Interviews gemacht und Sachartikel verfaßt. Diese werden in Form einer Ausstellung oder einer Broschüre festgehalten. Eigene Leseerfahrungen können auf diese Weise ausgetauscht werden. Gleichzeitig werden die Jugendlichen zu einem kritischen und bewußten Lesen hingeführt. Betreut wird die Gruppe von einer Bibliothekarin, die den Jugendlichen Anregungen gibt, die Diskussion leitet und Organisatorisches regelt.

(48)
Info-Listen - Werbemittel öffentlicher Bibliotheken
Träger: Deutsches Bibliotheksinstitut; Abteilung 2 - Info-Listen; Luisenstr. 57; O-1041 Berlin
Ansprechpartner: Beck, Werner; Tel.: 030/2362924

Das Verzeichnis listet u.a. folgende Arten von gedruckten Materialien auf, die von Bibliotheken verwendet werden:
- Literaturverzeichnisse,
- Neuerwerbungslisten,
- Medienverzeichnisse,
- Hinweise auf Ausstellungen und sonstige Veranstaltungen,
- Bibliothekszeitungen
- Rätsel, Plakate, Kleinmaterialien, Adressen usw.

Alle Eintragungen sind mit Größen- und Gewichtsangaben versehen und werden von den jeweiligen Bibliotheken in Einzelexemplaren zur Verfügung gestellt.

(49)
Informationsfilme für die Bücherei:
"Die kleine Hexe" und "Das Referat"
Träger: Initiative Wiesbadener Medienzentrum;
Felsenstr. 24; 6200 Wiesbaden
Ansprechpartner: Kuntze, Harald; Tel.: 0611/521708

Der erste Film führt unterhaltsam in Grundfunktionen einer Bibliothek anhand einer Geschichte über einen Jungen ein, der sich das Buch "Die kleine Hexe" ausleihen will. Der zweite Film beschreibt ein fortgeschrittenes Stadium der Bibliotheksnutzung, indem zwei Schülerinnen bei ihrer Suche nach Literatur für ein Referat begleitet werden. Beide Filme, die von Medienpädagog/-innen und Bibliothekar/-innen erarbeitet und mehrfach erprobt wurden, wollen auf keinen Fall den Besuch einer Bibliothek ersetzen.

Die Filme sind ab der fünften bzw. siebten ("Das Referat") Klasse einsetzbar. Die Autoren geben in ihrem Begleitblatt einige didaktische Hinweise, zu denen auch die Durchführung eines Programms (z.b. Bibliotheks-Ralley) nach der Führung gehört. Wichtig ist, daß sowohl Lehrer als auch Bibliothekare den vorgeführten Film kennen, um auf örtlich unterschiedliche Bedingungen eingehen zu können.

Hinweise: Die Kassette mit den zwei Filmen kostet DM 60,-. Voraussetzung für den Einsatz der Filme ist neben der Verfügbarkeit einer Videoanlage mit Zubehör eine gewisse Medienerfahrung der Mitarbeiter. Die Initiative Wiesbadener Medienzentrum ist ein Verein von Pädagogen, Publizisten und anderen, der durch Beratung, Konzeption und Durchführung von Projekten aktive Medienarbeit betreiben will. Nähere Informationen zum Projekt können telefonisch eingeholt werden.
Materialien: Begleitinfo

(50)
Leseförderung
Träger: Stadtbücherei Neumünster; Hinter der Kirche 7; 2350 Neumünster
Ansprechpartner: Markgraf, Ingrid; Tel.: 04321/403406-0
Die für das Projekt zuständigen Personen, eine Bibliothekarin und eine ausgebildete Lehrerin (jetzt in der Bibliothek tätig), gehen, in Absprache mit dem jeweiligen Schulrektor, einmal in der Woche in eine Vor- oder Grundschulklasse für eine Doppelstunde. Hier wird anhand von 26 Bilderbüchern, deren Titel jeweils einen Buchstaben im Alphabet darstellen muß,
S Swimmy
W Weihnachten mit Mimi und Brumm u.s.w.,
parallel zum Deutschunterricht und dem Erlernen des Alphabets ein entsprechendes Bilderbuch vorgestellt, der Inhalt erspielt, erlebt, erbastelt, nachgestaltet.
Die Betreuung der Kinder durch außerschulische Kräfte hat

den Vorteil, daß kein Leistungsdruck entsteht. Zusätzlich baut der enge Kontakt zur Bibliothek eventuell bestehende Schwellenängste ab.

Hinweise: Die Förderungsmaßnahme in Neumünster steht exemplarisch für mehr als 10 weitere Projekte dieser Art, die vom Kultusministerium in Schleswig-Holstein gefördert wurden. Grundlagen des Förderungskonzepts für Kindergärten sind jeweils die Bücherkisten, die Elternarbeit im Verbund mit der Bibliothek und die frühzeitige Bibliothekseinführung.

Materialien: Bilderbücher und damit verbunden alle Materialien, die zur Verdeutlichung des Stoffes erforderlich sind

(51)
Leseförderung und Literaturvermittlung
Träger: Stadtbüchereien Düsseldorf;
Bertha-von-Suttner-Platz 1; 4000 Düsseldorf 1
Ansprechpartner: Roskothen, Christa; Tel.: 0211/8993547

In einer Zweigstelle der Düsseldorfer Stadtbüchereien, die in einem Stadtteil mit hohem Anteil an sozial schwachen und ausländischen Familien liegt, werden auf vier Ebenen Leseförderungsinitiativen unternommen: als Leseförderungsvorbereitung hält die Stadtbücherei für Kindergartenkinder Bilderbücher und Diaserien zu Bilderbüchern bereit, die auch im Rahmen von pädagogisch betreuten Veranstaltungen (z.B. Bilderbuchkino) eingesetzt werden; im Rahmen der Hausaufgabenbetreuung einer Hauptschule werden durch die Bibliothek spezielle Leseförderungsnachmittage angeboten; für alle anderen Kinder, die sich mit den Kinderbüchern beschäftigen wollen, steht die Bibliothek täglich eine Stunde offen; freitags lädt die Bücherei alle Kinder zu einer Vorlesestunde ein, in der thematische vorgegebene Bilder-, Kinder- und Sachbücher vorgelesen werden. Alle Veranstaltungen waren, insbesondere angesichts des sozialen Umfelds, gut besucht. Damit hat sich im Sinne der Aufgabenstellung das Projekt bewährt.

(52)
Lesezauber
Träger: Stadtbücherei Frankfurt/M.; Zeil 17-19;
Postfach 102113; 6000 Frankfurt/M. 1
Ansprechpartner: Fuchs, Ursula; Tel.: 069/21234522

Seit 1986 findet in der Stadtbücherei Frankfurt am Main der Lesezauber statt. Mit dieser Veranstaltungsreihe führen die Bibliothekare eine Idee weiter, die in der Öffentlichkeit bei Kindern,

Eltern, Lehrern und den Medien auf großes Interesse gestoßen ist: die Kinder zum Bücherlesen und zur Beschäftigung mit Büchern zu "verführen". Mit steigendem Erfolg, wie die Teilnehmerzahlen deutlich machen - fast 1000 Kinder nahmen im Herbst 1991 teil, und die schon im Sommer einsetzende Nachfrage zeigt, daß die Kinder auf den Start des nächsten Lesezaubers warten. Unter dem Motto "Wir zaubern... " geht die Lesereise in den Herbstferien in Phantasiewelten, mit der Zeitmaschine in Vergangenheit und Zukunft, zu den Kindern, die in fremden Ländern leben. Die Kinder sind eingeladen, in ihrer Bücherei an den Begleitveranstaltungen teilzunehmen und zu "ihrem" Buch zu malen, zu basteln, eine Geschichte zu schreiben oder ein Gedicht. Die Teilnehmer erhalten Buchpreise und stellen bei den abschließenden Lesefesten ihre Arbeiten vor, die auch in den Stadtteilbüchereien ausgestellt werden. Ein buntes Rahmenprogramm bildet einen weiteren Anziehungspunkt. In der Kinderbibliothek "KiBiZ" veröffentlicht die Redaktion aus Kindern und Bibliothekar/-innen in einer Sondernummer die schönsten Beiträge des Lesezaubers.
Hinweise: Die Stadtbücherei Frankfurt steht hier exemplarisch für eine Reihe anderer Stadtbibliotheken, die ähnliche Ferienaktionen durchführen.

(53)
LeseZeit - Vorlesen für Kinder
Träger: Stadtbücherei Pirmasens; Dankelsbachstr. 19;
6780 Pirmasens
Ansprechpartner: Weil, Ulrike; Tel.: 06331/842360
Die Veranstaltungsreihe "LeseZeit" (Neuaufnahme des ehemaligen Projekts "Senioren lesen für Junioren") findet regelmäßig alle zwei Wochen statt und wird jeweils von einem "vorlesefreudigen" Freiwilligen gestaltet. Programmplanung, Organisation und Werbung übernimmt die Stadtbücherei. Falls gewünscht, wird auch der Vorlesestoff herausgesucht. Selten wird ein Anschlußprogramm für die Kinder (malen, basteln, etc.) angeboten, da deren Konzentration schnell nachläßt und kein Interesse besteht. In der Jugendbücherei steht ein eigener Raum zur Verfügung, in welchem bei bisher (Mai 1992) 32 Veranstaltungen 315 Kinder der Einladung Folge leisteten, wobei sich ein fester Besucherstamm herausgebildet hat.
Hinweise: Als problematisch erweist sich einerseits die langfristige Aufrechterhaltung eines festen Stammes von Vorlesenden

(wegen altersbedingter Rücktritte wären häufiger Werbeaktionen erforderlich gewesen) und die heterogene Altersstruktur der Kinder, die nur schwer zu kontrollieren ist.

(54)
Sozialer Büchereidienst - Bücher auf Rädern
Träger: Stadtbücherei Gelsenkirchen - Sozialer Büchereidienst
Ebertstraße 19; 4650 Gelsenkirchen
Ansprechpartner: Wiesner, Heike; Tel.: 0290/1692651

Mit Hilfe von Kraftwagen oder auch zu Fuß werden die ca. 400 Leser/-innen mit Büchern aus der Bibliothek versorgt. Der Service verfügt über einen eigenen Medienbestand von 6000 Einheiten (überwiegend Romane, Großdruckbücher und Literaturkassetten). Werke und Kassetten können aber auch aus der Hauptstelle ausgeliehen werden. Der Soziale Büchereidienst ist in einer eigenen Abteilung organisiert und führt auch Werbeveranstaltungen in Altenheimen, Krankenhäusern etc. durch.
Hinweise: Bei ständiger Betreuung durch eine feste bibliothekarische Kraft ist der Erfolg gesichert. Dieser ist natürlich auch von der Größe und Qualität des Medienbestandes abhängig. Ähnlich umfassende Aktivitäten werden auch in anderen Städten (z.B. Münster, Herne, Gladbeck, Hamburg) durchgeführt. Das Angebot "Bücher auf Rädern" kann jedoch auch von kleineren Büchereien mit geringerem Aufwand betrieben werden, sofern im Rahmen von ABM-Maßnahmen oder Zivildienstleistungen die personellen Voraussetzungen vorhanden sind.

(55)
Stadtteil- und arbeitsweltbezogene Medienarbeit ausgehend von einer Stadtteilbibliothek
Träger: Wiesb. Medienzentr.; Felsenstr. 24; 6200 Wiesbaden
Ansprechpartner: Kuntze, Harald; Tel.: 0611/521708

Das Projekt will unterschiedliche medienpädagogische Maßnahmen anregen, die von den Stadtbibliotheken als Medien- und Kommunikations-Zentrum ausgehen. Sozialpädagogische Stadtteilarbeit in Kooperation mit lokalen Gruppen und Vereinen soll erfolgen über eigenständige, kreative und kritische Beschäftigung mit elektronischen und Printmedien. Der Bezug auf die Herstellung eines Produktes dient dem unmittelbaren öffentlichkeitswirksamen Eingreifen in die Kultur des Stadtteils (Filmvorführungen etc.). Das Projekt "Stadtbibliotheks-Fernsehen" wird mit Kindern einer kooperierenden Schule durchgeführt. Die Kinder drehen fünf ca. dreiminütige Filme zum

Thema "Buch und Bibliothek" und führen alle notwendigen Arbeitsschritte und Konzeptentwicklungen selbständig durch. Weitere Projekte sind u.a.: Bilderbuchkino; Videofortbildung für Lehrer; Medienarbeit im Betrieb und Verein; Fotowettbewerb; Lokalfernsehen, selbst gemacht; Wir machen unser Radio selbst; Tagesschau einmal anders; Kreative Auswertung von Tageszeitungen.

Hinweise: Die Initiative Wiesbadener Medienzentrum ist ein Verein von Pädagogen, Publizisten und anderen, der durch Beratung, Konzeption und Durchführung von Projekten aktive Medienarbeit betreiben will. Siehe auch das Projekt "Videofilme zur Bibliothekseinführung".

Materialien: Jahresprogramm

(56)
Von der Schülerbücherei zur Schulbibliothek
Träger: Deutsches Bibliotheksinstitut; Beratungsstelle für Schulbibliotheken; Luisenstr. 57; O-1041 Berlin
Ansprechpartner: Hoebbel, Niels; Tel.: 030/2362924

Im Rahmen mehrerer Projekte der "Beratungsstelle" des dbi entstanden verschiedene Veröffentlichungen über Schulbibliotheken. Das Paket "Lehrerbriefe", welches für die individuelle Weiterbildung konzipiert wurde, besteht aus einem Studienführer, einem Begleitbrief und zehn Lehrbriefen. Es bereitet Themen, die im erweiterten Zusammenhang schulbibliothekarischer Arbeit bzw. der schulischen Nutzung von Bibliotheken stehen, für die methodisch-didaktische Umsetzung auf. Die "Materialien zur Schulbibliothek" sind kurzgefaßte Broschüren mit Anleitungscharakter. Sie enthalten praktische Hilfen und Informationen: z.B. Einführungen, Systematiken, Reorganisation und Umbau.

Hinweise: Das Projekt ist beendet, die Materialien sind aber noch verfügbar. Das Paket "Lehrbriefe" kostet DM 85,-. Ergänzend dazu können zwei Videokassetten ausgeliehen werden.
Die Reihe "Materialien zur Schulbibliothek" besteht aus einem Grundheft und 12 Einzelheften. Der komplette Satz kostet DM 15,-. Der Ringordner "Einführungsmaterialien" enthält zahlreiche Unterlagen als Kopiervorlagen für den Einsatz in Veranstaltungen, die Kinder, Jugendliche und Schüler mit dem Thema "Buch und Bibliothek" vertraut machen wollen.
Außerdem gibt das dbi die Zeitschrift "schulbibliothek aktuell" heraus, die u.a. Praxisberichte aus der Alltags- oder der Projektarbeit bietet. Das Jahresabonnement kostet DM 32,-, das

Einzelheft DM 8,-. Neu sind die Veröffentlichungen "Die Schulbibliothek - Nutzungsmöglichkeiten im Unterricht" (DM 28,-) und die Empfehlung einer Expertengruppe über den Aufbau eines Schulbibliothekssystems (Konzeption, Grundsätze und fachliche Standards).

(57)
Wanderausstellung
Träger: Börsenverein des Deutschen Buchhandels; Großer Hirschgraben 17-21; Postfach 100442; 6000 Frankfurt/M. 1
Ansprechpartner: Wagner-de Hesselle, K.; Gesang, S.; Tel.: 069/1306255

Insgesamt 28 Ausstellungen zu sieben Themen können beim Börsenverein bestellt werden:
- Prämierte Jugendbücher;
- Umweltschutz;
- Märchenwelten;
- Alltagsgeschichte;
- Kunterbuntes Kinderbuch;
- Zeitzeugnisse;
- Abenteuer.

Die ständig überarbeiteten und ergänzten Ausstellungen werden inklusive Leporello (mit den wichtigsten Hinweisen und einer Checkliste) und Begleitkatalogen sowie Plakaten bis zu einem festen Kontingent kostenlos versandt. Der Börsenverein bietet auch Hinweise für das Ausstellungskonzept und mögliche Begleitveranstaltungen.
Hinweise: Vorbestellungen müssen bis zu einem halben Jahr im voraus erfolgen. Neben Buchhandlungen und Bibliotheken können auch Bildungseinrichtungen, Kirchen und Fortbildungsveranstalter die Ausstellungen buchen.
Materialien: Leporello "Die Bücher kommen zum Leser" sowie sieben ausstellungsbegleitende Kataloge

(58)
Wolfenbütteler Schülerseminare
Träger: Herzog August Bibliothek; Postfach 1364; 3340 Wolfenbüttel
Ansprechpartner: Kortzfleisch, Urte von; Tel.: 05331/808323

Die Herzog August Bibliothek ist eine Forschungsstätte für europäische Kulturgeschichte der frühen Neuzeit. Sie umfaßt ca. 600000 Bände, darunter 350000 Schriften aus der Zeit vor 1830. Leistungskursen der gymnasialen Oberstufe in nahezu allen geistes- und sozialwissenschaftlichen Fächern - und auch in Biologie - bietet diese wissenschaftliche Bibliothek die Möglichkeit zu mehrtägigen Seminaren. Die Seminare finden in der Regel dreitägig von neun bis siebzehn Uhr statt; für diese Zeit steht den Schülern im Zeughaus ein eigener großer Seminarraum zur Verfügung. Dort wird ihnen ausgewähltes Material zu verschiedenen Schwerpunktthemen zur Bearbeitung vorgelegt.

Die für die Erarbeitung der gewählten Themen notwendige Sekundärliteratur wird dagegen von den Schülern selbständig beschafft. Dabei lernen die Schüler den Umgang mit Katalogen. Sie werden ermuntert, sich frei im Haus zu bewegen, die Beratung der Mitarbeiter der Bibliothek ohne Scheu in Anspruch zu nehmen, versteckte Arbeitsplätze zu entdecken und sich nebenher in den Beständen der Präsenzbibliothek umzusehen.

Hinweise: Das Projekt wird vom niedersächsischen Kultusministerium gefördert, Anmeldungen aus anderen Bundesländern sind aber auch möglich. Auswärtige Gruppen können im Städtischen Jugendgästehaus wohnen und zu günstigen Preisen im Restaurant der Bibliothek essen.

Materialien: Modellhefte (Materialverzeichnisse), Themenhefte zur Bibliothekspädagogik: Die ersten beiden Hefte dieser Reihe sind in der Kallmeyerschen Verlagsbuchhandlung in 3016 Velber erschienen. Ab Heft 3 veröffentlicht die Herzog August Bibliothek die Hefte im Selbstverlag.

(59)
Zeitungswerkstatt "Kasimir"
Träger: Stadtbüchereien Düsseldorf; Kinder- und Jugendbibliothek; Bertha-von-Suttner-Platz 1; 4000 Düsseldorf 1
Ansprechpartner: Czichowski, Gabi; Tel.: 0211/8992970

Die Gruppennachmittage verlaufen i.d.R. nach einem festen Schema. Den Kindern wird ein Text bzw. eine Geschichte angeboten, welche die Grundlage für die Beiträge in der jeweiligen Ausgabe bietet. Nach einer Phase der verbalen Verarbeitung des Textes (Meinungsäußerungen, Weiterspinnen der Geschichte usw.) fertigen die Kinder in frei gewählter Form (Schreiben, Malen, Basteln) ihren Beitrag zur Zeitung an. Diese Arbeiten können auch zu Hause abgeschlossen werden.

Die Zeitung wird, ergänzt um "Leserbriefe" und einige Literaturhinweise, mit geringem finanziellen Aufwand per Schreibmaschine (wo die Handschrift es erfordert) und Kopierverfahren erstellt.

3. Projekte zur Leseförderung in der Schule

(60)
"Rumpelstilzchen"-Literaturprojekt
Träger: Widukind-Gymnasium; Tiefenbruchstr. 22; 4904 Enger
Ansprechpartner: Hellwig, Michael; Tel.: 05224/2666

Am Beginn des Projekts stand ein schulinternes Literaturblatt (bis Frühjahr 1992 über 43 reguläre Ausgaben und 12 Sonderausgaben), welches Schüler/-innen Gelegenheit zur Öffentlichmachung eigener literarischer Arbeiten gab. Inzwischen existieren fünf nach Alter getrennte Schreibwerkstattgruppen mit rund 40 Mitgliedern, die vom Projektleiter oder von Lehrern der Schule angeleitet werden. In der Tendenz sollen jedoch die Mittel bereitgestellt werden, um diese Gruppen auch von Autoren betreuen zu können. Dies ist bisher vor allem bei den jährlich stattfindenden Schreibwerkstatt-Wochenenden möglich, die mit Autoren veranstaltet werden.

Zu den weiteren Aktivitäten des Projekts gehören Ausstellungen von Schülerarbeiten (z.B. Bilder zu Texten oder Lyrik-Postkarten) und Lesungen.

Hinweise: Seit 1984 existiert auf Initiative der Gruppe das "Ostwestfälisch-lippische Schülerautoren-Treffen", ein eintägiges wettbewerbsfreies Arbeitstreffen für interessierte Schüler/-innen und Lehrer/-innen. Auch hier wird die Beteiligung von Autor/-innen angestrebt.

(61)
Aktion "Das lesende Klassenzimmer"
Träger: Börsenverein des Deutschen Buchhandels; Großer Hirschgraben 17-21; Postfach 100442; 6000 Frankfurt/M. 1
Ansprechpartner: Klosterberg, Monika; Tel.: 069/1306356

Der Wettbewerb fordert bundesweit über die Schulen ganze Klassen dazu auf, sich zu einem vorgegebenen Thema ein Buch auszusuchen und dessen Inhalt phantasievoll in ein gemeinsames Werk umzusetzen. Der Wettbewerbsbeitrag kann getextet, gemalt, gebastelt oder eine beliebige Kombination davon sein. Hauptpreis ist der Besuch eines Schriftstellers, weitere Preise sind Buchpreise. Das Thema des Wettbewerbs 1993: Deine, meine - eine Welt

Hinweise: Buchhandlungen und Bibliotheken unterstützen den Wettbewerb durch Lesungen, Ausstellungen etc.

(62)
Aktion "Zum Lesen verlocken!"
Möglichkeiten der Leseförderung in der Grundschule
Träger: Seminar für Deutsche Sprache und Literatur der PH Kiel; Olshausenstr. 75; 2300 Kiel 1
Ansprechpartner: Watzke, Oswald; Tel.: 0431/8801285

Das Besondere dieser Maßnahme lag darin, daß sich eine Pädagogische Hochschule, die sich u.a. schwerpunktmäßig mit der Leseförderung befaßt, im Rahmen von Hochschultagen mit einem Veranstaltungsprogramm unmittelbar an Kinder, Eltern und Lehrer wendete, um sie in direkter und vermittelter Form mit den Ergebnissen ihrer Arbeit bekannt zu machen.

Neben traditionellen Veranstaltungsformen zur Leseanimation (Autorenlesung mit Musik; Vorlesen durch Studenten; Ausstellung von Fachzeitschriften, Lehrerhandreichungen und Sekundärliteratur; Besichtigung einer Kinder- und Jugendbibliothek; Einrichtung von Leseecken) wurde ein "Zwölf-Punkte-Programm zur Leseförderung" als Anregung für Lehrer und Eltern verbreitet.

Materialien: Zwölf-Punkte-Programm zur Leseförderung

(63)
Arbeitshilfen für Lehrer
Träger: Ravensburger Buchverlag Otto Maier; Pädagogische Arbeitsstelle; Postfach 1860; 7980 Ravensburg
Ansprechpartner: Vorndran, Margarete; Tel.: 0751/86663

Die Materialien bestehen aus den sogenannten "Entscheidungshilfen" und den "Arbeitshilfen". Die Entscheidungshilfen geben einen kurzen Einblick in den Inhalt des Jugendbuches und informieren fächerbezogen über unterrichtsrelevante Aspekte. Sie sollen dem Lehrer die Entscheidung, ob das Buch in der jeweiligen Unterrichtssituation brauchbar ist, erleichtern.

Die Arbeitshilfen verstehen sich als vorschlagsorientierter Leitfaden für die Unterrichtsvorbereitung. Sie liefern zwar auch die Skizzierung eines Unterrichtsverlaufs, bieten aber vor allem lernziel- und inhaltsbezogene Hinweise und Materialien zur freien Unterrichtsgestaltung in unterschiedlicher Ausdehnung und Schwierigkeitsstufe.

Hinweise: Die Materialien können kostenfrei bei der Pädagogischen Arbeitsstelle angefordert werden.

(64)
Autorenlesungen
Träger: Bundesverband der Friedrich-Bödecker-Kreise;
Fischtorplatz 23; 6500 Mainz
Ansprechpartner: Bergmann, Günter; Tel.: 06131/230888

Die in allen Bundesländern vertretenen Landesverbände der Friedrich-Bödecker-Kreise vermitteln Lesungen und Gespräche mit Autoren, helfen bei der Vorbereitung und finanziellen Abwicklung von Veranstaltungen. Neben Lesungen in den verschiedenen Schulformen finden (jährlich über 5000) Lesungen in Bibliotheken, Freizeitheimen, Jugendverbänden und Kindergärten statt. Zur Vorbereitung einer Autorenlesung kann das Autoren-Verzeichnis "Autoren lesen vor Schülern. Autoren sprechen mit Schülern" bestellt werden. Dieses Verzeichnis wird in unregelmäßigen Abständen neu aufgelegt.

Hinweise: Die Kontaktaufnahme sollte in jedem Fall über einen der Landesverbände und nicht den Bundesverband erfolgen (vgl. Informationsquellenteil, Nr. 607).

(65)
Bausteine für eine schulische Medienerziehung unter besonderer Berücksichtigung der Leseförderung
Träger: Landesinstitut Schleswig-Holstein für Praxis und Theorie der Schule; Schreberweg 5; 2300 Kronshagen
Ansprechpartner: Keudel, Ulrich; Tel.: 0431/5403120

Das Gesamtprojekt besteht aus sieben einzelnen Bausteinen:
- Bibliotheks- und Mediothekslehrerberatung (Einrichtung und Erprobung von drei schulbibliothekarischen Beratungsstellen auf regionaler Ebene);
- Erarbeitung, Erprobung und Zusammenstellung von didaktisch-methodischen Hilfen und Unterrichtsmaterialien zu verfilmter Literatur (Gymnasium, Realschule, Hauptschule);
- Schülerinnen und Schüler einer Berufsschule beteiligen sich an der Produktion eines örtlichen Theaters, indem sie in Zusammenarbeit mit den Theaterleuten zu einer inhaltlichen Auseinandersetzung mit der Inszenierung geführt werden;
- Umsetzung lyrischer Texte in einen Videofilm (alle Schularten);
- Vorschläge für literarische Klassenfahrten;
- Zu den Jubiläumstagen bzw. -feiern von Hebbel, Storm und Barlach 1988 sollen Rundfunk- und Fernsehbeiträge produziert werden (Hauptschule, Realschule, Oberstufe Gymn.);

- Schüler machen (in Zusammenarbeit mit einer regionalen Zeitung) selbst eine Zeitung bzw. gestalten Teile einer bestehenden Zeitung (Klassenstufen 8-10).

Zu dem Gesamtprojekt wurde ein Beirat eingerichtet.

Hinweise: Zu dem Modellversuch "Bausteine für eine schulische Medienerziehung unter besonderer Berücksichtigung der Leseförderung" gehören folgende Veröffentlichungen:
- Ulrich Keudel (Hrsg.): Medienerziehung-Leseförd. Kiel 1991
- Kolbeck, Hans-Heinrich: Baustein 1. Schulbiblioth. Kiel 1991
- Hoppe, Almut u.a.: Baustein 2. Kiel 1992
- Mahn, Martin u.a.: Baust. 3. Schule und Theater. Kiel 1992
- Kahrmann, Klaus-Ove u.a.: Baustein 4. Spiegelung von Lyrik in den Medien Videofilm und Diamontage. Kiel 1991
- Tute, Hannelore: Baust. 5. Literar. Klassenfahrten. Kiel 1992
- Lehmhaus, Friedrich-Wilhelm (Hrsg.): Baustein 6. Schule und Rundfunk. Kiel 1992
- Marquardt, Konrad: Baust. 7. Schule und Zeitung. Kiel 1992

(66)
Bildungsveranstaltungen im Bereich der Kinder- und Jugendliteraturdidaktik
Träger: Koenen, Marlies; Im Rewwesiek 6;
4817 Leopoldshöhe; Tel.: 05202/82240

Frau Koenen arbeitet seit mehreren Jahren in der Erzieher- und Lehrerfortbildung zu Themen der Leseförderung und Schreibmotivation. Vorlesen und Erzählen, Schriftspracherwerb, Leseanfang und weiterführendes Lesen sowie Zugänge und Bearbeitungsformen im Umgang mit problemorientierten Kinderbüchern bilden dabei wichtige Schwerpunkte innerhalb ihres Bildungsangebots. Die aus vielfältigen Unterrichtserprobungen mit Schülern verschiedener Jahrgangsstufen gewonnenen Arbeitsergebnisse machen es möglich, im Rahmen von Fortbildungsmaßnahmen didaktische Verläufe nachzustellen und diese damit für die Teilnehmenden mit- und nachvollziehbar zu vermitteln.

Studientage und -seminare zu Themen der Kinder- und Jugendliteratur, die von ihr schulformbezogen angeboten werden, sind so konzipiert, daß neben theoriegeleiteter Auseinandersetzung sowie didaktisch-methodischen Anregungen für die Unterrichtspraxis immer auch praktische Erarbeitungsphasen im Zusammenhang der Bezugsbereiche "Lesen", "Spielen", "Schreiben" in den Veranstaltungsablauf einbezogen sind. Modellfunk-

tion im Rahmen eines integrativ verstandenen Sprachunterrichts gewinnen vor allem ihre, in Kooperation mit Lehrer- und Schülergruppen durchgeführten Literaturworkshops, wie "Ver-Hexen", "Drachen gibts doch gar nicht", "Planetenreise" u.a.
Hinweise: Das aktuelle Themenangebot kann über die Referentin selbst angefordert werden. Frau Koenen arbeitet vornehmlich im Raum Nordrhein-Westfalen und Niedersachsen. Neben dem Honorar sind vom Veranstalter die Kosten für Fahrt, Material und ggf. Unterbringung zu tragen. Vor Beginn der Veranstaltung ist für die Auslage und Präsentation der Materialien eine Vorbereitungszeit von 2 - 3 Stunden einzuplanen.
Materialien: Handzettel; Informationsblätter; Buchausstellungen; Bastelmaterial

(67)
Bock auf Bücher - Anregungen für einen projektorientierten Literaturunterricht
Träger: AOL-Verlag; Waldstr. 17-18; 7585 Lichtenau
Ansprechpartner: Knobloch, Jörg; Tel.: 08161/81104

"Bock auf Bücher" liegt als Mappe im Format DIN A4 inwischen (1992) in der 3. Auflage vor. Die Mappe enthält 65 Blätter, davon 32 als Kopiervorlage (Verkaufspreis DM 39,-). Sie ist zu einem Standardwerk geworden, weil hier auf unterhaltsame, die Kinder und Jugendlichen ansprechende Art und Weise traditionelle Projekte (Vorlesewettbewerb, Jugendbuchwoche, Schüler trifft Autor, Buchhandlungen und Verlage) mit handelndem Unterricht (der Verlag im Klassenzimmer; Bücher selbstgemacht) verbunden werden. Der Lehrer bekommt dazu konkrete Arbeitshilfen (Kopiervorlagen, Bücherlisten, Adressen).

(68)
Broschüre "Leseförderung: Empfehlungen zu Partnerschaften zwischen Schulen, Hamburger Öffentlichen Bücherhallen und dem Buchhandel"
Träger: Behörde für Schule und Berufsbildung;
Amt für Schule; Hamburger Str. 31; 2000 Hamburg 76
Ansprechpartner: Widmann, Bernd-Axel; Tel.: 040/29188-2072

Die Initiative des Hamburger Senats zur Erstellung dieser Handreichung geht auf eine Befragung der beteiligten Einrichtungen zurück. Eine lokale Zusammenarbeit in Sachen "Leseförderung" wird danach von vielen Schulen, Bibliotheken und Buchhändlern in Hamburg gewünscht oder schon praktiziert.

Die Broschüre bietet neben allgemeinen Hinweisen Empfehlungen, die so gestaltet sind, daß in einem ersten Teil jeder Schule die verkehrsmäßig am günstigsten gelegene Hamburger Öffentliche Bücherhalle genannt wird und dazu die Buchhandlung, mit der sie zusammenarbeiten möchte oder schon zusammengearbeitet hat.

In einem zweiten Teil der Empfehlungen wird den Schulen ein Angebot bestimmter Verlage und Buchhandlungen unterbreitet, Vorhaben wie Buchausstellungen, Besichtigungen, Autorenlesungen etc. gemeinsam zu planen und durchzuführen.

(69)
Bücherfest
Träger: Gottlieb-Daimler-Realschule Bildungszentrum Grauhalde; Rehhaldenweg 6; 7060 Schorndorf; Tel.: 07181/602240

Die Veranstaltung eines Bücherfestes bringt den Schülern einerseits bei Planung und Durchführung zahlreiche Kontakte und Erfahrungen in den Bereichen Literaturproduktion und Literaturvermittlung. Andererseits bietet sie Anlaß und Rahmen zur Behandlung des Themas "Bücher" im Unterricht.

Das hier vorgestellte Buchfest einer Realschule umfaßte u.a. folgende Aktionen und Veranstaltungen: Bücherflohmarkt, Texterstellung am Computer, Erstellung und Vorführung eines Literatur-Hörspiels, Gedichtabend, Autorenlesungen, Workshop mit Autoren und Illustratoren, audiovisuelle Informationen über die Arbeit einer Buchhandlung und eine Podiumsdiskussion mit Schülerbeteiligung über den Stellenwert des Lesens. Dort wo sich sinnvoll Verbindungen herstellen ließen (z.B. Thema "Märchen"), konnte die Vorbereitung auf das Fest auch in den Lehrplan eingebunden werden.
Materialien: Werbematerialien von Verlagen

(70)
Bücherschwemme im Klassenzimmer
Träger: Stiftung Lesen; Fischtorplatz 23; 6500 Mainz
Ansprechpartner: Schmidt, Joachim; Tel.: 06131/230888

1973 wurden zuerst in Neuseeland und 1977 in England unter dem Titel "Book Flood" wissenschaftlich kontrollierte Versuche mit Büchern im Klassenzimmer durchgeführt, die positive Auswirkungen auf Lesefähigkeit und Leseleistung der Schüler hatten.

Die Stiftung Lesen sieht in den Büchern im Klassenzimmer

keine Alternative, sondern eine Ergänzung zum Angebot der zentralen Schulbibliothek und der öffentlichen Büchereien. U.a. soll festgestellt werden, ob die Schüler zur verstärkten Nutzung dieser Einrichtungen und zum Bücherkauf angeregt werden. Vor Beginn des Versuchs füllten die Schüler Fragebögen über ihr Lese- und Medienverhalten aus. Durch Wiederholungsbefragungen und Lehrerinterviews soll festgestellt werden, wie sich das frei zugängliche Bücherangebot auf Leseleistung und Lesefreude der Schüler auswirkt.

Ähnliche Modelle wurden im Nymphenburger Gymnasium in München und in Oppenheim eingerichtet.

Hinweise: Ergebnisse lassen erkennen, daß nach anfänglicher Begeisterung
- die Ausleihquote zurückging,
- die Schüler nicht so sehr von der Menge der Bücher als eher von der Buchauswahl angesprochen werden,
- die Schüler eine wesentlich stärkere Beteiligung und Mitspracherecht an der Buchauswahl wünschen,
- die Bücher häufiger mit den Beständen der übrigen Klassen ausgetauscht werden sollen,
- die Schüler sich Autorenbesuche in ihrer Schule wünschen.

Auf dem Hintergrund dieser vorläufigen Auswertung wurde in einer gemeinsamen Konferenz zwischen Lehrern und der Stiftung Lesen beschlossen, das Projekt Bücherschwemme zu aktivieren und auszubauen. Stand des Projekts im Mai 1992: Das Modellprojekt ruht momentan.

(71)
Bund/Länder Modellprojekt: Leseförderung in der Schule
Träger: Ministerium für Bildung und Kultur Rheinland-Pfalz / Stiftung Lesen / Pädagogisches Zentrum Bad Kreuznach
Ansprechpartner: Annette Brinkmann (Stiftung Lesen); Helene Lipowsky (Ministerium für Bildung und Kultur); Anette Jondral (Pädagogisches Zentrum); Tel.: 06131/230888 (Stiftung Lesen)

In 13 nach Gesichtspunkten der Repräsentativität ausgewählten Schulen wurde versucht, Lesemotivation in den 5. bis 8. Schulstufen zu schaffen bzw. zu verstärken. Im Rahmen des Deutschunterrichts wurden u.a. die Hinweise im Lehrplan zur Einbeziehung von Kinder- und Jugendliteratur aufgegriffen und exemplarisch erprobt. Desweiteren wurden Unterrichtsmodelle erarbeitet, in denen Jugendbücher fächerübergreifend eingesetzt werden. Auf Schulebene wurde versucht, ein besseres

Leseklima zu schaffen, indem begleitend zum Deutschunterricht Autorenlesungen angeboten, Leseclubs und Leseecken eingerichtet und mit Buchausstellungen, Buchempfehlungen und unter Einbeziehung der Schülerzeitung auf Bücher aufmerksam gemacht wurde.

Außerschulische Lernorte der Schülerinnen und Schüler wurden einbezogen, indem Buchempfehlungen an Eltern gegeben und Projektwochen zur Leseförderung in Zusammenarbeit mit Bibliotheken, Buchhandlungen, Eltern und anderen Interessierten durchgeführt wurden.

Hinweise: Am 29. Juni 1992 fand im Erbacher Hof in Mainz die überregionale Abschlußtagung statt, bei der einer breiten Öffentlichkeit die im Versuch erprobten Maßnahmen vorgestellt werden konnten.

Materialien: Eine Handreichung für Lehrer, in der die erprobten Maßnahmen praxisnah beschrieben sind, ist bei der Stiftung Lesen erhältlich

(72)
Das solltet ihr lesen!
Schüler empfehlen neue Jugendbücher
Träger: Friedrich-Ebert-Schule; Am Eichelbaum 67;
6300 Gießen-Wieseck
Ansprechpartner: Kaiser, Rotraut; Tel.: 0641/3062552-3

Geplant und durchgeführt wurde dieses Projekt von einer 9. Klasse des Gymnasialzweiges einer Gesamtschule. Die Schüler baten Jugendbuchverlage um Rezensionsexemplare von Neuerscheinungen. Die Rezensionen, die die Jugendlichen mit persönlichen Einschätzungen und Empfehlungen ausstatteten, wurden in einer Broschüre zusammengefaßt und an der Schule sowie in der Gießener Öffentlichkeit vertrieben.

Von der Kontaktaufnahme mit den Verlagen bis zur Erstellung der Druckvorlagen in Eigenarbeit vergingen ca. zehn Wochen. Zum Projekt gehörte auch ein Besuch der Frankfurter Buchmesse und eine Ausstellung der Bücher mit den unterschriebenen Originalbesprechungen in der Schule.

Hinweise: Das Projekt wurde von den Schülern und Schülerinnen mit sehr hohem Engagement getragen. Der Deutschunterricht wurde nur zu einem geringen Anteil in Anspruch genommen, da das Projekt überwiegend außerunterrichtlich durchgeführt wurde. Teilweise waren auch Schüler aus anderen Klassen beteiligt.

Materialien: Buchempfehlungslisten

(73)
Die Rückkehr des Herakles im Jahr 1992
Träger: Friedrich Ebert-Schule; Am Eichelbaum 67;
6300 Gießen-Wieseck
Ansprechpartner: Kaiser, Rotraud; Tel.: 0641/3062552-3

Auf der Klassenfahrt der Klasse 7a, die - ähnlich wie Kästners "Das fliegende Klassenzimmer" - mit dem Finger auf der Landkarte stattfindet und durch den Kaukasus führt, erreichen die Kinder schließlich den "sagenhaften" Olymp. Der unsterbliche Herakles schwebt herab und wird -im Bus und sozusagen real- mit nach Hause genommen, mit nach Gießen-Wieseck.

In 17 Kapiteln beschreiben und erklären die 20 Schülerinnen und Schüler Herakles ihr Leben und ihre Welt; Herakles wiederum (dessen Perspektive die Autoren nun auch einnehmen müssen) nimmt jede Gelegenheit wahr, von seinen Abenteuern und seinem Leben im alten Griechenland zu erzählen. Nachdem im Deutschunterricht Ideen für die einzelnen Kapitel gesammelt worden waren, schrieben die Kinder einzeln oder zu zweit in Hausarbeit ihre Kapitel. Die fertigen Aufsätze wurden im Unterricht korrigiert und koordiniert, zu Hause getippt und mit Zeichnungen versehen. Der experimentelle, produktive Umgang mit der alten Herakles-Sage war für die Kinder sehr reizvoll und spannend. Als sehr günstig erwies sich die Anbindung des Projektes an den Geschichtsunterricht.

(74)
Empfehlungen zur Leseerziehung in der Grund- und Hauptschule
Träger: Staatsinstitut für Schulpädagogik und Bildungsforschung; Abteilung: GHS; Arabellastraße 1; 8000 München 81
Ansprechpartner: Herr Buckenleib; Tel.: 089/92142380

Nach einer eingehenden Erörterung der Fragen, warum Lesen notwendig, ja unverzichtbar ist, und worin der Wert des Lesens für das Individuum und die Gesellschaft besteht, werden praktische Hinweise zur Leseerziehung gegeben. Im Kapitel "Lesemotivierende Anregungen für den Unterricht" werden Maßnahmen beschrieben, die geeignet sind, die Leselust zu wecken und eine überdauernde Lesemotivation aufzubauen (z.B. Erzählen von Geschichten, zweckfreies Vorlesen, kreativer Umgang mit altersgemäßen Texten).

Im Kapitel "Begegnung mit dem Kinder- und Jugendbuch" werden nach einer grundsätzlichen Darstellung des Stellenwertes und der historischen Entwicklung der Kinder- und Jugendliteratur konkrete Möglichkeiten zur Hinführung zum Kinder- und Jugendbuch aufgezeigt. Besonders hervorzuheben sind dabei das Vorstellen von Lieblingsbüchern, das Anlesen von Büchern, das Lesen von Buchprospekten, Besprechungen von Klappentexten und das Lesen eines Kinder- und Jugendbuches in der Klasse. Auch Hinweise zu Autorenbegegnungen, Buchausstellungen und Lese-, Erzähl- und Schreibwettbewerben wurden aufgenommen.

Im Kapitel "Die Schulbücherei - ein sinnvoller Beitrag zur Leseerziehung in der Grund- und Hauptschule" werden die Bedeutung und Notwendigkeit von Klassen- und Schulbüchereien betont, Hinweise zum Unterricht in und mit der Bücherei gegeben und außerunterrichtliche Leseaktivitäten im Leseclub vorgestellt. Auf die Einbindung des Lesens in fachliche und überfachliche Projekte und auf lesefördernde Initiativen und Organisationen wird in den letzten beiden Kapiteln verwiesen.

(75)
Integration eines Leseclubs
in die Lernwerkstatt einer Grundschule
Träger: Lernwerkstatt "Büffelstübchen" für Kinder, Eltern und Lehrer/-innen e.V.; c/o Grundschule 2; Elisabethstraße 27; O-2500 Rostock
Ansprechpartner: Krahnepuhl, Heide; Lange, Inge

Kinder mit Problemen beim Schriftspracherwerb sollen nicht die allgemein übliche Nachhilfe erhalten, sondern speziell gefördert werden. Dazu ist Arbeit an den Lernvoraussetzungen notwendig ebenso wie die Analyse und Verbesserung der Motivationsstruktur (unter Beachtung des Spracherfahrungsansatzes nach H. Brügelmann). Die Lernwerkstatt betreibt Lehrerfortbildung zu diesen Schwerpunkten, sie arbeitet mit den Eltern und trägt zur Sicherung der Praxisbegegnung mit Student/-innen bei. Außerdem werden Freizeitangebote im literarischen und musisch-ästhetischen Bereich für Kinder und Erwachsene angeboten.

(76)
L wie Lesen. Anregungen zur Leseförderung
Träger: Franz Schneider Verlag; Postfach 460348; Frankfurter Ring 150; 8000 München 40
Ansprechpartner: Knobloch, Jörg; Tel.: 08161/81104

Die Reihe umfaßt Hefte für die Primarstufe (Klassen 1-4), Orientierungsstufe (Klassen 5-6), und Sekundarstufe I (Klassen 7-10). Jedes Heft stellt Kinder- und Jugendbücher des Verlages vor und informiert über Inhalt, Problematik und didaktisch-methodische Möglichkeiten. Ergänzend werden Bücher genannt, die sich als individuelle oder gemeinsame Anschlußlektüre eignen; gelegentlich auch Sekundärliteratur und andere Medien. Jedes Heft enthält außerdem eine kommentierte Liste mit Titeln, die sich vor allem für die Aufnahme in die Schul- oder Klassenbibliothek eignen.

Die einzelnen Beiträge zeichnen sich innerhalb der vorgegebenen Grobstruktur durch z.T. große Unterschiedlichkeit aus. Neben Beiträgen, in denen von konkreten Unterrichtserfahrungen berichtet wird, stehen solche, die eher auf die Vielfalt von Einsatzmöglichkeiten hinweisen möchten. Anleitungen zur Durchführung von Projekten finden sich ebenso wie detailliert ausgearbeitete Unterrichtsskizzen.

Hinweise: Das Heft für die Orientierungsstufe ist zur Zeit vergriffen. Auf neuestem Stand (1991) befindet sich das Heft für die Primarstufe. Es enthält lose beigefügte Kopiervorlagen für Arbeitsblätter. Die Schutzgebühr pro Heft beträgt DM 2,-.

(77)
Landesarbeitsgemeinschaft Schulbibliotheken in Hessen
Träger: Schlamp, Günter; Wilhelm Busch-Str. 11;
6236 Eschborn; Tel.: 06106/41707

Es geht bei diesem Ansatz darum, an Schulen, die über keine feste Schulbibliothek verfügen, unter Aufbietung vielfältiger finanzieller und personeller Ressourcen eine moderne Schulbibliothek aufzubauen. Dies ist trotz ungünstiger Rahmenbedingungen für Schulbibliotheken in Hessen und fehlendem öffentlichen Interesse durch Ausnutzung aller vorhandenen Spielräume der gesamten Schulgemeinde gelungen.

Die LAG veranstaltet seit 1987 Tagungen in hessischen Schulbibliotheken, fördert den Erfahrungsaustausch zwischen Schulbibliotheken, berät Schulen, entwickelt Projektideen und Konzepte für Leseförderung und Schulbibliotheken und versucht, öffentliches Interesse zu wecken.

Hinweise: Einige Initiativen im Geschäftsbereich des hessischen Kultusministeriums waren erfolgreich. Die grundlegenden Kompetenz- und Finanzierungsfragen sind nach wie vor ungelöst. Angesichts der Finanzsituation der Öffentlichen Hand besteht wenig Aussicht auf Änderung.

(78)
Lesebazillus
Träger: Schweizerischer Bund für Jugendliteratur (SBJ); Gewerbestraße 8; CH-6330 Cham
Ansprechpartner: Merz, Ursula; Tel.: (0041) 42/413140

Zwei Rucksäcke voller Bücher werden von zwei Schülern in eine andere Klasse an einem anderen Ort gebracht. Ein Angebot zum individuellen Lesen, vermittelt im Rahmen der Schule. Das Projekt richtet sich an Kinder der 5. und 6. Klassen.

Ein Rucksackpaar enthält ca. 35 assortierte Bücher von unterschiedlichem Schwierigkeitsgrad und für verschiedene Leseinteressen (Belletristik, Sachbücher, Comics). Im Moment des Eintreffens wird der reguläre Arbeitsplan durchbrochen, und das freie Lesen beginnt.

Die Bücher bleiben 2-4 Wochen bei ihren "Gastgebern". Der Lehrer sucht in dieser Zeit Kontakt zu einer anderen Klasse und informiert das Zentralsekretariat SBJ über das neue Ziel der beiden Rucksäcke. Weiter bestimmt der Lehrer insgeheim 2 Bücher, welche als mit dem Lesebazillus infiziert gelten. Deren Leser dürfen am vereinbarten Termin mit den Rucksäcken auf die Reise gehen und die neue Klasse damit überraschen.

Hinweise: Dieses Projekt hat großen Erfolg an den Schulen, da es sich um ein einfaches, klares und überschaubares Leseförderungsprojekt handelt, das vom Lehrer fix und fertig übernommen werden kann und das vom Organisator, außer den Vorbereitungsarbeiten, wenig Betreuungsaufwand erfordert.

Materialien: 2 Rucksäcke mit ca. 35 Büchern, Lehrermappe mit Infos, Taschengeld (SFR 10,-), 2 Bahn-Tageskarten

(79)
Lesebeauftragte
Träger: Bayerischer Lehrer- und Lehrerinnenverband im VBE; Bavariaring 37; 8000 München 2
Ansprechpartner: Heidecker, Margit; Tel.: 089/778026

Durch die Initiative des Lehrerverbandes existiert in Bayern als erstem Bundesland eine feste Struktur für die Anregung und Koordination von Leseförderungsmaßnahmen im Bereich der Grund- und Hauptschulen. Bezirkslesebeauftragte leiten einen Kreis von Kreislesebeauftragten, bieten regelmäßig Fortbildungsveranstaltungen und Halbtagsseminare an und geben Leseinformationen über die Kreisverbände an Schulen weiter.

Materialien: Informationsschrift für die Lesebeauftragten

(80)
Lesekoffer - Ausländer unter uns
Träger: Stiftung Lesen; Fischtorplatz 23; 6500 Mainz
Ansprechpartner: Joachim Schmidt; Karen Ihm;
Tel.: 06131/230888

Zunächst wurden 20 Lesekoffer mit Literatur zu den Themenschwerpunkten:
- Ausländer in Deutschland;
- Fremde Länder, fremde Kulturen;
- Dritte Welt zusammengestellt.

Jeder Koffer enthält ca. 40 Bücher. Ergänzt werden diese Bücher mit methodischen Tips wie:
- Lese- und Schreibspiele;
- Aktionsbeispiele;
- weitere Lesetips;
- Adressen.

Über zentrale Einrichtungen wie Bibliotheken, Schulen, Ausländerbeauftragte werden diese Koffer interessierten Schulklassen, Kinder- und Jugendgruppen leihweise und kostenlos zur Verfügung gestellt.

Hinweise: Zunächst sollen je 10 Koffer in Thüringen und 10 in Rheinland-Pfalz zur Verfügung stehen. Diese werden über die Ausländerbeauftragten verteilt. Es werden zur Hälfte Koffer für die Sekundarstufe und für die Primarstufe zusammengestellt.

Materialien: Koffer mit Jugendbüchern über Ausländer in Deutschland, Dritte Welt und Leben in fremden Kulturen. Methodische Anregungen zur Handhabung in Unterricht oder Freizeit (Lese- und Schreibspiele, Aktionsbeispiele, Lesetips, Adressen).

(81)
Lesemobil
Träger: Stiftung Lesen; Fischtorplatz 23; 6500 Mainz
Ansprechpartner: Kreibich, Heinrich; Tel.: 06131/230888

In Zusammenarbeit mit dem Niedersächsischen Kultusministerium und der Toto-Lotto GmbH als Sponsor, konzipierte die Stiftung Lesen ein Projekt für die ambulante Leseförderung, das "Lesemobil".

Ausgestattet mit Büchern, Broschüren, audiovisuellen Medien, Ausstellungsmaterialien und anderen Projektangeboten u. begleitet von Pädagogen, ist der Bus seit dem 1. August 1992 für Schulen, Kindergärten und Kultureinrichtungen in Niedersachsen unterwegs.

(82)
Lesen in der Grundschule
Träger: Landesinstitut für Schule und Weiterbildung; Paradieser Weg; 4770 Soest
Ansprechpartner: Herr Urbanek; Tel.: 02921/683302

In diesem landesweiten Projekt zur Lehrerfortbildung in Nordrhein-Westfalen werden seit 1988 jährlich etwa 500 bis 800 Grundschullehrerinnen und -lehrer mit neuen Ansätzen und Verfahren der Leseerziehung und Leseförderung vertraut gemacht. Die Fortbildung wird in insgesamt 25 lokalen Lehrerfortbildungsstützpunkten (Grundschulen) durchgeführt.

Über ein Jahr lang treffen sich dort alle vierzehn Tage die Fortbildungsteilnehmer (120 Std.). Jeder der Stützpunkte wurde eigens mit einer Klassenbibliothek und einer Klassendruckerei eingerichtet. Die Klassendruckereien sollen zur Produktion eigener Schriften anregen. Die Fortbildungsgruppen werden mit Kinderbuchautoren zusammenarbeiten, um Anregungen für Autorenlesungen in Schulen zu gewinnen.

Ein besonderer Akzent der Fortbildung wird auf die Förderung freien Lesens und Schreibens gelegt. Die Betreuung der Fortbildungsgruppen erfolgt durch erfahrene und speziell vorbereitete Lehrkräfte als Moderatoren.

Hinweise: Die Evaluation der Maßnahme (Vor- und Nachbefragungen, Gutachten) wird durch die Gesamthochschule Paderborn durchgeführt.

Materialien: Didaktisch aufbereitetes Handmaterial für die Moderatoren und Materialpaket für die Teilnehmer

(83)
Lesen macht Spaß
Träger: Bayerischer Lehrer- und Lehrerinnenverband - Kreisverband Bayreuth-Stadt; Döbereinerstraße 9; 8580 Bayreuth
Ansprechpartner: Kraus, Erich; Tel.: 0921/92289

Die Ausstellung von ca. 150 Büchern wanderte an mehreren Bayreuther Grund- und Hauptschulen. Die Buchauswahl erfolgte je nach Alter der Zielgruppe in drei unterschiedlichen Zusammenstellungen. Jede Schule erhielt Anregungen für den Ausstellungsaufbau, eine Elterninformation, Arbeitsblätter für ein Preisausschreiben und Werbeplakate.

Hinweise: Unterstützt wurde die Aktion von der Stadtbibliothek, der Staatlichen Beratungsstelle für öffentliche Büchereien in Oberfranken und von Buchhandlungen. Außerdem in der Mappe enthalten: Ein Resonanzbericht über die Aktion "Schule rund ums Buch" des Unterfränkischen Lehrer- und Lehrerinnenverbandes 1990.

Materialien: Bücherliste, Informationsmaterialien für die Schule und Eltern, Plakate, Arbeitsblatt für Schüler, Dokumentation zur Buchausstellung "Lesen macht Spaß"

(84)
Literarischer Wettbewerb für Schülerinnen und Schüler des Landes Bremen
Träger: Senator für Bildung, Wissenschaft und Kunst; Rembertiring 8-12; 2800 Bremen
Ansprechpartner: Struckmeyer, Hartwig; Tel.: 0421/3616512

Der Ausschreibungstext geht an alle Schulen, Deutschlehrerinnen und -lehrer. Er kann von Schülerinnen und Schülern direkt angefordert werden. Als Wettbewerbsbeiträge sind literarische Arbeiten (Prosatexte, Gedichte, Spiel- und Hörspielszenen) zu einer jeweils vorgegebenen Themenstellung einzureichen (maximal fünf DIN-A4 Seiten).

Eine unabhängige Jury der Schülerinnen und Schüler, Vertreter des Senators für Bildung, Wissenschaft und Kunst, der Universität und der Lehrerinnen und Lehrer angehören, wählt die preiswürdigen Arbeiten aus. Preise sind Buchgutscheine für die unterschiedlichen Altersstufen. Die Veröffentlichung der Preisarbeiten erfolgt in der Regel im Periodikum "skript" des Vereins Bremer Literaturkontor.

Hinweise: Ein ähnlicher Wettbewerb findet in Nordrhein-Westfalen statt: Unter der Schirmherrschaft des Kultusministers von Nordrhein-Westfalen vergibt der Verband der Verlage und Buchhandlungen in Nordrhein-Westfalen für die ersten drei Preisträger jährlich Buchschecks in Höhe von DM 500,-, DM 350,-, DM 200,-. Adresse: Marienstraße 4, 4000 Düsseldorf; Tel.: 0211/320951

Materialien: Ausschreibungstexte

(85)
Mehr Wissen durch Lesen: "Energie und Umwelt"
Träger: Stiftung Lesen; Fischtorplatz 23; 6500 Mainz
Ansprechpartner: Franzmann, Bodo; Tel.: 06131 / 23 08 88

Auf der Basis des Vorläuferprojektes "Wirtschaft und Ernährung" mit den Unterrichtsmodellen "Der Wochenmarkt" und "Supermarkt" für die Primar- und Sekundarstufe wird die Reihe mit dem Thema "Energie und Umwelt" fortgesetzt. Bereits im Vorfeld fanden mehrere Fachgespräche mit Experten und Vertretern aller wichtigen Energie- und Umweltorganisationen statt.

Zunächst wurden dann praktische Schulversuche durchgeführt: Am Gymnasium Ingelheim behandelten zwei Leistungskurse das Thema, am Schloßgymnasium Mainz fand ein Unterrichtsprojekt in der Sekundarstufe statt. Während einer Anhörung zum Projekt befragten Schüler Experten zum Thema. Im Jahr 1991 begann in Zusammenarbeit mit dem Institut für Lehrerfort- und Weiterbildung (IFL) Mainz die Erarbeitung von Unterrichtseinheiten "Energie und Umwelt" für die Primarstufe. Inzwischen liegen Entwürfe für Unterrichtsmodelle zu folgenden Themen vor:

- Energie: Verwendung, Gewinnung, Einsparung;
- Umweltspiele;
- Haushalt - Wasser - Strom;
- Umwelt fängt in der Schule an.
- Ein weiteres Unterrichtsmodell "Energie" wurde von Prof. Richard Meier (Universität Frankfurt/M.) entwickelt.

Die Veröffentlichung von Unterrichtsmodellen für die Primarstufe zusammen mit einem "Lesebuch Energie und Umwelt" ist für 1992 geplant. Anschließend sollen Unterrichtsvorschläge und -materialien zum selben Thema für die Sekundarstufe entwickelt werden.

Materialien: Videoaufzeichnung über die Anhörung zum Projekt "Energie und Umwelt", bei der Schüler Experten befragten. Handreichungen

(86)
Mimi und Robert oder
Daß sich überhaupt jemand dafür interessiert
Träger: Geschwister Scholl - Grundschule;
Geschwister Scholl - Str. 2; 6200 Wiesbaden - Klarenthal
Ansprechpartner: Völker-Hill, Barbara; Tel.: 06124/9529

Zusammen mit der Kinderbuchautorin Ursula Fuchs verfaßten die Kinder der Klasse 3a der Klarenthaler Grundschule die Geschichte von Mimi und Robert, zwei Kindern, deren Familien aus wirtschaftlichen und politischen Gründen ihre Heimat verlassen mußten und die nun versuchen, in Deutschland eine neue Heimat zu finden. Die Kinder verwendeten für ihre Geschichten Bild- und Textmaterial, das ihnen von der Stadtbibliothek zur Verfügung gestellt wurde und hatten zudem die Möglichkeit, sich mit Emigranten zu unterhalten. Durch das Projekt sollte nicht nur das Lesen und das Schreiben der Kinder gefördert werden, sondern auch ihre Toleranz gegenüber Ausländern.

Hinweise: Die Durchführung des Projekts wurde u.a. von der Stiftung Lesen gefördert. Die Geschichten der Kinder wurden auf der Kinderseite des Wiesbadener Kuriers abgedruckt und so einer breiteren Öffentlichkeit zugänglich gemacht.

Im Mai 1992 wurde das Projekt in "Dinos Kinderradio" (Hessischer Rundfunk) vorgestellt. In diesem Zusammenhang wurden die Texte auch in ein Hörspiel umgesetzt.

Materialien: Veröffentlichung der Texte (Selbstverlag)

(87)
Schüler schreiben - Schüler malen - und machen Musik
Träger: Hessisches Institut für Bildungsplanung und Schulentwicklung (HIBS); Bodenstedtstraße 7; 6200 Wiesbaden
Ansprechpartner: Kunkel, Roland; Tel.: 0611/342148

1983 mit der Aufforderung "Schüler schreiben" begonnen, wird der Wettbewerb inzwischen in drei Sparten alle zwei Jahre vom Hessischen Kultusminister für Schüler/-innen ab der 7. Klasse ausgeschrieben. Zu einem vorgegebenen Thema können so unter anderem Texte in Prosa- oder Gedichtform verfaßt und über die Schule eingereicht werden.

Die interessantesten Schülertexte werden jeweils in einem Buch veröffentlicht, das alle Teilnehmer erhalten; einer ausgewählten Gruppe von Schülerautoren wird außerdem ein literarisches Workshop-Wochenende mit einigen Schriftstellern angeboten.

Das Projekt bezweckt auch eine Einflußnahme auf den Deutschunterricht: Lehrerinnen und Lehrer sollen ermuntert werden, dem phantasiegeleiteten, literarischen Schreiben einen größeren Stellenwert zu verleihen und produktiven Formen des Umgangs mit Literatur den Vorrang zu geben - so wie dies auch die hessischen Rahmenrichtlinien intendieren. Fernziel ist die Installierung einer literarischen Schreibkultur von Jugendlichen, die ihren Platz auch in der Schule haben sollte.

Hinweise: Ähnliche landesweite Schreibwettbewerbe werden auch in anderen Bundesländern durchgeführt.

Materialien: Dokumentation

(88)
Schulbibliothekarischer Titeldienst
Träger: Stiftung Lesen; Fischtorplatz 23; 6500 Mainz
Ansprechpartner: Kreibich, Heinrich; Tel.: 06131 / 23 08 88

Die Titeldienste erscheinen zu unterschiedlichen Themen. Im Jahr 1990 wurde ein erster Titeldienst "Leben in fremden Kulturen" kostenlos an einschlägige Multiplikatoren verteilt. Darauf wurden zwei weitere Titeldienste erstellt:
- Kinder- und Jugendbücher 1990/91;
- Kinder- und Jugendbücher 1991/92.

Beide wurden von der Stadtbibliothek Bremen erarbeitet und in Form einer Sonderauflage für die Stiftung Lesen gemeinsam herausgegeben.
Materialien: Broschüren; Fragebogen

(89)
Schuldruckerei - Erstellung von Schülerzeitungen
Träger: Arbeitskreis Schuldruckerei; Deutsche Gruppe der Freinet-Pädagogik; Graulheck 24 a; 6685 Schiffweiler
Ansprechpartner: Treitz, Peter; Tel.: 06821/64633

Im Zentrum der Aktivitäten des Arbeitskreises stehen Beratung und Erfahrungsaustausch für alle Lehrerinnen und Lehrer, die eine Schuldruckerei schon betreiben oder noch einrichten wollen Die Schuldruckerei kann in allen Schulformen (insbesondere Grundschule) eingesetzt werden, um unterschiedlichste Schreibanlässe kreativ zu gestalten. Entscheidend ist, daß die Texte von der Gruppe sowohl formuliert als auch illustriert, gesetzt und gedruckt werden.

Ein wichtiges Projekt sind auch Briefpartnerschaften, bei denen Partnerklassen im In- und Ausland gewonnen werden, um gedruckte Texte auszutauschen und zu diskutieren.

(90)
Schule rund ums Buch
Träger: Bayerischer Lehrer- und Lehrerinnenverband im VBE; Bavariaring 37; 8000 München 2
Ansprechpartner: Werthmann, Franz; Tel.: 089/778026

Die Initiative betreibt folgende Maßnahmen der Leseförderung, die in der Regel in Form einer Veranstaltungswoche angeboten werden:
- kostenlose Bereitstellung einer Wanderausstellung;
- Leseinformationen, Hilfen für Lehrer und Erzieher;

- Vermittlung von Autorenlesungen;
- Hilfen und Anregungen bei der Programmgestaltung einer Woche "Schule rund ums Buch";
- Vorschläge zur Auswahl von Klassenlektüren;
- Herausgabe einer Etatliste (Grundschule/ Hauptschule) für Kinder- und Jugendliteratur, ausgewählt aus den jeweiligen Neuerscheinungen;
- Vorträge zur Leseerziehung und zum Umgang mit Kinder- und Jugendbüchern;
- Film- und Videoliste/ Verzeichnis zum Thema Kinder- und Jugendbuch;
- Mitteilung von Adressen lesefördernder Organisationen;
- Seminare zur integrativen Lehrerfortbildung (z.B. Thema "Wald" in der Kinder- und Jugendliteratur);
- Durchführung von Modellveranstaltungen auf Lehrertagen.

Hinweise: Die Aktionen und der dazugehörige Service werden auch von der "AG Kinder- und Jugendliteratur" des Saarländischen LLV angeboten. Kontakt: Gudrun Vogt, Galgenbergstr. 18, 6683 Spiesen-Elversberg.

Materialien: Programmheft

(91)
Supermarkt
Träger: Stiftung Lesen; Fischtorplatz 23; 6500 Mainz
Ansprechpartner: Franzmann, Bodo; Tel.: 06131 / 23 08 88

Die Handreichungen enthalten die Beschreibung von ausgearbeiteten Unterrichtseinheiten zum Thema Wirtschaft und Ernährung mit Unterthemen wie: Bedürfnisse des Menschen und ihre Befriedigung, Einkaufen im Supermarkt, Gesunde Ernährung. Bei dem Material handelt es sich nicht um fest umrissene Rezepte, sondern es kann in verschiedenen Zusammenhängen genutzt und eingebaut werden.

(92)
Tagesschau - einmal selbstgemacht
Träger: Initiative Wiesbadener Medienzentrum e.V.;
Felsenstr. 24; 6200 Wiesbaden
Ansprechpartner: Kunze, Harald; Tel.: 0611/521708

Einmal mit den Mitschülern eine eigene Fernsehnachrichtensendung aus den Meldungen des Tages zu gestalten, ist eine spannende und informative Sache. Von der Nachrichtenauswahl bis zur Aufzeichnung der Sendungen liegt alles in der

Hand der Teilnehmer. Insgesamt entstehen (bei einer Klasse von ca. 25 Schüler/-innen) 5 Nachrichtensendungen, die auf Video aufgezeichnet werden. Das Projektangebot richtet sich an Klassen, die einmal einen Vormittag lang Nachrichtenredaktion sein wollen. Projektort ist entweder das Wiesbadener Medienzentrum oder die jeweilige Schule.

(93)
Vorlese-Wettbewerb des Deutschen Buchhandels
Träger: Börsenverein des Deutschen Buchhandels; Großer Hirschgraben 17-21; Postfach 100442; 6000 Frankfurt/M. 1
Ansprechpartner: Bartscher, Sibylle; Wüthrich, Franziska; Ziemer, Susanne; Tel.: 069/1306331 oder 1306333

Im Herbst jeden Jahres erfolgt die Versendung der Ausschreibungsmaterialien an ca. 12000 Schulen, von denen sich rund 6000 am Wettbewerb beteiligen. Die Ausscheidungen erfolgen auf folgenden Ebenen: Klasse; Schule; Stadt/Kreis; Regierungsbezirk; Land; Bund. Dabei werden 3 Gruppen unterschieden:
- Hauptschulen und Schulen für Körperbehinderte;
- Realschulen, Gymnasien, Gesamtschulen, Orientierungsstufen u. entsprechende Kurse bzw. Grundschulen in Berlin;
- Sonderschulen für Lernbehinderte.
Für die letztgenannte Gruppe endet der Wettbewerb auf Stadt-/ Kreisebene. Teilnehmer gewinnen Urkunden, Sieger zusätzlich Buchpreise und Bücherschecks. Die Landessieger verbringen 3 Tage in Frankfurt und erleben dort den Bundesentscheid, dessen Sieger neben der "Frankfurter Leseleiter" auch noch den Besuch eines Jugendbuchautors in der Klasse geschenkt bekommen. Juroren sind Lehrer, Buchhändler, Bibliothekare, Autoren, Vorjahressieger u.a.

Auf regionalen und Bezirksebenen wird der Wettbewerb von Buchhandlungen, Bibliotheken, Schulen, Jugendämtern und anderen kulturellen Einrichtungen veranstaltet.
Hinweise: Der Vorlese-Wettbewerb ist - vor allem durch seine lange Tradition und feste Organisationsstruktur - trotz leicht rückläufiger Beteiligung die Leseförderungsmaßnahme mit der größten Beteiligung und Beachtung in der Bundesrepublik.

Aufkommende Kritik könnte in den nächsten Jahren zu Umgestaltungen führen, die vor allem folgende Punkte betreffen: Milderung des Wettbewerbscharakters; stärkere Betonung des literaturpädagogischen Anliegens.

Materialien: Ausschreibungsunterlagen; Literaturempfehlungs-
listen; Plakat; Pressesammlung; Checkliste für Veranstalter

(94)
Zum Lesen verlocken.
Kinder- und Jugendbücher im Unterricht
Träger: Arena-Verlag; Postfach 5169; Rottendorfer Str. 16;
8700 Würzburg
Ansprechpartner: Conrady, Peter; Tel.: 0931/796440

Der Verlag vermittelt diese Unterrichtshilfen in zwei Taschen-
büchern: Kinderbücher für die Klassen 1-4 und Jugendbücher
für die Klassen 5-10. Die beiden Bände bieten methodische
und didaktische Anregungen für die Gestaltung des Leseunterrichts mit Arena Kinder- und Jugendbüchern.

Die Hinweise informieren zunächst über Thematik und
Formcharakter des jeweiligen Buches und und zeigen dann unterrichtspraktische Möglichkeiten auf, die meist bis zu Unterrichtseinheiten ausgestaltet sind.

Hinweise: Die Ausgabe für die Primarstufe ist gegen eine
Schutzgebühr von DM 4,- beim Verlag zu erhalten. Die Ausgabe für die Klassen 5-10 erschien 1992 in der fünften überarbeiteten Auflage und sie ist gegen eine Schutzgebühr von DM
4,- beim Verlag zu erhalten.

4. Leseförderung durch Literaturpreise

(95)
Astrid-Lindgren-Preis
Träger: Verlag Friedrich Oetinger; Poppenbütteler Chauss. 53;
2000 Hamburg 65; Tel.: 040/6070055
Der in unregelmäßigen Abständen ausgeschriebene und mit
DM 10000 dotierte Kinder- und Jugendbuchpreis wird für bis-
her unveröffentlichte Manuskripte in deutscher Sprache verlie-
hen. Zur Jury gehören Bibliothekare, Buchhändler u. Lektoren.

(96)
Buch des Monats
Träger: Deutsche Akademie für Kinder- und Jugendliteratur;
Hauptstraße 42; 87120 Volkach
Ansprechpartner: Pleticha, Heinrich; Tel.: 09381/4355
Mit der Auszeichnung "Buch des Monats" versehen wird je-
weils ein Kinderbuch, ein Jugendbuch und ein Bilderbuch. Zu-
sätzlich wird ein Gütesiegel vergeben, mit dem der Verlag bei
Interesse die Publikation versehen kann. Für die Auswahl der
Bücher wurden aus dem Vorschlagsgremium vornehmlich fol-
gende Kriterien zugrundegelegt: Die Befriedigung der Leserbe-
dürfnisse, die pädagog. Bedeutsamkeit, die ästhet. Aspekte.

(97)
Buxtehuder Bulle
Träger: Buchhandlung Ziemann; Bahnhofstraße 35;
2150 Buxtehude; Tel.: 04161/3732
Der von einer Buchhandlung gestiftete Preis wird einmal jährlich für die beste Neuerscheinung im Bereich deutschsprachi-
ges erzählendes Jugendbuch vergeben. Er ist mit DM 8000,-
und einer Stahlplastik dotiert.

(98)
Das Rote Tuch
Träger: SPD Charlottenburg - Geschäftsstelle;
Otto-Suhr-Allee 100 / R. 230; 1000 Berlin 10; Tel.: 030/3415438
Mit dem Preis, der mit DM 3000,- ausgestattet ist, werden lite-
rarische Arbeiten ausgezeichnet, in denen der deutsche Fa-
schismus kritisch dargestellt und demokratisches Denken und

Handeln in der jungen Generation gefördert wird. Die literarischen Arbeiten können von den Medien Buch, Film, Fernsehen, Hörfunk, Tonband, Tonkassette oder Schallplatte getragen werden. Sie sollen sich an Jugendliche zwischen dem 12. und 16. Lebensjahr wenden.

(99)
Der Rattenfänger-Literaturpreis
Träger: Kulturamt der Stadt Hameln; Rathausplatz 1;
3250 Hameln; Tel.: 05151/202301

Der im Jubiläumsjahr "700 Jahre Rattenfänger" 1984 erstmals gestiftete Literaturpreis der Stadt Hameln zeichnet ein oder zwei Sagen- oder Märchenbücher, phantastische Erzählungen oder Prosa über das Mittelalter für Kinder und Jugendliche aus. Der 1992 mit DM 10000,- dotierte Preis wird an Autoren, Bearbeiter, Übersetzer oder Illustratoren vergeben.

Weitere Bücher, die von der Jury hervorgehoben werden, werden in eine Auswahlliste aufgenommen und damit "ideell ausgezeichnet". Teilnahmeberechtigt sind in der Regel Neuerscheinungen der letzten zwei Jahre. Bisher wurde der Preis viermal ausgeschrieben.

(100)
Deutscher Jugendliteraturpreis
Träger: Arbeitskreis für Jugendliteratur; Schlörstraße 10;
8000 München 19
Ansprechpartner: Scharioth, Barbara; Tel.: 089/1684052

Im April 1956 wurde der Deutsche Jugendliteraturpreis zum ersten Mal verliehen. Seit dieser Zeit ist er der einzige Literaturpreis, der von einem Ministerium der Bundesrepublik regelmäßig für deutschsprachige Werke lebender Autoren und deutsche Übersetzungen fremdsprachiger Werke vergeben wird.

Eine unabhängige Jury, die von der Mitgliederversammlung des Arbeitskreises und vom Bundesministerium für Jugend, Frauen, Familie und Gesundheit berufen wird, entscheidet über die Vergabe der Geldpreise (jeweils DM 10000,-), deren Zahl sich seit 1956 ausgeweitet hat. Die Preise werden in folgenden Sparten vergeben: Kinderbuch, Bilderbuch, Jugendbuch, Kindersachbuch und Jugendsachbuch. Hinzu treten in manchen Jahren Sonderpreise für die Behandlung bestimmter Themen oder formale Eigenschaften (Illustration, Übersetzung etc.).
23 weitere Bücher empfiehlt die Jury durch die Aufnahme in die Auswahlliste.

Hinweise: Das ausführliche Verzeichnis "Deutscher Jugendliteraturpreis 1991" mit Auswahlliste kann beim Arbeitskreis für Jugendliteratur e.V. bestellt werden.
Materialien: Katalog

(101)
Die Silberne Feder
Träger: Deutscher Ärztinnenbund e.V.; Kolbergerstraße 11; 8000 München 80
Ansprechpartner: Mundt, Edith; Tel.: 089/984551

Der Preis kann einem Bilderbuch, einem erzählenden Buch oder einem Sachbuch zuerkannt werden. Der Preis besteht aus einer Urkunde und einer silbernen Feder. Der Verlag, in dem das Buch erschienen ist, kann dieses mit einem entsprechenden Signet versehen.

Der Preis, an dessen Vergabe auch der Arbeitskreis für Jugendliteratur beteiligt ist, wird seit 1974 alle zwei Jahre für solche Bücher vergeben, die bei der Darstellung von Themen, die sich im weitesten Sinne mit Gesundheit und Krankheit befassen, besonders hervorgehoben haben.
Materialien: Faltblätter mit Annotationen über den Preis und die Bücher der Empfehlungsliste

(102)
Erster gesamtdeutscher Bilderbuchpreis
Träger: Ellermann-Verlag; Romanstraße 16; 8000 München 19
Ansprechpartner: Schmidt, Natalie; Tel.: 089/133737

Gesucht wird eine abgeschlossene, unveröffentlichte Bilderbucharbeit für drei- bis siebenjährige Kinder, die zum Programm des Ellermann Verlags paßt. Sie kann phantastisch oder auch realistisch sein, in Prosa oder auch ohne Text. Der Preis ist mit DM 10000,- dotiert und wird für eine von fünf Juroren aus Ost und West positiv beurteilte, veröffentlichungsreife Arbeit verliehen.

(103)
Europa-Preis für Kinder- und Jugendliteratur
Träger: Arena Verlag; Rottendorfer Straße 16; 8700 Würzburg
Ansprechpartner: Völker-Sieber, Heike; Tel.: 0931/75011

Die Bewerbung um den Preis steht allen Autoren offen, die Bewohner eines europäischen Landes sind und deren Manuskripte in englisch, deutsch, französisch oder spanisch verfaßt sind. Die Jury setzt sich aus je einem Korrektor der preisstiftenden Verlage zusammen. Die Preissumme für den ersten Preis beträgt 15000,- Ecus (ca. DM 30000,-), für den zweiten Preis 3000,- Ecus (ca. DM 6000,-).

(104)
Friedrich-Bödecker-Preis
Träger: Bundesverband der Friedrich-Bödecker-Kreise; Fischtorplatz 23; 6500 Mainz
Ansprechpartner: Bergmann, Günter; Tel.: 06131/230888

Der Friedrich-Bödecker-Preis wird alle zwei Jahre für besondere Leistungen auf dem Gebiet der Kinder- und Jugendliteratur vergeben.

Die Verleihung erfolgt im Rahmen eines Autorentreffens auf Einladung des Friedrich-Bödecker-Kreises. Der Friedrich-Bödecker-Kreis geht bei der Stiftung dieses Preises davon aus, daß das Buch nicht alleinige Verbreitungsform der Kinder- und Jugendliteratur ist. Besondere Leistungen auf dem Gebiet des Fernsehens, des Rundfunks, der Schallplatte oder Kassette können also gleichberechtigt bei der Vergabe des Preises berücksichtigt werden. Besonderes Augenmerk soll auch dem Jugendtheater zuteil werden. Es können ausgeichnet werden:
- Autoren, die neue Inhalte und Formen entwickeln;
- Übersetzer;
- Illustratoren für eine überzeugende Verbindung von Text und graphischer Gestaltung;
- Verleger und Lektoren, deren Programmgestaltung neue Entwicklungen eröffnet;
- Kritiker;
- Wissenschaftler;
- Verbände, Organisationen, Ausschüsse.

Der Preis, der auch für Leistungen in den Verbreitungsformen Fernsehen, Rundfunk, Schallplatte oder Kassette vergeben werden kann, beträgt DM 4000,-.

(105)
Friedrich-Gerstäcker-Preis der Stadt Braunschweig
Träger: Braunschweig - Kulturamt der Stadt; Steintorwall 3; 3300 Braunschweig;
Ansprechpartner: Herr Beckedorf; Tel.: 0531/4702591

Der Preis wird in jedem zweiten Jahr einem lebenden Schriftsteller deutscher Sprache für ein Buch verliehen, das der Jugend in fesselnder Darstellung das Erlebnis der weiten Welt vermittelt, wie es F. Gerstäcker in seinen Büchern getan hat. Es sollte in den letzten drei Jahren erschienen sein. Der Preis ist mit einer Ehrengabe von DM 6000,- verbunden. Der Preisträger wird von einer Kommission, die ehrenamtlich tätig ist, ausgewählt.

(106)
Göttinger LeseZeichen

Träger: Stadt Göttingen - Stadtbibiliothek; Gotmarstr. 8; 3400 Göttingen
Ansprechpartner: Krompholz-Roehl, B.; Tel.: 0551/4002823

Der Preis ist bestimmt für Personen, die sich in ihrer beruflichen oder außerberuflichen Tätigkeit in besonderer und praxisnaher Weise um die Vermittlung des Lesens und/oder der Literatur verdient gemacht haben.

Der Preis in Form einer silbernen Ehrennadel, der von einer neunköpfigen fachlich gemischten Jury vergeben wird, wird öffentlich ausgeschrieben und im Rahmen einer Festveranstaltung feierlich verliehen.

Hinweise: Die Organisatoren sind an Hinweisen aus dem weiten Feld der Literaturvermittlung interessiert, damit der eigentliche Zweck des Preises, die Würdigung relativ unbekannter Aktivisten, erreicht werden kann.

Materialien: Ausschreibungsunterlagen

(107)
Großer Preis der Deutschen Akademie für Kinder- und Jugendliteratur - Sonderpreise

Träger: Deutsche Akademie für Kinder- und Jugendliteratur; Hauptstraße 42; 8712 Volkach
Ansprechpartner: Pleticha, Heinrich; Tel.: 09381/4355

Die Institution und die Stadt Volkach verleihen jährlich den Großen Preis (DM 6000,-) der Akademie für herausragende Leistungen auf dem Gebiet der Kinder- und Jugendliteratur und sowie Sonderpreise ("Volkacher Taler") auf den Gebieten der Jugendbuchkritik und der Medien, für wissenschaftliche, graphische, verlegerische oder sonstige Leistungen zur Förderung der Kinder- und Jugendmedien.

Die Preise beziehen sich nicht auf ein Einzelwerk, sondern auf eine Gesamtleistung.

Materialien: Pressemitteilungen, Verzeichnisse

(108)
Gustav-Heinemann-Friedenspreis
für Kinder- und Jugendbücher

Träger: Landeszentr. f. politische Bildung in Nordrhein-Westf.;
Völklingerstr. 49; 4000 Düsseldorf
Ansprechpartner: Fehling, Walter; Tel.: 0211/676077

Der jährlich von der Landeszentrale für politische Bildung des
Landes Nordrhein-Westfalen vergebene Preis honoriert Bücher,
die im Laufe des Jahres, welches der Preisverleihung voraus-
ging, erstmals in deutscher Sprache publiziert wurden. Ursprünglich fremdsprachige Bücher dürfen nicht älter als sechs
Jahre sein. Der Preis beträgt DM 10000,-.

(109)
Hans-im-Glück-Preis

Träger: Stadt Limburg an der Lahn; Sekretariat des Hans-im
Glück-Preises; Mittelstraße 27; 5431 Nomborn; Tel.: 06485/1262
Ansprechpartner: Magistrat der Kreisstadt Limburg a.d. Lahn

Gefördert bzw. mit dem Hans-im-Glück-Preis ausgezeichnet
werden sprachlich und formal anspruchsvolle Romane oder Erzählungen aus dem deutschen Sprachraum für jugendliche Leser. Die Jury wird solche Bücher und Manuskripte auszeich-
nen, die durch neue Themen und Erzählweisen auffallen.
Hinweise: Mindestumfang des Manuskripts ca. 100 Seiten.
Keine Übersetzungen in die deutsche Sprache. Es können unveröffentlichte Manuskripte durch die Autoren selbst oder
durch die Verlage eingereicht werden. Der Preis besteht aus
einer Geldsumme von DM 3000,-, einem westerwäldischen
Krug und (so erwünscht) in einer Woche Schreibklausur.

(110)
Heinrich-Wolgast-Preis für Jugendliteratur zur Arbeitswelt

Träger: Gewerkschaft Erziehung und Wissenschaft;
Bahnhofstr. 43; 7770 Überlingen
Ansprechpartner: Dörr, Heinz; Tel.: 07551/5228

Die GEW hat diesen Preis gestiftet, um einen wichtigen Bereich der KJL zu fördern, der bisher zu wenig Beachtung fand.
Ausgezeichnet werden Bücher, die sich in beispielhafter Weise
mit Problemen der Arbeitswelt befassen, mit Problemen des
Arbeitsplatzes, der Arbeitsgestaltung, der Veränderung der Arbeit insbesondere durch neue Technologien, des Rechtes auf
Arbeit und der Arbeitslosigkeit.

Die Bücher sollen jungen Menschen helfen, einen ihren individuellen Bedürfnissen und Fähigkeiten entsprechenden Platz in der Arbeitswelt zu finden. Sie sollen Perspektiven für gerechtere, menschlichere und alternative Möglichkeiten der Arbeitsorganisation aufzeigen. Der Preis wurde bisher 1986, 1988 und 1990 vergeben; ab 1990 wird er alle drei Jahre verliehen. Der Autor erhält DM 3000,-

(111)
Jugendsachbuchpreis des FDA
Träger: Freier Deutscher Autorenverband; Pacellistr. 8; 8000 München 2
Ansprechpartner: Menters, Siegfried K.; Tel.: 089/224452

Voraussetzung ist die Teilnahme an einer vom FDA durchgeführten Ausschreibung. Der in unregelmäßigen Zeitabständen vergebene Preis (Dotierung: DM 5000,-) ist in erster Linie für Mitglieder des FDA vorgesehen.

(112)
Kalbacher Klapperschlange
Träger: Kinderverein Kalbach e.V.; Talstr. 98; 6000 Frankfurt/M. 50; Tel.: 069/504677
Ansprechpartner: Rusch-Otto, Regina; Ney, Gabi

Aus den Neuerscheinungen des Vorjahres und des laufenden Jahres treffen Erwachsene eine Vorauswahl von ca. 20 Titeln. Diese werden von ebensovielen Kindern gelesen und bewertet. Die Kinder-Jury muß ihre Bewertung begründen und gleichzeitig Punkte vergeben. Das Sieger-Buch erhält die Klapperschlange, ein symbolischer (undotierter) Preis in Form einer Urkunde und einer hölzernen Schlange, die dem/der jeweiligen Autor/-in verliehen wird. Durch diverse Veröffentlichungen soll für das Buch "geklappert", sprich: geworben werden. Die Idee, die dahinter steht: Kinder als Leser ernst nehmen, zum Lesen anregen und für gute Bücher werben.

(113)
Katholischer Kinderbuchpreis
Träger: Zentralstelle Medien der Deutschen Bischofskonferenz; Kaiserstraße 163; 5300 Bonn 1; Tel.: 0228/103236
Ansprechpartner: Pitsch, Rolf; Reinhard, Gertrud

Ausgezeichnet werden deutschsprachige unveröffentlichte Manuskripte oder Bücher (Neuerscheinungen), auch Übersetzungen, die beispielhaft und altersgemäß

- religiöse Erfahrungen vermitteln;
- Glaubenswissen erschließen;
- christliche Lebenshaltungen verdeutlichen.

Es können sowohl Erzählungen als auch Sachdarstellungen eingereicht werden, die für alle Altersstufen bis zu 14 Jahren geeignet sind. Der Preis wird alle zwei Jahre ausgeschrieben, ist mit DM 15000,- dotiert und kann aufgeteilt werden.
Materialien: Broschüre, Titelliste und Anschreibungstext

(114)
Kinder- und Jugendbuchpreis der Stadt Oldenburg
Träger: Stadt Oldenburg; Peterstr. 1; 2900 Oldenburg
Ansprechpartner: Reudink, Marianne; Tel.: 0441/2352823

Im Zusammenhang mit der Oldenburger Kinder- und Jugendbuchmesse verleiht die Stadt einen Literatur- und Kunstpreis. Der Preis wird an debutierende Schriftsteller der deutschen Sprache und an Illustratoren vergeben. Der Preis von insgesamt DM 12000,- kann geteilt vergeben werden. Die Jury setzt sich aus vier Fachleuten und einem Jugendlichen zusammen.

(115)
Kinderbuchpreis der Ausländerbeauftragten des Senats
Träger: Senatsverwaltung für Gesundheit und Soziales; Potsdamer Str. 65; 1000 Berlin 30; Tel.: 030/26042351
Ansprechpartner: John, Barbara; Röhe, John; Petzel, Sibylle

Die Ausländerbeauftragte des Berliner Senats zeichnet in unregelmäßigen Abständen Bücher aus, die das Miteinander von Menschen unterschiedlicher Nationalität und Herkunft dokumentieren. Die genaue Themenstellung wechselt und ist den jeweiligen Ausschreibungsbedingungen zu entnehmen. Der Kinderbuchpreis der Ausländerbeauftragten wird also nicht jährlich vergeben, sondern wechselt sich ab mit anderen Ehrungen und Auszeichnungen. Die Preissumme beträgt in der Regel DM 10000,-, die sich mehrere Preisträger teilen.

(116)
Kinderbuchpreis des Kultusministers
Träger: Kultusministerium des Landes Nordrhein-Westfalen; Postfach 1103; 4000 Düsseldorf 1
Ansprechpartner: Solle, Günter; Tel.: 0211/8963334

Der Preis, der seit 1989 jährlich vergeben wird, ist mit DM 10000,- dotiert. Das Kultusministerium zeichnet Kinderbücher aus, die auch als sogenannte Ganzschriften neben den

Lesebuchtexten im Unterricht der Grundschulen Verwendung finden können. Das Buch soll sprachlichen und inhaltlichen Ansprüchen der Altersstufe gerecht werden, im Handel verfügbar sein und durch seine Aufmachung (fester Einband, leicht lesbarer Satz, eingestreute Zeichnungen) Kinder ansprechen.

Im Mittelpunkt der Auszeichnung steht der lesefördernde und leseerzieherische Aspekt, Kindern (und deren Eltern, Großeltern u.a.) gute Bücher nahezubringen, den Einwirkungen der Bildmedien entgegenzuwirken und möglichst ein lebenslanges Interesse am Bücherlesen zu wecken.

(117)
Literaturpreis Jugend schreibt
Träger: Freier deutscher Autorenverband; Parcellistr. 8; 8000 München 2
Ansprechpartner: Menters, Siegfried K.; Tel.: 089/224452

Die Ausschreibung erfolgt in Form eines Wettbewerbs, zu dem Gedichte und Kurzgeschichten eingereicht werden können. Teilnahmeberechtigt sind Heranwachsende im Alter von 18 bis 25 Jahren. Es werden Sachpreise für die besten Arbeiten vergeben.

(118)
Mainzer Auslese
Träger: Stiftung Lesen; Fischtorplatz 23; 6500 Mainz
Ansprechpartner: Weber, Solveig; Tel.: 06131/230888

Mit dem Preis werden Institutionen, Initiativen oder Personen ausgezeichnet, die sich in besonderer Weise um die Förderung des Lesens verdient gemacht haben. Die Stiftung Lesen möchte damit das häufig ehrenamtliche Engagement an der Schnittstelle von sozialen und kulturellen Aufgaben würdigen und herausragenden Aktionen mehr Öffentlichkeit verschaffen. Der Preis wird als monatliche Anerkennung sowie als Jahrespreis vergeben. Fallweise kann der Preisträger mit einem Projektzuschuß versehen werden.

(119)
Österreichischer Kinder- und Jugendbuchpreis
Träger: Bundesministerium für Unterricht und Kunst; Minoritentorplatz 5; A-1014 Wien; Tel.: (0043) 222/5312373
Ansprechpartner: Abt. IV-6, Kinder- und Jugendliteratur

Zur Förderung wertvoller Kinder- und Jugendliteratur verleiht das Bundesministerium für Unterricht und Kunst für die besten

Werke der laufenden österreichischen Verlagsproduktion:
Drei "Österreichische Kinder- und Jugendbuchpreise" unter
Berücksichtigung folgender ungefährer Altersgruppierungen:
- Kleinkindalter;
- bis siebentes Lebensjahr;
- siebentes bis zehntes Lebensjahr;
- zehntes bis dreizehntes Lebensjahr;
- Jugendalter.
Die Preise sind mit insgesamt ÖS 190000,- dotiert. Die Auftei-
lung des Geldbetrages auf die einzelnen Preise erfolgt über
Vorschlag der Jury. Die Geldbeträge erhalten die Autoren bzw.
der Übersetzer und der Illustrator.

(120)
**Österreichischer Würdigungspreis für Kinder- und Ju-
gendliteratur**
Träger: Bundesministerium für Unterricht und Kunst; Minori-
tentorplatz 5; A-1014 Wien; Tel.: (0043) 222/5312373
Ansprechpartner: Abt. IV-6, Kinder- und Jugendliteratur

Der Preis wird an österreichische Kinder- und Jugendbuchautoren in Würdigung ihres Gesamtwerkes vergeben. Eine unmittelbare Bewerbung um Zuerkennung des Preises ist nicht vorgesehen. Der Preis ist mit ÖS 70000,- dotiert.

(121)
Märchenpreis der Stiftung Walter Kahn
Träger: Märchenstiftung Walter Kahn; Walter-Kahn-Weg 1;
8117 Bayersoien
Ansprechpartner: Kahn, Walter; Tel.: 08845/1859

Der Preis in Höhe von DM 10000,- wird jährlich durch eine
sechsköpfige Jury an Personen oder Institutionen für ein Lebenswerk verliehen, das der Pflege und Förderung des überlie-
ferten Märchengutes oder seiner Erforschung diente.

(122)
Peter-Härtling-Preis f. Kinderliteratur der Stadt Weinheim
Träger: Stadt Weinheim; c/o Beltz Verlag Postfach 100154;
6940 Weinheim; Tel.: 06201/60070
Ansprechpartner: Bartholl, Silvia; Creamer, Klaus Peter

Der Preis wurde 1984 vom Programm Beltz & Gelberg gestiftet
und wird alle zwei Jahre vergeben. Träger ist die Stadt Weinheim; der Preis wird vom Programm Beltz & Gelberg
ausgerichtet. Teilnahmeberechtigt sind Autorinnen und Autoren

mit einem noch unveröffentlichten Manuskript für ein Kinderbuch in deutscher Sprache. Das Manuskript soll erzählenden Charakter haben, einen Mindestumfang von 50 Schreibmaschinenseiten, und sich an Kinder zwischen 8 und 14 Jahren wenden. Der Peter-Härtling-Preis für Kinderliteratur ist mit DM 10000,- dotiert; die Preissumme kann auch geteilt werden, falls die Jury sich für zwei auszeichnungswürdige Manuskripte entscheiden sollte. Der ausgezeichnete Autor hat die Möglichkeit, das prämierte Manuskript im Programm Beltz & Gelberg zu veröffentlichen.

(123)
Preis der deutschen Korczak-Gesellschaft
Träger: Deutsche Korczak-Gesellschaft; Justus-Liebig-Universität; Karl-Glöckner-Str. 21; 6300 Gießen
Ansprechpartner: Dauzenroth, Erich

Es können Arbeiten sowohl von deutschen als auch von ausländischen Autoren eingereicht werden. Der Preis von DM 5000,- wird jährlich vergeben.

(124)
Preis der Leseratten
Träger: ZDF-Redaktion Kinder und Jugend; Postfach 4040; 6500 Mainz 1
Ansprechpartner: Lösch, Susanne; Tel.: 06131/702329

Der Preis wird zweimal jährlich im Rahmen der Sendung "Schenk mir ein Buch" an fünf Jugendbücher vergeben. Das Besondere dieser Auszeichnung ist, daß die Jury ausschließlich aus Jugendlichen zwischen 13 und 17 Jahren besteht.

Die preisgekrönten Bücher werden in der Sendung vorgestellt und die Vergabe wird von den Jurymitgliedern ausführlich begründet.
Hinweise: Die mit dem Preis der Leseratten ausgezeichneten Bücher werden in den Buchempfehlungen "Schenk mir ein Buch" der Stiftung Lesen aufgeführt.

(125)
Schweizerischer Jugendbuchpreis
Träger: Dachverband Schweizer Lehrerinnen und Lehrer (LCH); Ringstr. 54; CH-8057 Zürich; Tel.: (0041) 1/3118303

Der Preis im Wert von SF 5000,- kann vergeben werden für ein Gesamtschaffen auf dem Gebiet des Jugendschrifttums, für ein hervorragendes Einzelwerk, als Ehrengabe zur Aufmunterung.

(126)
Troisdorfer Bilderbuchpreis
Träger: Museum der Stadt Troisdorf; Burg Wissem;
5210 Troisdorf; Tel.: 02241/482562
Ansprechpartner: Tange, Peter J.; Plunder-Clemens, Ines

Die Stadt Troisdorf vergibt in der Regel drei Hauptpreise von
DM 6000,- 4000,- und 3000,- für Illustrationen in schon verleg-
ten Bilder- und Jugendbüchern und einen Sonderpreis von DM
2000,- für ein noch nicht veröffentlichtes Bilderbuch.

Spezielle Teilnahmebedingungen und Verfahrensweisen bei
der Bewertung und Preisvergabe können beim Museum der
Stadt Troisdorf angefordert werden.

(127)
Wilhelm-Hauff-Preis
Träger: Buchhandlung von Kloeden; Schlüterstraße 49;
1000 Berlin 12; Tel.: 030/8819617

Der Preis versteht sich als Alternative zum Deutschen Jugendbuchpreis und anderen Kinderbuchpreisen. Er möchte auf Bücher aufmerksam machen, die die Phantasie anregen und Vor-
bilder anbieten. Der Preis sieht keine Dotierung an den Autor
vor, sondern es werden für eine Summe von DM 1000,- Bücher
des ausgezeichneten Titels aufgekauft und an pädagogisch arbeitende Büchereien verschenkt.

(128)
Wilhelm-von-Scholz-Preis
Träger: Kulturamt der Stadt Konstanz; Postfach 1312;
7750 Konstanz
Ansprechpartner: Klein, Lothar; Tel.: 07531/284252

Jeweils ein Abiturient der 7 Konstanzer Gymnasien erhält für
seine herausragende Leistung ein Werk des Dichters Wilhelm
von Scholz sowie zwei Bücher zeitgenössischer Schriftsteller
im Gesamtwert von ca. DM 80,-.

TEIL II: LITERATUR

1. Lese- und Medienforschung

(129)
Aufenanger, Stefan; Kreibich, Heinrich
Kassettennutzung von Vor- und Grundschulkindern. Fördert das Hören das Lesen?
Mainz: Stiftung Lesen, 1988, 11 S.
Im Rahmen der Begleituntersuchung eines medienpädagogischen Projekts der Stiftung Lesen wurden 85 Familien mit Kindern zwischen 7 und 10 Jahren hinsichtlich ihrer Mediennutzung und -präferenzen befragt. In einer Sekundäranalyse dieser Daten untersucht der Beitrag Zusammenhänge und Wechselwirkungen zwischen der Nutzung von Tonkassetten und dem Leseverhalten bzw. dem Buchbesitz. Unter Berücksichtigung milieubedingter Faktoren wird erkennbar, daß die Kassettennutzung gerade in lesefernen Familien leseförderlich sein kann, wenn sie von einer Anteilnahme der Eltern (z.b. durch Gespräch, Weitererzählen, Vorlesen) begleitet wird. (Bot)

(130)
Baacke, Dieter; Sander, Uwe; Vollbrecht, Ralf
Medienwelten Jugendlicher. Ergebnisse eines soziоökologischen Forschungsprojekts
In: Media Perspektiven, 1990, H. 5, S. 323-336
Vor dem Hintergrund eines Problemaufrisses des Sozialisationsfaktors "Medien" wird eine Studie vorgestellt, bei der 1679 Schülerinnen und Schüler ab der 7. Klasse per Fragebogen nach ihrem Medienbesitz, nach ihrer persönlichen Gewichtung von Medien, nach ihren Medienumgebungen und Mediennutzung befragt wurden. Hinsichtlich der Bewertung der Lesemedien im Vergleich konnte das Buch, das von über 19% der Ju-

gendlichen als "wichtigstes" Medium eingeschätzt wurde, relativ gut abschneiden. Die Zeitung liegt mit 4,9% deutlich dahinter zurück. Folgerungen mit Blick auf Familie und Medienerziehung werden gezogen. (Bot)

(131)
Baer, Andreas
Null Bock auf Bücher: Tatsache oder Vorurteil
In: Schulpraxis Beispiele, 1989, H. 1, S. 58-61
Der Autor setzt sich kritisch mit der Studie "Familie und Lesen" von R. Stöcker auseinander. Insbesondere hinterfragt er methodische Verfahren (Befragungstechnik) und die Ergebnisse hinsichtlich des Einflusses der Schule, der dort sehr gering veranschlagt wird.

Der Autor setzt dagegen die These von den Wirkungsmöglichkeiten schulischer Leseförderung und skizziert dazu praktische Ansatzmöglichkeiten. (Bot)

(132)
Bettelheim, Bruno
Brauchen Kinder Fernsehen?
In: Televizion, 1988, H. 1, S. 4-7
Der bekannte Kinderpsychologe wendet sich gegen eine generelle Ablehnung des Fernsehkonsums von Kindern. Gerade für das Ausleben von Phantasien und Tagträumen - insbesondere auch jene, die sich mit Gewalt befassen - kann das Fernsehen ein sinnvolles Medium sein, wenn die Kinder dabei nicht allein gelassen werden. (Bot)

(133)
Charlton, Michael; Bachmair, Ben (Hrsg.)
Medienkommunikation im Alltag. Interpretative Studien zum Medienhandeln von Kindern und Jugendlichen
München u.a.: Saur, 1990, 283 S.
Der Sammelband stellt zunächst in drei theoretisch-methodischen Beiträgen qualitativ-interpretative Forschungsverfahren vor, die eine Rekonstruktion und Erklärung von Medienhandeln intendieren.

In weiteren neun Berichten werden Forschungsergebnisse vorgetragen, die in allen Altersstufen und in unterschiedlichen sozialen Lebensräumen (Familie, Peergroup, Schule, Freizeit) den Zusammenhang von Medienverhalten und Alltagshandeln zum Gegenstand haben. (Bot)

(134)
Denk, Friedrich
25 Thesen zur Zukunft des Lesens. Leseförderung, eine zentrale Aufgabe der Schule
In: Die höhere Schule, 1989, H. 7, S. 200-204

Vor dem Hintergrund einzelner empirischer und statistischer Befunde analysiert der Autor den sinkenden Stellenwert, den das Lesen (insbesondere von Büchern) im Alltag von Kindern und Jugendlichen hat.
Dabei verweist er insbesondere auf zahlreiche Hemmnisse, die den Zugang und regelmäßigen Gebrauch von Büchern erschweren. Unter anderem sind dies folgende Faktoren: erweitertes Freizeitangebot, überragende Stellung der elektronischen Medien, undurchsichtiges Buchangebot bei steigenden Preisen, inhaltliche Defizite und mangelnde Authentizität der Jugendliteratur, höheres Voraussetzungs- und Anspruchsniveau der Beschäftigung Lesen. Gegen diese für die Lesekultur negativen Bedingungen setzt der Autor die Bedeutung der gezielten Leseförderung in der Schule, ohne allerdings deren Möglichkeiten im einzelnen zu erörtern. (Bot)

(135)
Dvorak, Johann
Notizen zur gesellschaftlichen Funktion des Lesens
In: Erwachsenenbildung in Österreich, 1989, H. 1, S. 2-7

Vor dem Hintergrund des bildungspolitisch neu wahrgenommenen Phänomens des funktionalen Analphabetismus untersucht der Autor für den deutschsprachigen Raum gesellschaftliche und historische Entwicklungen der Ausbildung der Lese- und Schreibfähigkeit der Bevölkerung. Für die Überwindung der Defizite sieht er als wesentliche Voraussetzung, daß Lesen in der Bildungsarbeit von Anfang an als sozialer Vorgang der Wirklichkeitswahrnehmung aufgefaßt wird und nicht als bloß individuelles Vermögen. (Bot)

(136)
Eberlein, Thomas
Rezeptionslenkung im Abenteuerbuch für jugendliche Leser. Demonstration eines Untersuchungsansatzes
In: JuLit Informationen, 16. Jg., 1990, H. 3, S. 75-85

Hintergrund des hier beschriebenen literaturwissenschaftlichen Forschungsansatzes ist die Zielsetzung, das literarische

Interesse Jugendlicher auf qualitativ hochstehende Literatur zu lenken. Am Beispiel des Abenteuerbuches in der DDR werden Kriterien, Ziele und Ergebnisse einer literarischen Analyse von 80 Abenteuerbüchern vorgestellt, welche nicht nur den literarischen Text, sondern auch rezeptionsvermittelnde und -lenkende Buchteile berücksichtigte. (Bot)

(137)
Eggert, Hartmut
Veränderung des Lesens im "Medienverbund"? Überlegungen zum gegenwärtigen Stand der Lese(r)forschung
In: Lesen im Medienalltag, 1989, S. 19-41

Vor dem Hintergrund eines kritischen Überblicks über ausgewählte Beiträge zur Lese(r)forschung plädiert der Autor für zukünftige Forschungsansätze, die a) qualitative und historisch fundierte Aussagen über Veränderungen im Leseverhalten, bei Lesertypen und Lesewirkungen erstreben und b) eingebettet sind in eine Analyse der Bedeutung des Lesens im Kontext der sonstigen alltäglichen Mediennutzung. Eine Kernfrage, die noch der Erforschung bedarf, lautet: Welcher Zusammenhang besteht zwischen Lesen und der Ausbildung geistiger Fähigkeiten? (Bot)

(138)
Ehapa Verlag (Hrsg.)
Kinder und Eltern - Verführer und Verführte
Stuttgart: Ehapa, 1990, 39 S.

Die Zusammenstellung von Daten aus verschiedenen Verbraucher- und Medienanalysen bietet u.a. einen Überblick über die Nutzungshäufigkeit bestimmter Comics und Zeitschriften durch Kinder.

(139)
Frank, Bernward; Maletzke, Gerhard; Müller-Sachse, Karl H.
Kultur und Medien: Angebote - Interessen - Verhalten. Eine Studie der ARD/ZDF-Medienkommission
Baden-Baden: Nomos, 1991, 499 S.

Das hier vorgestellte Forschungsprojekt hatte eine doppelte Zielsetzung: Zum einen ging es darum, das Publikum in den einzelnen Kulturbereichen nach verschiedenen Merkmalen genauer zu beschreiben und Überschneidungen festzustellen. Zum anderen wurde die Beziehung zwischen der Nutzung kultureller Angebote vor Ort und in den Medien beleuchtet.

Die Studie konzentrierte sich auf fünf kulturelle Bereiche: belletristische Literatur, Theater, Malerei/ bildende Kunst, Musik und Film, wobei nach Möglichkeit jeweils das ganze Spektrum von populären Formen bis zu solchen der Elitekultur berücksichtigt wurde. Die Realisierung der Projektziele erforderte ein breit angelegtes Untersuchungsdesign. Die Hauptuntersuchung umfaßte drei Komplexe:

- eine Repräsentativbefragung von rund 3000 erwachsenen Personen zu Aspekten wie Freizeitverhalten, Nutzung kultureller Angebote vor Ort bzw. von Medien u.a.m.;
- eine Bestandsaufnahme der kulturellen Angebote in den 126 Befragungsorten;
- eine Inhaltsanalyse der kulturellen Fernsehprogramme von 13 Anbietern.

Die Ergebnisse der Studie lassen sich in zwei Punkten zusammenfassen:

1. Die Publikationen in den verschiedenen Kulturbereichen überschneiden sich weitgehend. Wer z.B. ein ausgeprägtes Interesse für Theater zeigt, ist auch an belletristischer Literatur, Malerei/bildender Kunst, E-Musik und anspruchsvolleren Spielfilmen stark interessiert und nutzt die entsprechenden Angebote in überdurchschnittlichem Maße.
2. Kulturelle Programme in Fernsehen und Hörfunk werden überproportional von denselben Bevölkerungsgruppen wahrgenommen, die auch die Angebote von Kulturinstitutionen vor Ort besonders beachten.

Der öffentlich-rechtliche Rundfunk erreicht darüber hinaus aber auch noch eine relevante Anzahl von Personen, die aufgrund ihrer familiären und schulischen Situation sowie anderer Voraussetzungen nur geringes kulturelles Interesse erkennen lassen. Darüber eröffnet er Kontaktchancen mit Kultur auch für diejenigen, denen der Zugang zu kult. Angeb. verschlossen ist.

(140)
Franzmann, Bodo
Leseverhalten im Spiegel neuerer Untersuchungen. Ein Beitrag zur Diskussion über Lesekultur und Medienkultur
In: Media Perspektiven, 1989, H. 2, S. 86-98

Vor dem Hintergrund einer seit ca. 10 Jahren in Gang gekommenen neuen wissenschaftlichen und politischen Diskussion über das Lesen, die gekennzeichnet ist durch eine Hinwendung der Lese(r)forschung zur "Sozialisationsperspektive in der

Kommunikationsforschung", sichtet und bewertet der Autor jüngere Forschungsansätze und -ergebnisse. Im Zentrum stehen Untersuchungen in der Schweiz und der Bundesrepublik, die insbesondere den Zusammenhang zwischen Fernsehverhalten und Leseverhalten bei Jugendlichen analysierten. Die Wirksamkeit der Vermittlung von Kenntnissen und Bildungswissen durch Fernsehen und Lesen wird als weiterer Schwerpunkt gegenwärtiger Forschungsaktivitäten dargestellt.

(141)
Fritz, Angela
Lesen in der Mediengesellschaft. Standortbeschreibung einer Kulturtechnik
Wien: Braumüller, 1989, 159 S.

Die Studie bildet den vorläufigen Abschluß eines dreijährigen, mehrstufigen Forschungsprojektes zum Thema "Lesen". Nach einer kurzen Einordnung der Untersuchung werden Anlage und Methode des empirischen Teils vorgestellt. In fünf Kapiteln referiert Frau Fritz Verlauf und Ergebnisse der Untersuchung:
- Leseverhalten und Mediennutzung (Dauer, Häufigkeit, Art des Lesens, Nutzung der Inhalte etc.);
- Zentrale Bedingungen des Lesens (Verfügbarkeit von Lesestoff, Lesekompetenz, Motivation, Interesse und Lesefähigkeit, Medienwirkung etc.);
- Umwelteinflüsse (Medienkonkurrenten, Freizeit, Elternhaus);
- Potentielle Leser;
- Jugendliche und Erwachsene als zukünftige Leser (Mediennutzungsverhalten, Lesekompetenz etc.).;
Ein zentrales Ergebnis der Studie ist, daß Nutzungsverhalten und -kompetenz hinsichtlich von Lesemedien und elektronischen Medien in der Regel parallel verlaufen und keine Gegensätze bilden. (Ze)

(142)
Greenfield, Patricia Marks; Kagelmann, H. Jürgen (Hrsg.)
Kinder und neue Medien. Die Wirkung von Fernsehen, Videospielen und Computern
München: Psychologische Verlags Union, 1987, 249 S.

Obwohl die Autorin eine Vielzahl von wissenschaftlichen Untersuchungen (meist aus den USA) reportiert, wendet sich ihr Buch vornehmlich an Eltern und Erzieher, denen sie pädagogischen Rat für die förderliche Verwendung des Fernsehens und anderer elektronischer Medien geben will. Sie untersucht Inhalte, emotionale und kognitive Wirkungen, die durch die elektronischen Medien transportiert werden, vergleicht Buch, Radio und Fernsehen hinsichtlich sprachlicher und kognitiver Stile und faßt ihre Ergebnisse in einem Konzept multimedialer Erziehung zusammen. Im Zentrum der Überlegungen steht dabei stets die Frage nach dem Verhältnis von Kommunikationsmedien und Denkentwicklung. (Bot)

(143)
Grünewald, Dietrich
Comic-Lektüre. Einige Stichpunkte zu ihrer Einschätzung
In: Der Evangelische Buchberater, 1988, H. 2, S. 97-105

Diese Sachinformation bietet eine komprimierte Darstellung und Analyse der Literaturgattung Comics: Historische Entwicklung; Konstitutive Momente des Erzählstils, des Bildaufbaus, der Symbolik und Textgestaltung; Dramaturgische Gestaltungsformen; Kognitive Rezeptionsleistungen; Pädagogische Folgerungen. (Bot)

(144)
Hein-Ressel, Hilke C.
Frühes Lesenlernen als Prophylaxe des Leseversagens?
Frankfurt/M.: Lang, 1989, 258 S.

Die Autorin überprüfte die These von Emeny, daß frühes Lesenlernen späteres Leseversagen ausschließt. Aus einer Grundpopulation von 1008 gerade eingeschulten Erstklässlern identifizierte sie alle Frühleser und verglich diese nach einem Jahr mit einer Kontrollgruppe. Das Ergebnis der Untersuchung war, daß es unter den Frühlesern keine Leseversager gab. Gleichzeitig waren deren Leseleistungen signifikant besser als die der Kontrolleser.

(145)
Hinkel, Hermann
Kind und Bild - Zum Rezeptionsverhalten von Kindern beim Umgang mit Bildern
In: Informationen des Arbeitskreises für Jugendliteratur,
15. Jg., 1989, H. 3, S. 33-36

Der Vortrag gibt einen Überblick über den Stand und die Methoden der Erforschung des kindlichen Rezeptionsverhaltens (Interesse, Motivation, Wahrnehmung, Verständnis) gegenüber Bildern und Illustrationen. Als ein wesentliches Fazit wird festgehalten, daß die Präsentation neuer und unüblicher Bilder von hohem Wert für die ästhetische Erziehung von Kindern ist.

(146)
Höltershinken, Dieter u.a. (Mitarb.)
Medien im Alltag von Kindergarten-Kindern. Grundlagen für medienpädagogische Ansätze
Düsseldorf: Ministerium für Arbeit, Gesundheit und Soziales des Landes Nordrhein-Westfalen, 1988, 171 S.

Der Bericht dokumentiert die Beiträge und Diskussionen zu einer Fachtagung 1987 an der Universität Dortmund. Im Zentrum standen folgende Berichte:
- Entwicklung von Hilfen für Eltern, Erzieher/-innen und Kinder zum Leben in einer von Medien bestimmten Welt,
- Familie und erweitertes Medienangebot im Kabelpilotprojekt Dortmund,
- Medienerfahrungen von Kindern aus der Sicht von Erzieher/innen,
- Medienerziehung für Eltern von Kindergartenkindern.

(147)
Hurrelmann, Bettina; Possberg, Harry; Nowitzki, Klaus
Familie und erweitertes Medienangebot
Düsseldorf: Presse- und Informationsamt der Landesregierung Nordrhein-Westfalen, 1988, 395 S.

Das Projekt hatte das Ziel, Auswirkungen eines durch das Kabelfernsehen erweiterten Medienangebotes auf die Familien zu untersuchen (vermehrte Information, Vielseitigkeit des kulturellen Angebots, erweiterte Selektionsmöglichkeiten einerseits - Trend zur Nivellierung, Verarmung persönlicher Kommunikation andererseits).

Die Untersuchung wurde vergleichsorientiert angelegt: Familien mit und ohne Kabelanschluß wurden in ihrem Medien- und Sozialverhalten gegenübergestellt.

(148)
Bundesminister für Bildung und Wissenschaft (Hrsg.)
In Sachen Lesekultur
Bonn: Bundesmin. für Bildung und Wissenschaft, 1991, 146 S.

Die Textsammlung beinhaltet folgende Beiträge:
- Hilmar Hoffmann: Lesen setzt Orientierungen. Über Aufgaben der Leseförderung im Zeitalter der neuen Medien;
- Joist Grolle: Von der Gefährlichkeit des Lesens;

- Horst-Werner Franke: Wieviel Lesen braucht der Mensch? Vom Umgang mit Texten in der computerisierten Gesellschaft;
- Heinrich Pleticha: Zwischen Büchern aufwachsen;
- Ute Andresen: Lesn is amala schönstn! Vom Lesen in der Schule;
- Hans Brügelmann: Schrift und Literatur aus der Sicht der Kinder;
- Renate Köcher: Familie und Lesen: Eine Untersuchung über den Einfluß des Elternhauses auf das Leseverhalten;
- Erich Schön: Leseerfahrung in Kindheit und Jugend.

In einem Anhang werden Projekte der Stiftung Lesen vorgestellt und Adressen von Organisationen der Leseförderung verzeichnet. (Inhaltsverzeichnis)

(149)
Kaminski, Winfred
Kinder- und Jugendliteratur, Leseerziehung und Ich-Entwicklung
In: Wozu noch Germanistik, hrsg. v. Jürgen Förster u.a., Stuttgart 1989, S. 239-247

Die Kinder der Wohlstandsgesellschaft als "vollverkabelte Analphabeten"? Mit Winfred Kaminski kommt ein gemäßigter Kulturkritiker zu Wort, der zwar die monokausalen Thesen in der Nachfolge Neil Postmans ablehnt, aber dennoch vor den Gefahren einer "Medienkindheit" warnen möchte. Während bei steigendem Bildungsniveau die Bindung ans Medium Buch bei gleichzeitiger Fernsehabstinenz steige, sei bei niedrigem Bildungsniveau das entgegengesetzte Phänomen zu beobachten.

Welche Eigenschaften muß Kinder- und Jugendliteratur haben, damit sie a) gegen die Übermacht des Fernsehens bestehen kann und b) eine Rolle im Prozeß der Ich-Entwicklung spielen kann? Kaminski antwortet mit der Formulierung von Arbeitshypothesen und verweist eine eingehendere Untersuchung dieses Problems an die Forschung. (men)

(150)
Keller, Ingeborg
Der gewöhnliche Leser: Stoff für die Forschung
In: Börsenbl. für den Dt. Buchhandel, 1989, H. 64, S. 2403 f.

Der Artikel berichtet vom sechsten europäischen Lesekongreß, der 1989 stattfand. Gegenstand der Diskussionen und Vorträge, die hier mit einer kurzen Inhaltsangabe dargestellt werden, war das Thema Leserforschung unter der Frage "Hat das Lesen Zukunft?" Die Beiträge befaßten sich mit den kulturellen Unterschieden des Lesens, den Einflüssen der Medien und dem Einsatz des Computers im schulischen Bereich. (Ze)

(151)
Kagelmann, H. Jürgen (Hrsg.)
Kinder und neue Medien (Heftthema)
In: Psychosozial, 13. Jg., 1990, H. 4, 131 S.

Das Heft enthält folgende Aufsätze:
- Hesse, Petra und Mack, John: Die Welt ist gefährlich: Feindbilder im amerikanischen Kinderfernsehen;
- Pfetsch, B. und Neumann, K.: Am (N)Kabel der Welt?;
- Kinder und Kabelkommunikation;
- Lukesch, Helmut: Horrorvideos;
- Verbreitung und Wirkung;
- Vogelgesang, W. und Winter, R.: Die neue Lust am Grauen;
- Zur Sozialwelt der erwachsenen und jugendl. Horrorfans;
- Beierwaltes, Andreas: Gefährliche Computerspiele?;
- ter Bogt, Tom: Mahlstrom aus Bildern und Buchstaben. Jugendliche, Fernsehen und Literatur;
- Kübler, H. D.: Kinderkultur: Kultur für, von oder über Kinder;
- Kagelmann, H. Jürgen: Hitler und Holocaust im Comic.

(152)
Kretschmann, Rudolf
Neue Paradigmen in der Leseforschung
In: Praxis Deutsch, 1990, H. 100, S. 3-7

Der Autor prüft neuere Konzepte und methodologische Ansätze bei der Erforschung der Prozesse des Lesen- und Schreibenlernens im Hinblick auf ihre pädagogischen Konsequenzen.

Die verstärkte Einbeziehung kognitiver und in jüngster Zeit auch emotionaler Komponenten als Prädikatoren des Lernerfolgs bedingt neue lerntheoretische Modelle. Wegen seiner exemplarischen Bedeutung wird das Modell der "Transaktion" dargestellt und in seinem Nutzen erörtert. (Bot)

(153)
Lehmann, Rainer H.; Peek, Rainer; Pieper, Iris u.a.
Lesefähigkeiten und Lesegewohnheiten von Achtklässlern. Ausgewählte Ergebnisse der Pilotuntersuchung zu einer gesamtdeutschen Lesestudie
In: Deutschunterricht, 44. Jg., 1991, H. 6, S. 410-417

Die Autoren berichten über erste Ergebnisse einer großen international vergleichenden Studie zu den Lesekompetenzen und Lesegewohnheiten 14jähriger Schüler, an der 496 bundesdeutsche Schülerinnen und Schüler teilgenommen haben. Die Studie ist Teil einer breit angelegten Vergleichsuntersuchung in 35 Ländern, die neben 14jährigen auch 9jährige Kinder einbezog. Die in diesem Kurzbericht skizzierten Befunde weichen in einigen Aspekten von früheren Untersuchungen ab: Die Bedeutung des Lesens in der Freizeit fällt sowohl quantitativ (Zeitbudget) wie qualitativ ("Lieblingsbeschäftigung") relativ gering aus (z.b. Shell-Studie 1985). Geschlechtsspezifische Unterschiede wurden einzig beim Bücherlesen festgestellt, im Gesamtzeitbudget fürs Lesen konnten die Jungen mit den Mädchen mithalten.

Die auf dem Wege einer Pfadanalyse mit latenten Variablen nach dem PLS-Verfahren gemessene und beschriebene Lesefähigkeit zeigte in Übereinstimmung mit anderen Untersuchungen und Analysen die hohe Korrelation mit Schulformzugehörigkeit, Leseumfang und familiärer Förderung. (Bot)

(154)
Brinkmann, Annette u.a. (Bearb.); Stiftung Lesen (Hrsg.)
Lesen im internationalen Vergleich. Ein Forschungsgutachten der Stiftung Lesen für das Bundesministerium für Bildung und Wissenschaft. Teil I
Mainz: Stiftung Lesen, 1990, 330 S.

Dieser 1. Teil des Gutachtens über den Stand der Lese(r)forschung enthält einerseits Einzelberichte zu folgenden Ländern: Bundesrepublik Deutschland, Schweiz, Österreich, DDR, Großbritannien, Frankreich und USA. Andererseits befassen sich drei länderübergreifende Spezialberichte mit den Themen "Lesefähigkeit/ Lesefertigkeit" und "Wissenskluft".

Vorangestellt ist die zusammenfassende gutachterliche Stellungnahme der Stiftung Lesen, die auch Empfehlungen an die Bundesregierung zur zukünftigen Forschungsstrategie enthält. Diese Empfehlungen wurden in ihren Grundzügen von einer Expertenrunde nach Vorlage der Einzelberichte konzipiert.

Thematische Schwerpunkte des Gutachtens sind neben den genannten Spezialgebieten "Lesestandards", "Leseverhalten", "Lesesozialisation" und "Forschungsansätze und -methoden". Die in diesem ersten Teil berücksichtigten Länder wiesen eine hohe Übereinstimmung bei Stand und Tendenzen des allgemeinen Leseverhaltens auf, wobei jedoch methodische Unterschiede in den Untersuchungsansätzen und Forschungslücken in einzelnen Ländern eine direkte Vergleichbarkeit erschwerten. (Bot)

(155)
Brinkmann, Annette u.a. (Bearb.); Stiftung Lesen (Hrsg.)
Lesen. Zahlen, Daten, Fakten über Bücher, Zeitungen, Zeitschriften und ihre Leser
Mainz: Stiftung Lesen, 1990, 79 S.

Das Werk beinhaltet kommentierte tabellarische und grafische Darstellungen statistisch relevanter Daten zum Lese- und Medienverhalten der deutschen Bevölkerung sowie zu den Umfeldbedingungen des Lesens.
Die Zusammenstellung weist folgende Gliederung auf:
- Rahmenbedingungen der Mediennutzung (Freizeit, Bildung);
- Medieninfrastruktur (Buchmarkt, Versorgung mit Medien);
- Kultur als Wirtschaftsfaktor (Finanzierung, Umsatz etc.);
- Mediennutzung in der Freizeit;
- Qualitative Aspekte der Mediennutzung;
- Wege zum Lesen;
- Entwicklungstrends des Leseverhaltens;
- Ausgewählte Daten zum Gebiet der ehemaligen DDR.

(156)
Lindner, Bernd
Erst die neuen Medien, dann die neuen Verhältnisse...
Literatursoziologische Überlegungen zur Buch- und Mediennutzung von Kindern und Jugendlichen der DDR in Zeiten radikaler gesellschaftlicher Veränderungen
In: JuLit Informationen, 16. Jg., 1990, H. 2, S. 36-51

Vor dem Hintergrund der lese- und mediensoziologischen Jugendforschung der DDR entwickelt der Autor Thesen über die Bedeutung des gesellschaftlichen Wandels für die Mediennutzung von Kindern und Jugendlichen im östlichen Deutschland. Grundlage dieser Thesen ist die Annahme, daß die Einschnitte im Medienverhalten der Jugendlichen wie der Bevölkerung allgemein nicht so dramatisch sind und längerfristig vorbereitet waren. Er belegt an Daten aus empirischen Untersuchungen, daß die 70er und vor allem die 80er Jahre eine Phase der Konsolidierung im Freizeitverhalten waren. Die hohe Stabilität von Medieninteressen der Jugendlichen erstreckt sich allerdings nicht auf das Lesen, wo deutl. Einbrüche zu verzeichnen sind.

(157)
Lindner, Bernd
**Gegenwartsliteratur und junge Leser - eine literatursozio-
logische Studie. Teil I + Teil II**
Berlin (DDR): DDR-Zentrum für Kinderliteratur, 1989, 157 S.

Die Studie macht sich zur Aufgabe, die Gegenwartsliteratur auf
ihre spezifischen Potenzen für die Persönlichkeitsentwicklung
Jugendlicher zu untersuchen und arbeitet dabei empirische
und analytische Ergebnisse der bisherigen DDR-Forschung
auf. Die beiden Teile weisen folgende Themengliederungen
auf:
- Jugendalter und Persönlichkeitsentwicklung;
- Kunstnutzung als eine Form der Wirklichkeitsaneignung;
- Potenzen der Gegenwartskunst und -literatur;
- Die Zielgruppe der jungen Leser;
- Ein neues Selbstverständnis: zu Entwicklungsprozessen in
  der Gegenwartsliteratur der DDR;
- Literaturnutzung als Gegenstand empirischer Forschung;
- Bedingungen für die Literaturnutzung Jugendlicher;
- Der Lektüreumfang Jugendlicher;
- Stellenwert der Gegenwartsliteratur in den literarischen In-
  teressen Jugendlicher;
- Lektüre von Werken der Gegenwartsliteratur;
- Die literarischen Profile Jugendlicher.

(158)
Conrady, Peter (Hrsg.)
Literatur-Erwerb. Kinder lesen Texte und Bilder
Frankfurt/M.: dipa, 1989, 189 S.

Die Autoren dieses Sammelbandes beschäftigen sich mit den
psychologischen Aspekten des Leseinteresses sowie der Lese-
und Leselernprozesse. Gleichzeitig wird der literarischen Seite
der Kinderliteratur besondere Beachtung geschenkt. Ansätze
einer Theoriediskussion und konkrete Analysen zum Thema
"Kind als Leser" stehen im Mittelpunkt.
    Ferner werden ausführlich die Aspekte Bilder, Fernsehen
und Computer diskutiert. Die meisten Beiträge wurden als Vorträge auf der Tagung "Literatur-Erwerb" im Juli 1988 gehalten.
Veranstaltet wurde die Tagung von der Forschungsstelle Kin-
dersprache in der Universität Dortmund. (Verlag)

(159)
Lukesch, Helmut (Hrsg.)
Jugendmedienstudie. Verbreitung, Nutzung und ausgewählte Wirkungen von Massenmedien bei Kindern und Jugendlichen. Eine Multi-Medien-Untersuchung über Fernsehen, Video, Kino, Video- und Computerspiele sowie Printprodukte
Regensburg: S. Roderer, 2. Aufl. 1990, 535 S.

Im Zentrum der hier vorgestellten empirischen Untersuchung bei 13 bis 16jährigen Schüler/-innen steht neben den quantitativen und qualitativen Aspekten der Mediennutzung vor allem die Rolle der Medien im Rahmen der Freizeitaktivitäten und spezifischen Effekte des Medienkonsums auf die jugendlichen Rezipienten.

U.a. wurde mit einer speziell entwickelten Methodik der Frage nachgegangen, ob Fernsehen als Sucht aufgefaßt werden kann. Die wechselseitige Beeinflussung verschiedener massenmedialer Betätigungen wurde ebenso untersucht wie kausale Zusammenhänge des Medienkonsums mit sozialem Verhalten.

Ebenfalls Gegenstand der Studie waren Verbindungen zwischen Mediennutzung und schulischen Leistungen. Die Frage der Medienwirkungen wurde exemplarisch an den Beispielen Aggressivität und moralisches Urteilen geprüft. Grundsätzlich wurden in den meisten Untersuchungsbereichen Ergebnisse früherer Medienstudien bestätigt, so bei der hohen Bedeutung der Medien, speziell des Fernsehens im Leben der Jugendlichen sowie bei der alters-, geschlechts- und bildungsbestimmten Abhängigkeit der quantitativen und qualitativen Mediennutzung. Konsolidiert wurde auch die These, daß "Vielseher" im Gegensatz zu "Viellesern" im gesamten Freizeit- und Sozialbereich eher passiv orientiert sind. Obwohl keine strengen Kriterien für Suchtphänomene festgestellt werden konnten, wurden enge Zusammenhänge zwischen extremem Fernseh- und Videospielkonsum mit psychosomatischen und Verhaltensdefiziten festgestellt.

(160)
Mechsner, Franz
Was passiert beim Lesen?
In: Süddeutsche Zeitung vom 11. 10. 1991 (Magazin), S. 12-21

Der Artikel referiert in allgemeinverständlicher Diktion Ergebnisse und Perspektiven der Hirnphysiologie bez. des Lesens.

(161)
Deutsches Jugendinstitut (Hrsg.)
Medien im Alltag von Kindern und Jugendlichen. Methoden, Konzepte, Projekte
Weinheim: Juventa, 1988, 445 S.

Der Band umfaßt insgesamt 25 Beiträge, die auf eine Tagung des Deutschen Jugendinstituts im März 1987 zurückgehen. Vier große Themenabschnitte unterteilen die Beiträge:
- Grundsätzliche Überlegungen zu methodischen Problemen der Medienwirkungs- und Mediennutzungsforschung;
- Ergebnisse der Forschung zur Rolle und Funktion der Medien im Alltag von Kindern;
- Jugendliche und Computer;
- Medienökologische Ansätze.

(162)
Müller-Doohm, Stefan (Hrsg.)
Medienforschung und Kulturanalyse. Ein Werkstattbericht
Oldenburg, 1989, 192 S.

Der Band enthält neun Einzelbeiträge zu grundlagentheoretischen und empirisch-praktischen Ansätzen einer Medienforschung, die technische und soziale Kommunikationsformen einer Gesellschaft als Ausfluß kulturgeschichtlicher Entwicklungen deutet und behandelt.

(163)
Meier, Bernhard
Leserverhalten im Zeitalter einer Revolution der Medien. Eine Herausforderung für den Literaturunterricht
In: Deutschunterricht, 44. Jg., 1991, H. 6, S. 402-409

Der Beitrag referiert zunächst exemplarisch wesentliche empirische Befunde zum Leserverhalten der Bevölkerung der Bundesrepublik (vor der "Wende"), wobei er sich an der von der Stiftung Lesen herausgegebenen Studie "Lesen im internationalen Vergleich" orientiert. Der Autor wählt dabei Daten zur Medienausstattung und Mediennutzung, zur Mediensozialisation und zum Leseinteresse aus.

In einem zweiten literaturdidaktischen Teil verweist er auf Möglichkeiten, die Erkenntnisse über das Medienverhalten Jugendlicher in den Literaturunterricht zu integrieren. Grundsätzliche Ansätze sind dabei Einbeziehung der Schülerinteressen und Ausrichtung der Lernziele auf Medienkompetenz. (Bot)

(164)
Meyer, Wilfried
Was tun für die Analphabeten
In: Pädagogik und Schulalltag, 46. Jg., 1991, H. 3, S. 339-345

Vor dem Hintergrund der aktuellen Diskussion über sinkende Lesefähigkeit und funktionalen Analphabetismus in der Bevölkerung von Industrieländern warnt der Autor vor einer Überbewertung der Lese- und Schreibfertigkeit. Er sieht Sprach- und Kommunikationsmöglichkeiten von Personen, die nur unter großen Schwierigkeiten zu einer begrenzten Lesefähigkeit gebracht werden können, nicht hinreichend eingeschränkt, um pädagogische und organisatorische Anstrengungen der Alphabetisierung zu rechtfertigen. Er plädiert dagegen für eine "ethische" Förderung der Analphabeten durch Nicht-Diskriminierung. (Bot)

(165)
Muth, Ludwig
Leseforschung in den neuen Bundesländern
In: Börsenbl. für den Dt. Buchhandel, 1991, H. 96, S. 4190 f.

Der Autor informiert abrißartig über neuere Untersuchungen über das Leseverhalten in den neuen Bundesländern.

(166)
Ockel, Eberhardt
Leseförderung oder: Wie die Zeilenanordnung das Lesen erleichtert
In: Das Gehirn, sein Alfabet und andere Geschichten. Hrsg. von H. Brügelmann u. H. Balhorn. Konstanz 1990, S. 128-133

Der Autor beschreibt Verfahren der Textgestaltung, insbesondere der Zeilenanordnung, die Leseanfängern das Lesen erleichtern. Die Vorschläge, die beim Vorlesen getestet wurden, sind an Beispielen erläutert.

(167)
Höltershinken, Dieter (Hrsg.)
Praxis der Medienerziehung. Beschreibung und Analyse im schulischen und außerschulischen Bereich
Bad Heilbrunn: Klinkhardt, 1991, 198 S.

Die Studie stellt die Ergebnisse des Forschungsprojekts "Bestandsaufnahme und Analyse modellhafter Projekte zur Medienerziehung im schulischen und außerschul. Bereich" vor.

Die Bestandsaufnahme gibt den Status der Medienerziehung für 6- bis 14jährige Kinder im Bereich der BRD unter Berücksichtigung der Bundesländer und Gemeindegrößen in Schulen und in außerschulischen Einrichtungen in 5000 ausgewählten Einrichtungen wieder.

Neben der Entwicklung der Fragestellungen und Zielsetzungen sowie der Darstellung des konzeptionellen Ansatzes der Untersuchung stehen im Mittelpunkt des Berichts die Ergebnisse der allgemeinen Bestandsaufnahme, die Ergebnisse der vergleichenden Analyse ausgewählter modellhafter Projekte zur Medienerziehung 6- bis 14jähriger Kinder und eine Dokumentation, in der 15 Projekte näher beschrieben werden. (men)

(168)
Rosebrock, Cornelia
Kind als Leser. Zur Rezeption von Kinderbüchern in der "alten" BRD.
In: JuLit Informationen, 17. Jg., 1991, H. 2, S. 72-82

Cornelia Rosebrock schildert in 4 Abschnitten u.a. die Entwicklung des Kindes zum Leser, den Lesevorgang beim Kind die Wirkung des Lesens auf Kinder und die spezifischen Formen kindlicher Literaturrezeption.

(169)
Rünger, Berthold
Private Funktionalisierung von Literatur. Über einige psychische Mechanismen beim literarischen Lesen
In: Der Deutschunterricht, 42. Jg., 1990, H. 6, S. 73-82

Der Autor trägt Befunde der psychoanalytischen und empirischen Literaturwissenschaft zu den literarischen Rezeptions- und Interpretationsweisen Jugendlicher zusammen. Im Zentrum der anschließenden Diskussion stehen Analysen zum Problem der Differenz zwischen Werk und Interpretation sowie zur Gewichtung der Faktoren Empfindung und Reflexion. (Bot)

(170)
Sander, Uwe
Ich-Konstruktion und Medien. Das Wechselverhälnis zwischen Medien und Lebensgeschichte
In: Literatur & Erfahrung, 1990, H. 23, S. 7-19

Zu Beginn geht der Autor kurz auf das Thema Medienalltag und Mediennutzung, vor allem durch Jugendliche, ein. Anschließend äußert die Jugendliche Gesa eigene Ansichten zu verschiedenen kreativen Aktivitäten und Medien - auch in bezug auf deren Einfluß auf ihr Leben.

(171)
Sander, Uwe; Vollbrecht, Ralf
Kinder und Jugendliche im Medienzeitalter. Annahmen, Daten und Ergebnisse der Forschung
Opladen: Leske + Budrich, 1987, 150 S.

Der Band gibt einen Überblick über Ansätze und Konzepte der Medienforschung, stellt die wichtigsten Forschungsergebnisse zu den einzelnen Medien zusammen und schließt mit Leitlinien und Empfehlungen, die einen offenen und aktiven Umgang mit allen Medien propagieren. (Bot)

(172)
Sandhaas, Bernd
Beseitigung oder massive Reduktion des Analphabetismus. Bericht der Bundesrepublik Deutschland für die 42. Internationale Erziehungskonferenz - September 1990.
Bonn: Sekretariat der Ständigen Konferenz der Kultusminister der Länder in der Bundesrepublik Deutschland, 1989, 82 S.

Der zweisprachig vorgelegte Bericht des nationalen Koordinators für das Internationale Alphabetisierungsjahr 1990 stellt die Antwort der Bundesrepublik Deutschland auf den Fragebogen des Internationalen Erziehungsbüros in Genf dar. Folgende Fragenkomplexe werden erörtert:
- Begriff und Umfang des Funktionalen Analphabetismus;
- Stand u. Entwicklung d. Primar- und Sekundarschulwesens;
- Alphabetisierungskurse und -programme;
- Prozesse des Verlernens von erworbenen Lese- und Schreibfähigkeiten;
- Politische und organisatorische Maßnahmen zur Beseitigung des Funktionalen Analphabetismus;
- Strukturen, Programminhalte und Unterrichtsmethoden der Alphabetisierung;
- Regionale und internationale Kooperation.

(173)
Saxer, Ulrich
Jugend und Medien - Lese(r)forschung zwischen Datenfülle u. Defiziten oder: Wieviel Wissen braucht die Praxis?
In: Leseclubs für deutsche und ausländische Kinder und Jugendliche, 1989, S. 1-11

Der Autor bringt sieben Thesen zum Medienverhalten von Jugendlichen und Heranwachsenden vor, die sich auf neuere Ergebnisse der Medien- und Leserforschung beziehen und medienpädagogische Zielsetzungen formulieren. (Bot)

(174)
Schneider, Jürgen
Literatur in den Rezeptionsformen des Lesens und Sehens/Hörens. Ein mediendidaktisches Modell zur Beschäftigung mit Literatur im Medium des Films am Beispiel von Friedrich Dürrenmatts Roman "Der Richter und sein Henker" und der Verfilmung durch Maximilian Schell
In: Publizistik, 35. Jg., 1990, H. 3, S. 328-343

Berichtet wird über eine empirische Untersuchung der Rezeptionswirkungen von Literatur, die zunächst über eine - gelungene - filmische Adaption und dann erst über die literarische Vorlage erfolgte. Am Beispiel des Dürrenmatt-Werkes konnte bei Studenten und Schülern des 10. Schuljahres festgestellt werden, daß durch die gestufte Behandlung von Film und Text eine größere Tiefe der emotionalen und kognitiven Kommunikation der literaturästhetischen Mittel und Strukturen erreicht wurde. Orientiert an diesen Erfahrungen, stellt der Autor ein mediendidaktisches Unterrichtsmodell vor. (Bot)

(175)
Schnoor, Detlef; Zimmermann, Peter
Kinder und Medien. Ergebnisse einer Befragung von Dortmunder Grundschülern und ihren Eltern. Modellversuch "Weiterentwicklung von Schulprogrammen in der Grundschule - Öffnung von Schule"
Dortmund: IFS - Institut für Schulentwicklungsforschung an der Universität Dortmund, 1987, 89 S.

Der Forschungsbericht gibt die quantitativen Ergebnisse des Gesamtprojekts "Kinder und Medien" wieder. Aufgabe des Projekts ist die Sammlung und Bewertung empirischer Befunde zur Entwicklung medienpädagogischer Konzepte für die Grundschule (Modellversuch). Befragt wurden Dortmunder Kinder im Grundschulalter und ihre Eltern. Besonderer Wert wurde auf die Ermittlung der sozialstrukturellen Unterschiede im Medienverhalten und der Einschätzung der Medien gelegt.

Unter anderem ergab sich, daß bei ähnlich hohem Fernsehkonsum der Kinder aus unterschiedlichen sozialen und Bildungsschichten Differenzen zu erkennen sind: einerseits bei der Auswahl der Programminhalte und andererseits bei der Rückwirkung auf sonstige Freizeitaktivitäten. Eine genaue Einschätzung der übrigen Freizeitaktivitäten (89% der Kinder gaben an, mindestens einmal in der Woche zu lesen) wird der qualitativen Analyse vorbehalten bleiben, die noch folgen soll. Schlußfolgerungen für medienpädagogische Maßnahmen werden gezogen. (Bot)

(176)
Schön, Erich
Die Entwicklung literarischer Rezeptionskompetenz. Ergebnisse einer Untersuchung zum Lesen bei Kindern und Jugendlichen
In: Spiel, 9. Jg., 1990, H. 2, S. 229-276

Theoretischer Hintergrund der hier vorgestellten Untersuchung ist ein Verständnis von literarischer Rezeptionskompetenz, welches nicht allein Fertigkeiten und Fähigkeiten des eigentlichen Verstehensprozesses erfaßt, sondern Qualitäten im Vorfeld des Rezeptionsaktes wie Intensität des Erlebens oder Art der Erfahrungen beim Lesen. Damit werden Funktionen (oder Gratifikationen) des Lesens angesprochen. Präsentiert werden Ergebnisse aus einer Schülerbefragung, in der nach dem individuellen Leseverhalten sowie nach literarischen Erfahrungen und Kenntnissen gefragt wurde.

(177)
Schröder, Wolfgang
Hingabe, Distanz oder Desinteresse. Entwurf eines Lesertypenmodells aus Beispielen dargestellten Lesens bei Michael Ende, Alfred Andersch und anderen
In: Der Deutschunterricht, 1988, H. 4, S. 9-20

Der Autor stellt Ausschnitte aus literarischen Werken vor, in denen Lesende beschrieben bzw. dargestellt werden. Anhand dieser fiktiven Personen entwickelt er ein Modell, in dem zwischen vier Typen des Leseverhaltens differenziert wird, die auch auf die Realität übertragen werden können:
- Typ I: Leseverhalten der Hingebung oder der Identifikation;
- Typ II: Leseverhalten skeptischer Differenz;
- Typ III: Leseverhalten des Desinteresses, des Geltenlassens, der Verdinglichung, der Indifferenz;
- Typ 0:   Leseverhalten des Alleslesens.

Diese Typologie wird auf didaktische Anwendungen bezüglich einer Unterrichtsreihe untersucht. (Bot)

(178)
ter Bogt, Tom
Mahlstrom aus Bildern und Buchstaben. Jugendliche, Fernsehen und Literatur
In: Psychosozial, 13. Jg., 1990, H. 4, S. 54-65

Im Zentrum des Beitrags stehen Ergebnisse der empirischen Untersuchung des Autors bei 17- bis 20jährigen Heranwachsenden (Schüler, Berufstätige und Arbeitssuchende) in den Niederlanden. Die 88 Probanden wurden u.a. danach befragt, wie sie fernsehen und lesen, welche Wertschätzung die verschiedenen Medien genießen und welche Bedeutung Bilder und Sprache in ihrem Leben haben. Die Analysen differenzieren vor allem nach Bildungsstand und Geschlecht.

Die Resultate, die im wesentlichen andere größere Untersuchungen bestätigen, werden im Hinblick auf eine qualitative Bewertung der Mediennutzung ("Kultureller Verfall?") diskutiert. Abschließend plädiert der Autor für eine Rückkehr zur "oralen Kultur", der er größere kommunikative Bedeutung beimißt. (Bot)

(179)
Weers, Dörte
Türkische Jugenliche als Leser. Leseverhalten und Leseförderung der zweiten Generation in der Bundesrepublik Deutschland
München: iudicum Verlag 1990, 360 S.

Lesen und Schreiben scheinen im Unterricht für ausländische Arbeitnehmer und ihre Kinder im Zuge der "kommunikativen Wende" des Sprachunterrichts vernachlässigte Fertigkeiten zu sein. Ist dies im Zeitalter der audio-visuellen Medien gerechtfertigt, ist das Lesen heute ein Anachronismus? In der vorliegenden Untersuchung werden audio-visuelle Medien und Lesen nicht als konkurrierende Tätigkeiten, sondern vielmehr in einen komplementären Verhältnis gesehen.

Da die Kulturtechnik Lesen in der heutigen Gesellschaft nicht an Bedeutung verloren hat, ist Leseförderung eine wichtige gesellschaftspolitische Aufgabe. Gefördert werden sollten insbesondere Kinder und Jugendliche aus sozial benachteiligten Schichten, und somit auch Kinder der ausländichen Arbeitnehmer in der Bundesrepublik. (men)

(180)
Böhme-Dürr, Karin (Hrsg.)
Wissensveränderung durch Medien. Theoretische Grundlagen und emprirische Analysen
München: Saur, 1990, 319 S.

Der Band enthält mit der Einführung 16 Kapitel, die in sieben Teilbereiche untergliedert sind:
Im ersten Teil werden theoretische Grundlagen diskutiert; im zweiten Teil werden Ansätze der psychologischen Grundlagenforschung vorgestellt; der dritte Teil behandelt kommunikationswissenschaftliche Ansätze, die im allgemeinen eher pragmatisch orientiert sind und nicht unbedingt den Anforderungen psychologischer Grundlagenforschung entsprechen (wollen); im vierten Teil wird ein vielfach bearbeitetes Feld der kognitiven Medienforschung angesprochen: Wissensveränderungen durch Medien; im fünften Teil wird das Forschungsfeld Wissenserwerb durch Massenmedien bei Kindern und Jugendlichen angerissen; der sechste Teil bringt Instruktionspsychologische Perspektiven zur Sprache; den Abschluß des Buches bildet ein Ausblick auf die Zusammenhänge von Wissen, Lernen und Kommunikation. (men)

2. Kinder- und Jugendliteraturforschung

(181)
Universität Oldenburg (Hrsg.)
Antisemitismus und Holocaust. Ihre Darstellung und Verarbeitung in der deutschen Kinder- und Jugendliteratur
Oldenburg: Bibliotheks- und Informationssystem der Universität, 1988, 150 S.

Der Ausstellungskatalog trägt folgendes Inhaltsverzeichnis:
- Von d. Judenfeindschaft zur Judenvernichtung: Entstehung und Funktion antisemitistischer Stereotype in Deutschland;
- Das Bild der Juden in der Kinder- und Jugendliteratur vor 1933;
- Emanzipation und Antisemitismus bis 1933;
- Der Jude im Märchen - Vorbemerkungen zu Arnolds Zweigs "Der Jude im Dorn";
- Zur Erzeugung antijüdischen Denkens durch Kinder- und Jugendbücher im Nationalsozialismus;
- Die deutsche Kinder- und Jugendliteratur (KJL) nach 1945 - Aufklärung und Verdrängung;
- Die Darstellung des Holocaust in der westdeutschen Kinder- und Jugendliteratur;
- Gesellschaftliches Bewußtsein und literarische Stereotypen, oder: Wie Nationalsozialismus und Holocaust in der deutschen Kinder- und Jugendliteratur behandelt werden;
- Beispiele aus der Kinder- und Jugendliteratur der DDR;
- Von der Schwierigkeit, den Holocaust im Bilderbuch darzustellen. Auswahlbibliographie. (Inhaltsverzeichnis)

(182)
Arendt, Dieter
Jugendliteratur als utopisches Experiment oder: "Nur die Kinder wissen, wohin sie wollen"
In: Fundevogel, 1989, H. 69, S. 9-14

Der Autor plädiert für die Einbeziehung utopischer Elemente in der Kinderliteratur und setzt sich dabei neben technologisch orientierten Utopien (Science Fiction) vor allem für gesellschaftlich-politische Visionen ein. Kindgemäße Vorstellungen eines anderen Lebens werden vor allem seit den 70er Jahren in der belletristischen Kinder- und Jugendliteratur entworfen. Arendt stellt sieben Bücher dieser Art von deutschen und ausländischen Autoren vor, die überwiegend offizielle Auszeichnungen erhalten haben.

Die utopischen Entwürfe dieser Romane werden einer kritischen Analyse im Hinblick auf die Vorstellungswelt und Erwartungshaltung von Kindern und Jugendlichen unterzogen. (Bot)

(183)
Aust, Siegfried
Gedanken z. Kinderliteratur und zum Sachbuch für Kinder
In: In: IJB-Report, 1991, H. 4, S. 3-15

Der Aufsatz beschreibt die Historie von Kinder- und Jugend-Sachbuch, unternimmt den Versuch einer Einteilung dieser Literaturgattung und gibt dem Rezensenten Ratschläge für Kritik und Bewertung an die Hand. (men)

(184)
Bergk, Marion
Ein Minimum an Text - ein Maximum an Reiz. Teil II: Kinderbücher, die zum Lesenlernen verlocken
In: Tausendundein (1000 und 1) Buch, 1988, H. 2, S. 39-48

Die Autorin hat die vorgestellten Kinderbücher und Leselern-Bücher danach ausgewählt, ob es ihnen gelingt, "ein oder mehrere Spezifika unserer Schriftkultur so zu präsentieren, daß sie die Kinder neugierig machen auf die Kunst des Lesens". Folgende Merkmale standen dabei im Vordergrund: 1. Schriftsprache muß wichtige Informationen verdichten und klären;
2. Überraschende, witzige Wendungen werden durch Lesen und Denken erschlossen;
3. Lesen sollte Anreiz zum Sprachhandeln bieten. (Bot)

(185)
Bode, Andreas
Europäische Sachbücher der letzten 10 Jahre. Präsentation einer Auswahl nach ästhetischen Gesichtspunkten
In: JuLit Informationen, 17. Jg., 1991, H. 1, S. 4-23

Der Überblick des Autors bezieht sich nur auf die ästhetische Gestaltung der Sachbücher. Eine Berücksichtigung des Inhaltes erfolgt nur, insofern geprüft werden soll, ob der Inhalt und die Form der Illustration die Vermittlung von Sachverhalten unterstützt. Anschließend erläutert der Autor die unterschiedlichen Möglichkeiten der Sachbuchgestaltung. (Ze)

(186)
Bosch, Bernhard
Lesenlernen. Diskussionsbeiträge aus 50 Jahren
In: Osnabrücker Beiträge zur Sprachtheorie (OBST),
1990, Beiheft 9, 205 S.

Der Band versammelt Schriften Bernhard Boschs zum Themenbereich "Lesenlernen".

(187)
Kagelmann, H. -Jürgen (Hrsg.)
Comics Anno. Jahrbuch der Forschung zu populär-visuellen Medien. Vol. 1/1991
München: Profil Verlag 1991, 175 S.

Aus dem Inhalt: Zur Comicnutzung bei 12- bis 16jährigen Schülern; Türkische Comics; Foto oder Zeichnung? Zur Problematik des Bildes im dokumentarischen Comic; Der Superheld als Mythos? Aufräumarbeiten mit einer These; Comics in der Werbung; Comic-Hefte für Kinder: Lurchi und Sumsi; Ethik in Entenhausen. Zur Vermittlung moralischer Inhalte in den Donald-Duck-Geschichten von Carl Barks; Comic-Figuren und Geschichten in psychologischen Trainingsprogrammen für Kinder und Jugendliche; Zur Geschichte der mexikanischen Bilderhandschriften. Über verschiedene Formen des Umgangs mit einer präkolumbischen Erbschaft; Zur Psychologie der Karikatur; Karnevalisierung der Pornographie. Parodistische Aspekte des pornographischen Zeichentrickfilms.

(188)
Franzmann, Bodo u.a. (Hrsg.)
Comics zwischen Lese- und Bildkultur
München: Profil, 1991, 107 S.

Die Beiträge dieses Bandes gehen überwiegend zurück auf die Vorträge anläßlich einer 1989 von der Stiftung Lesen mit Unterstützung des Bundesministeriums für Bildung und Wissenschaft veranstalteten Tagung. Die Referenten haben ihre Beiträge aktualisiert und erweitert. Unter der übergreifenden Fragestellung, welche Bedeutung moderne Comics für die Entwicklung der Lesekultur und des Leseverhaltens speziell bei Kindern und Jugendlichen haben können, werden leseförderliche und lesehinderliche Aspekte der Comiclektüre analysiert. Aus unterschiedlicher Perspektive und vor dem Hintergrund deutscher und italienischer Erfahrungen in Forschung und

Praxis werden Aussagen zum Verhältnis von Bild und Text, zur Sprache im Comic, zu Motivationsfragen usw. getroffen. Ein ergänzender Beitrag von H.J. Kagelmann zum Markt für Kindercomics in der Bundesrepublik wurde den Tagungsvorträgen beigefügt. (Bot)

(189)
Dahrendorf, Malte
Alltag und Kindheit in der neueren Kinderliteratur
In: Inf. Jugendliteratur und Medien, 1991, H. 3, S. 98-108

Dahrendorf untersucht an Beispielen, wie der Alltag der Kinder in zeitgenössischen Kinderbüchern dargestellt wird. Dabei bezieht er sich auf eine Auswahl von Autoren und Autorinnen, die ihm besonders bedeutsam erscheinen: Boie, Chidolue, Härtling, Kötter, Kordon, Mebs, Pressler, Welsh. Bei diesen Autoren überwiegt eine eher bedrückende und belastete Welt, in der die Kinder zurecht kommen müssen.

Untersucht werden vor allem folgende Aspekte und Elemente: Probleme, die durch Erwachsene/Eltern entstehen; Rolle der Großeltern; Probleme durch andere Kinder oder durch eigenes Verschulden; Probleme durch die Schule; Umgang mit Problemen. Obwohl diese Literatur den Kindern schon sehr viel zumutet, spricht sich Dahrendorf für sie aus, da sie auch zur Problembewältigung beiträgt. (Bot)

(190)
Dahrendorf, Malte
Anmerkungen zur Kinder- und Jugendliteratur der Bundesrepublik Deutschland
In: Kinderliteratur-Report, 1989, H. 3, S. 16-20

Das Referat führt in die Geschichte der Kinder- und Jugendliteratur in der Bundesrepublik Deutschland ein und beschreibt die Hauptphasen neuer formaler und inhaltlicher Orientierungen.

(191)
Dahrendorf, Malte
Darf das Jugendbuch erziehen wollen? Auf der Suche nach dem Perfekten. Kinder- und Jugendliteratur zum Faschismus in der Forschung
In: Kinder Bücher Medien, 1991, H. 37, S. 3-7

Dahrendorfs Literaturbericht bezieht sich ausschließlich auf

wissenschaftliche Buchveröffentlichungen zur faschismusthematischen KJL. Insgesamt acht seit 1980 erschienene Werke zu diesem Gebiet werden besprochen:
- Bernd Otto, "Der deutsche Faschismus als Thema neuerer Jugendliteratur", 1980;
- Bernd Otto, "Jugendbuch und Drittes Reich", 1983;
- Ernst Cloer (Hrsg.), "Das Dritte Reich im Jugendbuch", 1983;
- Ernst Cloer u.a., "Das Dritte Reich im Jugendbuch", 1988;
- Claudia Maria Toll, "Ästhetik im Abseits", 1986;
- Malte Dahrendorf, "Die Darstellung des Dritten Reiches im Kinder- und Jugendbuch", 1988;
- Ausstellungskatalog "Antisemitismus und Holocaust", 1988.
(men)

(192)
Dahrendorf, Malte
Können Kinder- und Jugendbücher dazu beitragen, Vorurteile gegen Ausländer abzubauen?
In: Informat. Jugendliteratur und Medien, 1990, H. 1, S. 2-8

Der Autor erläutert, wie sich die Kinder- und Jugendliteratur mit der Situation der Ausländer in der BRD auseinandersetzt und welche Wirkungen der Kinder- und Jugendliteratur auf die Einstellungen der Kinder und Jugendlichen zu den Ausländern und deren Rechte man erwarten kann. Generell ist Dahrendorf von den positiven Möglichkeiten der Literatur überzeugt; er spricht von der "Chance der Literatur". Literatur könne Einblicke in Personen vermitteln, ihre Motivationen verdeutlichen, kurz: sie könne zeigen, wie Personen zumute ist, wenn man sie so oder so behandelt oder wenn sie so oder so handeln.

Auf der Leserseite könne Literatur dadurch ein Verstehen erzeugen und Identifikationsprozesse einleiten und fördern. Sie könne Menschen lehren, die anderen besser zu verstehen möglicherweise sogar besser, als sie sich selbst verstehen. Im Hinblick auf die Kinder- und Jugendliteratur bedauert Dahrendorf, daß dieses Genre an einem Übergewicht an Pädagogik leide, daß oft zu deutlich der erhobene Zeigefinger in den Texten sichtbar wird. Dieses moralisierende und erzieherische Element in der KJL sei zwar gut gemeint, sei in bester Absicht in die KJL integriert, mindere jedoch die ästhetische Qualität der betreffenden Werke. (men)

(193)
Dankert, Birgit
Das Land, das meine Sprache spricht. Die Kinder- und Jugendliteratur der Bundesrepublik Deutschland
In: Der Evangelische Buchberater, 1990, H. 2, S. 110-116

Die Autorin beschreibt an Beispielen einzelne Phasen der Entwicklung der Jugendliteratur in der BRD und setzt sie in Bezug zu gesellschaftlichen Veränderungen.

(194)
Fischer, Erika
Jugendliteratur als Sozialisationsfaktor. Literaturanalysen zum Bild der Frau im Kinder- und Jugendbuch
Frankfurt/M.: Lang, 1991, 352 S.

Nach Ansicht der Autorin spiegelt auch heute noch die Jugendliteratur die traditionellen gesellschaftlichen Rollenzuschreibungen mehr als deutlich wieder und festigt sie somit. Selbst gesellschaftskritische Bücher übermitteln nach ihrer Meinung implizit ein geschlechtsspezifisches Rollenverhalten. Die Arbeit stellt mit Hilfe von Literaturanalysen und empirischen Methoden das Bild der Frau dar, wie es sich in der Jugendliteratur zeigt. Desweiteren wird für den schulischen Verwendungszusammenhang auf Bücher verwiesen, die Möglichkeiten für flexibles Rollenverhalten von Frau und Mann eröffnen.

(195)
Fischer, Helmut
Die kindliche Erzählwirklichkeit.
In: Jugendbuchmagazin, 40. Jg., 1990, H. 3, S. 125-133

Der Autor wendet sich einer von der Literaturwissenschaft stark vernachlässigten Form der Kinder- und Jugendliteratur zu, die er "mündliche Eigenliteratur" von Kindern nennt. Hierzu zählen z.B. Lieder, Abzählreime, Rätseltexte etc. Die Texte wurden mittels systematischer Forschung gesammelt und gewertet.

(196)
Freund, Winfried
Geschichte und Gesellschaft im Jugendbuch. Perspektiven und Probleme
In: Blätter für den Deutschlehrer, 1989, H. 2, S. 43-56

Der Autor untersucht drei in der Schule häufig gelesene Jugenderzählungen von Hans Peter Richter, Christine Nöstlinger und Irina Korschunow inhaltlich und formal daraufhin, wie sie geeignet sind, moderne geschichtliche und gesellschaftliche Probleme darstellbar und vorstellbar zu machen. (Bot)

(197)
Friedländer, Vera
Sprachliche Probleme der Kinder- und Jugendliteratur
In: Kinderliteratur-Report, 1991, H. 2, S. 5-12

Das Geschriebene muß den Erfahrungen und vor allem dem sprachlichen Kenntnisstand der jugendlichen Zielgruppe entsprechen. Die Autorin erläutert diese These anhand eigener Erfahrungen im Schulbuchbereich und betont, daß Texte für Kinder "sehr konkret und sehr bildhaft" sein sollten. Im folgenden beschreibt Friedländer in einem längeren Exkurs die Folgen der (von ostdeutscher Seite bewußt gesteuerten) Auseinanderentwicklung der Sprache in den beiden deutschen Republiken für die heutige Kinder- und Jugendliteratur. Sollen DDR-spezifische Idiome beibehalten werden oder sollte man sie aus der Kinderliteratur tilgen? Nach eingehender Abwägung der Gegebenheiten plädiert die Autorin für ein "sowohl - als auch". Streichen könne man diese Wendungen nicht, denn "Wörter und Wendungen der Vergangenheit sind ein Schlüssel zur Geschichte". (men)

(198)
Gärtner, Hans
Kindersachbücher - sind LeserInnen "nachher" schlauer?
Ein Beitrag zur Schärfung des Blicks ins Sachbuch für Kinder
In: Büchereinachrichten, 43. Jg., 1991, H. 3/4, S. 377-401

Was ist ein Kindersachbuch, wozu dient es und wann ist es brauchbar? Diesen richtungweisenden Fragen, denen jeweils eine nahezu apodiktische Antwort folgt, schließt der Autor zehn Thesen zur Kritik des Kindersachbuchs an. Die mit Beispielen belegten Thesen münden im Schlußteil des Aufsatzes in der Erkenntnis, daß Sachbücher Medien sachlichen Lernens sind.

(199)
Wild, Reiner (Hrsg.)
Geschichte der deutschen Kinder- und Jugendliteratur
Stuttgart: Metzler, 1990, 476 S.

In vierzehn Kapiteln von verschiedenen Autoren liefert der Band eine historische Analyse der KJL von den Anfängen in der frühen Neuzeit bis in die Gegenwart der 80er Jahre. Besondere Aufmerksamkeit gilt der engen Beziehung zwischen der Kinder- und Jugendliteratur und dem historischen Wandel von Familie, Kindheit und Erziehung. Einen Schwerpunkt bildet das 20. Jahrhundert. Dabei werden auch die Medien wie Kassette, Film, Fernsehen und Video behandelt. Weiterführende Literaturangaben, ein Autoren- und ein Werkregister vervollständigen den Band. (Verlag)

(200)
Gärtner, Hans
Lesestart mit Bücherbergen. 20 Erstleser-Reihen aus 15 westdeutschen Verlagen - taugen sie soviel wie sie versprechen? (Teil I + II)
In: Buch und Bibliothek, 43. Jg., 1991, H. 1, S. 68-81 + 1991, H. 2, S. 182-196

Der Beitrag informiert zunächst über die Bedeutung der ersten positiven Leseerlebnisse und über die Merkmale von Literatur, die "erstlesergerecht" ist. Im weiteren werden Eltern, Erzieher/-innen und Bibliothekar/-innen ausführlich über das Angebot für die verschiedenen Phasen des ersten Lesealters beraten. Insgesamt 20 Erstlesereihen deutscher Verlage werden inhaltlich vorgestellt und bewertet. (Bot)

(201)
Gelberg, Hans-Joachim
Auch andere Väter und Mütter sind Menschen. Familienbilder in der Kinderlyrik - mit Hinweis auf Hans Manz
In: JuLit Informationen, 17. Jg., 1991, H. 3, S. 29-42

An zahlreichen Beispielen aus gegenwärtiger und historischer Kinderlyrik zeigt Gelberg, wie Gedichte die Sprachentwicklung und das Wortverständnis der Kinder für den Alltagsgebrauch fördern können. (Bot)

(202)
Grenz, Barbara
Zur Analyse und Kritik von Kinder-und Jugendbüchern aus literaturwissenschaftlicher Sicht
In: Informat. Jugendliteratur und Medien, 1990 H. 4, S. 152-159

Die Autorin kritisiert, daß bei Kinder- und Jugendbuchrezensionen oft auf die literaturwissenschaftliche Betrachtungs- und Bewertungsebene verzichtet wird. Sie plädiert dafür, nicht aus lesepädagogischen Gründen auf die literaturwissenschaftliche Analyse zu verzichten.

(203)
Grenz, Dagmar
Jugendliteratur und Adoleszenzroman
In: Kinderliteratur und Moderne, hrsg. v. Hans-Heino Ewers u.a., Weinheim 1990, S. 197-211

Dagmar Grenz weist nach, daß die große Bedeutung des Adoleszenzromans in den 70er und 80er Jahren auf die Entstehung des Genres in der literarischen Moderne zurückzuführen ist. Mit der Übernahme der Gattung Adoleszenzroman in die Jugendliteratur hat diese einen Modernitätssprung getan: Das Ergebnis des Adoleszenzromans als eines Anti-Romans zum klassische Bildungsroman ist nicht Sinnfindung. Die Radikalität und Kompromißlosigkeit, mit der der Roman für Erwachsene die Problematik vorträgt, sowie dessen formale Komplexität erreicht der Jugendroman allerdings nicht. (men)

(204)
Häfner, Claudia
Geschlechtsrollenstereotypie im Kinderbuch. Das Verständnis der Mutter- und Vaterrolle in zeitgenössischen "Aufklärungsbüchern" für Vorschulkinder
Frankfurt/M.: Lang, 1987, 187 S.

Die vorliegende Arbeit beschäftigt sich mit dem Verständnis der Mutter- und Vaterrolle in zeitgenössischen Aufklärungsbüchern für Kinder im Vorschulalter.

Dabei werden zuerst die einzelnen Elemente der Themenstellung theoretisch aufgearbeitet: Entwicklungsstand des Kindes im Vorschulalter; inhaltliche und historische Aspekte der Mutter- und Vaterrolle; Bedeutung von Aufklärungsbüchern für die Geschlechtsrollendifferenzierung; Literatur zur Inhaltsanalyse und eigenen Vorgehensweise.

Ein weiterer Schritt war die Auswahl und Darstellung des zu untersuchenden Materials. Im folgenden wird die eigentliche Inhaltsanalyse beschrieben. Die Ergebnisse erbrachten u.a., daß Bücher der 70er Jahre gegenüber denen der 60er Jahre eine Aufweichung der traditionellen Rollenbilder erstrebten, die bei den Büchern der 80er Jahre vor allem hinsichtlich des Mutterbildes wieder teilweise zurückgenommen wird. (Vorwort)

(205)
Hässner, Wolfgang
Zu einigen Ergebnissen von Dissertationen und Diplomarbeiten über Kinder- und Jugendbücher in der BRD
In: Kinderliteratur-Report, 1989, H. 3, S. 10-16

Dieser Bericht des 41. Seminars des DDR-Zentrums für Kinderliteratur gibt einen Einblick in die Arbeit der Güstrower Forschungsgruppe, die sich mit Literatur für Kinder und Jugendliche in der BRD beschäftigt.

(206)
Heidtmann, Horst
Distribution, Rezeption und Wirkung von Kinder- und Jugendbüchern aus der DDR in der BRD
In: JuLit Informationen, 16. Jg., 1990, H. 2, S. 24-35

Der Beitrag untersucht die Wege, auf denen Kinderbücher aus der DDR an das bundesdeutsche Lesepublikum gelangten und gelangen: das aus der DDR geschenkte Buch, das vom Handel importierte Buch, das in bundesdeutschen Verlagen als Lizenz übernommene Buch. Im weiteren werden die Genres und Gattungen der lieferbaren DDR-Kinderbücher und grundlegende Probleme der Rezeption im Westen (geringes Angebot und fehlende Werbung, westlicher Modevorsprung) untersucht. (Bot)

(207)
Heidtmann, Horst
Kinder- und Jugendbücher nach Filmen. Prinzipien und Probleme der Adaption
In: Information Jugendlit. und Medien, 1991, H. 2, S. 50-63

Ziel dieses Aufsatzes ist, die komplexen Relationen zwischen den Medien Buch und Film zu erörtern. Heidtmann geht anhand einer Vielzahl von Beispielen zum verfilmten Buch - angefangen von der 1902 verfilmten "Reise von der Erde zum Mond" von Jules Verne bis hin zu A. Wimschneiders "Herbstmilch" - ausführlich auf die ästhetischen und funktionalen Differenzen der beiden Medien ein. Teilweise bedingt durch die jespezifischen Interessen, teilweise auch in der Erwartungshaltung des jeweiligen Publikums begründet, sind diese ästhetischen Merkmale nicht Indikatoren künstlerischer Hoch- oder Minderwertigkeit, sie machen vielmehr den eigentlichen Reiz des Mediums aus.
Anhand der Fassbinder-Verfilmung von "Effi Briest" vermag

Heidtmann zu erklären, wie im Film zwar durch die stärkere Konzentration auf die Haupthandlungslinie einiges von der Buchvorlage ausgespart wird, wie gleichzeitig aber durch die Kameraführung eine neue Präsentation der Personen entsteht.

(208)
Hoffmann, Hilmar
Lesen? Lesen!
In: Media Spectrum, 1991, H. 11, S. 44-50

Hilmar Hoffmann stellt überblicksartig die wichtigsten, in der von der Stiftung Lesen herausgegebenen Studie enthaltenen Diagnose-Daten zur Lesekultur in Europa und in den USA zusammen. In seinem leidenschaftlichen Plädoyer für die Sache des Lesens warnt der Autor vor übertriebenem Pessimismus, stellt aber gleichzeitig die Gefahr einer wachsenden Wissenskluft und diejenige einer ständig steigenden Zahl von funktionalen Analphabeten ganz deutlich heraus. (men)

(209)
Hubacher, Rudolf
Beurteilungskatalog für Sachbücher
In: Jugendliteratur, 1991, H. 2, S. 8-12

Dieser Ratgeber faßt in sehr knapper Form eine Vielzahl wesentlicher Gesichtspunkte zusammen, die sowohl pädagogisch vorgebildete Erwachsene als auch Eltern und eventuell Jugendliche selbst bei der Auswahl von Kinder- und Jugendsachbüchern unterstützen können. Ausgehend von den Motiven der Sachbuchleser werden leicht überprüfbare Anforderungen an Sachbücher aufgelistet, wobei bei den stilistischen Kriterien eine Differenzierung nach Zielgruppen (weniger motivierte, motivierte Leser) vorgenommen wird. Die Bedeutung von Identifikationsfiguren sowohl für die Motivation als auch die Bewußtseinsbildung wird gesondert behandelt. (Bot)

(210)
Kaminski, Winfred
Kinder leben zwischen Solidarität und Konkurrenz. Realistische und phantastische Kinderbücher
In: JuLit Informationen, 17. Jg., 1991, H. 2, S. 53-71

W. Kaminski beschreibt, welche Texte und welche Autoren in den zurückliegenden Jahrzehnten für die Genres der realistischen und phantastischen Kinderbücher wichtig geworden sind. Das Realistische und Phantastische wird am Beispiel verschiedener Kinderbucherfolgsautoren (Erich Kästner, Astrid Lindgren, Otfried Preußler, James Krüss, Michael Ende, Lisa Tetzner u.a.) thematisiert. Besonders hebt er die Schilderung von Kinder- und Erwachsenenwelten in den Texten hervor. (Ze)

(211)
Keyserling, Sylvia
Geschichten sind miteinander geteiltes Leben. Anmerkungen zum Thema Lesemotivation
In: Lehren und Lernen, 1992, H. 1, S. 4-8

Es handelt sich um den Vortrag "Lesemotivation aus der Sicht einer Kinderbuchautorin", den Sylvia Keyserling im Rahmen der Fachtagung "Leseerziehung, Lesemotivation in Elternhaus und Grundschule - Grundlagen und Förderung" am 8. Oktober 1991 im Landesinstitut für Erziehung und Unterricht in Stuttgart gehalten hat. (men)

(212)
Grenz, Dagmar (Hrsg.)
Kinderliteratur - Literatur auch für Erwachsene? Zum Verhältnis von Kinderliteratur und Erwachsenenliteratur
München: Fink, 1990, 198 S.

Der Sammelband enthält insgesamt 15 Beiträge, die auf dem 8. Kongreß der Internationalen Forschungsgesellschaft für Kinder- und Jugendliteratur 1987 in Köln gehalten wurden. Die im sog. "systematischen" Teil zusammengefaßten Aufsätze befassen sich u.a. mit grundsätzlichen Charakteristika und Beschränkungen der Kinderliteratur sowie mit Gemeinsamkeiten und Differenzen im Rezeptionsverhalten von Kindern und Erwachsenen, wobei diese Überlegungen teilweise an einzelnen Autoren (z.B. E.T.A. Hoffmann, A. Lindgren) oder Genre- und Inhaltsgruppen erläutert werden. Der zweite Teil verfolgt das Verhältnis von Kinder- und Erwachsenliteratur vom 16. bis ins 18. Jhd.

(213)
Ewers, Hans-Heino; Lypp, Maria; Nassen, Ulrich (Hrsg.)
Kinderliteratur und Moderne.
Weinheim u. München: Juventa, 269 S.

Die neuere Kinderlyrik, die sich gelegentlich mit dem Dadaismus oder der konkreten Poesie berührt und der moderne Jugend- bzw. Adoleszenzroman, der sich in einzelnen Zügen der modernen Erzählkunst annähert, veranlaßten die Herausgeber, in dem vorliegenden Band 15 Originalbeiträge zum Thema zu versammeln. Die Aufsätze spüren die positiven wie negativen Beziehungen zwischen Kinderliteratur und der künstlerischen bzw. literarischen Moderne auf. Sie eröffnen ein neues Diskussionsfeld, das für die gegenwärtige und künftige Beschäftigung mit der Kinder- und Jugendliteratur große Bedeutung haben kann. (Verlag/men)

(214)
Kliewer, Heinz-Jürgen
Vermittlung von Kinderlyrik
In: Fundevogel, 1991, H. 87, S. 7-8

Für eine Aufnahme der Kinderlyrik in den Kanon der Literaturwissenschaft plädierte H.J. Kliewer anläßlich einer Podiumsdiskussion im Frankfurter Literaturhaus. Zu Unrecht wurden viele Jahre lang die für Kinder geschriebenen Gedichte hochmütig ins Reich der Trivialität verwiesen; zu Recht ist heute eine seriöse Auseinandersetzung mit dem Thema geboten. Neben diesen Thesen hat der Autor eine Handreichung für Lehrer im Sinn, die - stichpunktartig vorgetragen - unter der Überschrift stehen könnte: "Neun Regeln für den engagierten Literaturpädagogen". (men)

(215)
Künnemann, Horst
Hilflose Versuche? Über westliche Sachbilderbücher
In: Bulletin Jugend + Literatur, 21. Jg., 1990, H. 12, S. 21-23

Der Autor befaßt sich kritisch mit dem westlichen Sachbilderbuchmarkt und seinen Produkten unter Einbeziehung konkreter Beispiele. Nach überwiegend negativer Kritik geht er am Ende auf Produkte ein, die für die Zukunft eine qualitative Besserung erhoffen lassen. (Ze)

(216)
Lange, Marianne
Deutschlehrer auf "verlorenem Posten"? - "Die dampfenden Hälse der Pferde im Turm von Babel" -
In: Deutschunterricht, 44. Jg., 1991, H. 2, S. 430-444

Ausgangspunkt für die Überlegungen der Autorin ist ein Gespräch des Süddeutschen Rundfunks mit Franz Fühmann aus dem Jahre 1980, in dem er einem ungerechtfertigten und einseitigen Umgang mit Literatur als Transportmittel für anderes die Absage erteilte. Wie der Lehrer sich der damit verbundenen Herausforderung in seinem Unterricht stellen kann, zeigt die Autorin am Beispiel von Franz Fühmanns "Die dampfenden Hälse der Pferde im Turm von Babel", dem "Spielbuch in Sachen Sprache, dem Sachbuch der Sprachspiele, dem Sprachbuch voller Spielsachen". Ergänzend verweist sie auf J. Krüss' "Mein Urgroßvater und ich" und Hans Manz' "Worte kann man drehen". (Verlag)

(217)
Lehnert, Gertrud
Träume, Fluchten, Utopien. Wirklichkeit im Spiegel der phantastischen Kinder- und Jugendliteratur
In: Fundevogel, 1991, H. 88/89, S. 11-18

Phantastik in der Kinder- und Jugendliteratur kann und soll der Erweiterung der Erfahrung ihrer Leser dienen und ebenso dem sozialen Lernen, der Sozialisierung. Die Autorin erörtert den Sinn und die Verwendung phantastischer Elemente in der Kinder- und Jugendliteratur, wobei eine deutliche Trennung zwischen Phantastik und Märchen vollzogen wird: das Märchen nimmt von vornherein eine andere Welt, in der das Übernatürliche an der Tagesordnung ist, zum Ausgangspunkt, während phantastische Literatur sehr wohl realitätsbezogen ist, durch die Kombination von rational nicht zusammengehörenden Elementen jedoch andere Wirklichkeiten erschließen kann.

Durch die so entstehende, der phantastischen Literatur eigenen Bildsprache wird ein direkter Zugang zum kindlichen oder jugendlichen Leser gewonnen. Weil Kinder Phantasie haben, formulierte James Krüss, muß man das nutzen, um mit ihrer Hilfe die Wirklichkeit der Welt zu explizieren. Weil Kinder Phantasie haben, darf man ihnen getrost an Nixen und Faunen erklären, was unmenschlich und was menschlich ist. Weil Kinder Phantasie haben, darf man zu ihnen in Bildern reden, wenn der Erwachsene Definitionen erwartet. (men)

(218)
Lichtenberger, Sigrid
Neonazismus in der Jugendliteratur
In: Tausendundein (1000 und 1) Buch, 1991, H. 1, S. 4-11

Die Autorin setzt sich zunächst literaturgeschichtlich mit der Tradition der Kinder- und Jugendliteratur über die Zeit des Nationalsozialismus auseinander, wobei sie insbesondere auf die Anfälligkeit der Jugend für faschistisch angehauchtes Gemeinschaftsdenken (als Beispiel das Buch "Die Welle" von Moton Rhue) eingeht. Im weiteren prüft sie neuere Titel zur Thematik "Faschismus" und "Neofaschismus" daraufhin, inwieweit sie nicht allein Vorurteile und Verführungsrisiken demaskieren, sondern dem auch positive Werte demokratischer Gesellschaften entgegenhalten. (Bot)

(219)
Lypp, Maria
Der Blick ins Innere. Menschendarstell. im Kinderbuch
In: Grundschule, 1989, H. 1, S. 24-27
Die Autorin richtet ihren Blick auf eine neuere Tendenz in der Kinderliteratur, die darauf hinausläuft, die vorkommenden Personen und Figuren differenziert darzustellen - was nicht nur ihre äußere, sondern auch innere, psychische Entwicklung angeht. Zur Illustration dieser Tendenz rezensiert sie einige neuere Kinderbücher. (Bot)

(220)
Lypp, Maria
Die Frage nach dem Verhältnis von Kinderliteratur und Moderne - ein Glasperlenspiel?
In: Kinderliteratur und Moderne, hrsg. von Hans-Heino Ewers u.a., Weinheim 1990, S. 9-23
Ist die Frage nach dem Verhältnis von Kinderliteratur und Moderne nur ein "Anliegen von höchst speziellem Interesse" und der damit beschäftigten Forscher, also ein Glasperlenspiel? Laut Lypp ist dies nur dann der Fall, wenn die ästhetische Differenz der KJL zur "Moderne" zum Defizit erklärt würde.

Trotz des vorherrschenden literaturwissenschaftlichen Diskurses, der Rezeptionsästhetik, sei es durchaus legitim und sogar notwendig, werkimmanent und gleichzeitig komparatistisch die Differenzen herauszuarbeiten. Zweifach ist dabei der erwartete Nutzen: zum einen gewinnt die Kinderlitertur auf der Folie der literarischen Moderne schärfere Konturen, zum anderen - gewissermaßen als "Abfallprodukt" - ist eine genauere Bestimmung des Begriffs "Moderne" möglich.

Besonderes Gewicht fällt dabei auf die Untersuchung von "erwachsenen" Kinderbüchern: "Alices lustig-böser Traum" und die "Letzten Kinder von Schewenborn" sind Beispiele für den Balanceakt zwischen Kinderliteratur und Moderne. (men)

(221)
Lypp, Maria
Komische Literatur für Leser am Ende der Kindheit
In: Deutschunterricht, 1992, H. 1, S. 32-39
Das Jugendbuch mit komischer Gestaltung leistet einen durch-

aus ernstzunehmenden Beitrag zur Anhebung der gesellschaftlichen Lachkultur. Als "Zwischenetappe" von der Kinderliteratur zur "Erwachsenenliteratur" kommt dieser Spezies die Aufgabe zu, Kindern und Jugendlichen den Weg zur Literatur der Erwachsenen zu ebnen. Am Beispiel einiger Kinder- und Jugendbücher mit komischen Elementen zeichnet M. Lypp den Rahmen einer Literaturart, der eine wichtige Aufgabe bei schulischer und außerschulischer Leseerziehung und Literaturvermittlung zukommt. (men)

(222)
Matthies, Klaus u.a.
Bilderbuchwelten (Heftthema)
In: Kinder-Bücher-Medien, 1989, H. 33, S. 5-25

Das Heft bietet Beiträge zu folgenden Themen: - Über Bilder in Kinder- und Jugendbüchern unter Aspekten der Bilderfahrung - Der Holocaust im Bilderbuch? - Kunsterziehungsbewegung und Reformpädagogik - Mehrere Artikel, die den Bilderbuchmarkt unter dem Blickwinkel ästhetisch und pädagogisch wertvoller Bildgestaltung kritisch prüfen - Besprechungen von Sekundärliteratur zum Thema. (Bot)

(223)
Menge, Monika
Das Bilderbuch verläßt das Kinderzimmer. Vom Hürdenlauf des Bilderbuchs
In: Spielmittel, 1991, H. 3, S. 88-90

Die Autorin geht in ihrem Essay auf die Entwicklungen und Probleme des Bilderbuchmarktes sowie die Bedeutung und Gestaltung von Bilderbüchern ein. Dabei ist ihr Ausgangspunkt die durch Buchmarkt-Zahlen belegbare Tatsache, daß neue, pädagogisch und ästhetisch wertvolle Bilderbücher weitaus geringeren Absatz finden als einfache und vor allem traditionell bekannte ("Häschenschule"). Monika Menge gibt daher wesentliche Erkenntnisse von einer Bilderbuchtagung wieder, um Eltern und Erzieher auf die neuen Möglichkeiten der Auswahl und Verwendung von Bilderbüchern hinzuweisen. (Bot)

(224)
Motté, Magda
Tendenzen der neuen Lyrik für Kinder. In der Lyrik für Kinder ist einiges in Bewegung geraten
In: Informat. des Arbeitskr. für Jugendlit., 1987, H. 2, S. 12-27

Seit etwa 30 Jahren ist in der Lyrik für Kinder einiges in Bewegung geraten. Worin die Veränderungen im einzelnen liegen, soll in diesem Beitrag dargelegt werden. Damit das Neue der zeitgenössischen Lyrik für Kinder besonders hervorsticht, seien dem Leser in einem kurzen historischen Rückblick ein paar Charakteristika der traditionellen Kinderlyrik in Erinnerung gerufen. Dann folgen ein historischer Überblick über die Strömungen in den 60er, in den 70er und in den 80er Jahren und eine Zusammenstellung der Merkmale neuer Kinderlyrik.

(225)
Müller, Ulrike
Die heimlichen Erzieher: Kinderbücher und politisches Lernen oder Warum es keine "unpolitischen" Kinder- und Jugendbücher gibt
In: Buch und Bibliothek, 43. Jg., 1991, H. 10/11, S. 919-927

Jedes Kinder- und Jugendbuch enthält Informationen, die das Weltbild und damit (wie indirekt auch immer) das soziale und politische Verständnis der jungen Leser/-innen mitprägen. Realitätserfahrung (wie sie auch das Kinder- und Jugendbuch vermittelt) ist immer auch die Erfahrung einer spezifisch gesellschaftlichen Realität. Ausgehend von dieser These, bietet die Autorin einen Überblick über die jeweiligen politischen Inhalte in bundesdeutschen Kinder- und Jugendbüchern von den 50er Jahren bis zur Gegenwart. (men)

(226)
Ohlms, Ulla
Alte Klischees und neue Leitbilder. Zur Geschlechtsrollendarstellung in zeitgenössischen Bilderbüchern
In: Fundevogel, 1987, H. 35, S. 4-8

Die hier vorgestellte Untersuchung von Bilderbüchern zeigt, daß traditionelle Stereotypen bei der Darstellung der Geschlechter immer noch sehr häufig vorkommen. Da viele Eltern und Erzieher/-innen diesen Gesichtspunkt noch zu wenig berücksichtigen, arbeitet die Autorin Kriterien für die kritische Bewertung der Geschlechtsrollen heraus. Im weiteren verweist sie auf Bilderbücher, in denen weibliche Rollen mit emanzipierten Verhaltensweisen vorkommen. (Bot)

(227)
Oslender, Wigbert
Leseförderung mit audiovisuellen Medien?!
In: Die Katholische Öffentliche Bücherei, 1991, H. 2, S. 21-25

Der Autor möchte die Büchereien dazu anregen, die audiovisuellen Medien Film, Video, Tonkassette und Diaserie in der Leseförderung einzusetzen. Er bezieht sich dabei auf Ergebnisse der Medienwirkungsforschung, die in folgenden Bereichen Vorteile dieser Medien erkannt hat, die sich auch motivierend auf die Lesebereitschaft auswirken: Sprachentwicklung, soziale und kommunikative Kompetenz, Selbsterfahrung, Erkenntnisfähigkeit u.ä. An den Beispielen Literaturverfilmungen und Diaserien zu Bilderbüchern skizziert er Verwendungsmöglichkeiten und verweist abschließend auf die Adressen der katholischen AV-Medienzentralen. (Bot)

(228)
Pattensen, Henryk
Abenteuerbücher in der Schule. Eine Untersuchung
In: JuLit Informationen, 16. Jg., 1990, H. 3, S. 57-69

Der Autor beschreibt zunächst den Abstand, den der schulische Alltag vom Genre des Abenteuerbuchs hat, um dann auszugsweise Ergebnisse einer Befragung vorzustellen, die er bei 200 Schüler/-innen (Alter 11 bis 16 Jahre) einer Gesamtschule in Hessen durchführte. Im einzelnen werden Antworten auf die Fragen nach "Assoziationen" zum Wort Abenteuer, nach vermuteten Zielgruppen der Abenteuerliteratur und nach den "Wünschen" beim Lesen von Abenteuern wiedergegeben. Bei der Analyse der Ergebnisse werden die Probleme Vorurteile, Rassismus und Sexismus in Abenteuerbüchern behandelt.

(229)
Peltsch, Steffen
Mein Spiel ist ein Traum von den Möglichkeiten. Zur Kinderliteratur in der DDR
In: Grundschule, 1990, H. 4, S. 58-61

Der Aufsatz beschreibt anhand verschiedener Beispiele kurz die Entwicklung der Kinder- und Jugendliteratur in der DDR. Inhalte, und Intentionen der Literatur werden dabei angesprochen. (Ze)

(230)
Reger, Harald
Kinderlyrik in der Grundschule. Literaturwissenschaftliche Grundlegung. Schülerorientierte Didaktik
Baltmannsweiler: Pädagogischer Verlag Burgbücherei Schneider, 1990, 284 S.

Im Rahmen einer literaturhistorischen Typologisierung der Kinderlyrik befaßt sich der Autor an Beispielen mit der modernen Erscheinungsform der Kinderlyrik als Sprachspiele oder Gebrauchsverse mit realitätskritischen Inhalten. Mit Bezug auf das Konzept des schülerorientierten "produktiven" Literaturunterrichts entwickelt er anschließend Lernziele und didaktische Begründungen für die Verwendung dieser Literaturgattungen im Grundschulunterricht.

Nach Schuljahren differenziert werden Gehalts-, Inhalts- und Formaspekte herausgearbeitet, die mit Grundschulkindern handelnd erschlossen werden können. Die vorgestellten Unterrichtsmöglichkeiten wurden teilweise erprobt. (men)

(231)
Röpcke, Dirk
Bilderbuch und Kindergarten
In: Bulletin Jugend + Literatur, 22. Jg., 1991, H. 1, S. 13-20

Der Autor geht in einem einführenden Teil auf die zwei Themen "Bilderbuch und Mediensozialisation" und "Das Bilderbuch im Kindergarten" mit Blick auf die historische Entwicklung seit 1840 ein. Anschließend behandelt er das Thema "Bilderbuch und Kindergarten", indem er Antworten auf folgende Fragen gibt:
- Wie sehen Kindergartenbibliotheken aus und wo kommen die Bilderbücher her?
- Nach welchen Gesichtspunkten wählen Erzieher/-innen Bilderbücher aus?
- Wieviele Kinderbücher sind in den Kindergruppen zu finden?
- Welche Kinderbücher sind in den Kindergruppen zu finden?
- Inwieweit berücksichtigen die Erzieher/-innen die Bedürfnisse und Interessen der Kinder?
- Wie lange setzen Erzieher/-innen täglich Bilderbücher ein?
- Welche Perspektiven für den Umgang mit Bilderbüchern ergeben sich aus den Ergebnissen?
- Was sollte grundsätzlich beim Umgang mit Bilderbüchern beachtet werden?

(232)
Schäfer, Beate
Adoleszenzroman und Jugendliteratur. Ein Kolloquium des Frankfurter Instituts für Jugendbuchforschung
In: JuLit Informationen, 17. Jg., 1991, H. 1, S. 34-40

Was ist ein Adoleszenzroman? Wie ist der Adoleszenzroman

als eine in der Regel eher der sogenannten Erwachsenenliteratur zugeordnete Gattung in die Jugendliteratur hinübergewachsen? Welche Abwandlungen erfährt er in dem neuen Produktions- und Rezeptionsgefüge? Was bedeuten Adoleszenztexte ihren Lesern, den Jugendlichen und Erwachsenen? Welchen Stellenwert haben sie auf dem literarischen Markt? Solche und ähnliche Fragen beschäftigten die etwa 30 Teilnehmer des Kolloquiums. (Autorin)

(233)
Scharioth, Barbara
Von "Hirbel" bis "Umberto". Meilensteine deutscher realistischer Kinderbücher seit 1970
In: JuLit Informationen, 17. Jg., 1991, H. 2, S. 94-107

Barbara Scharioth stellt einige der wichtigsten Kinderbuchtitel aus der ehemaligen DDR vor. Sie versucht in ihren Ausführungen, diese "Meilensteine" der DDR-Kinderliteratur zu einzelnen westdeutschen Kinderbucherfolgen seit 1970 in Beziehung zu setzen. Während sie dem Leser einen kleinen Überblick zur Kinderliteratur verschafft, beschreibt sie "Gleichzeitiges und Ungleichzeitiges, Besonderheiten und Verwandtschaften" der Kinderbuchtexte beider deutscher Staaten.

Beispielhaft für die entsprechende Literatur der alten BRD bezieht sie insbesondere die Autoren Christine Nöstlinger und Peter Härtling in ihre Überlegungen mit ein. (Bot)

(234)
Schaufelberger, Hildegard
Bilder sind gefährlich
In: Kindergarten heute, 19. Jg., 1989, H. 1, S. 26-34

Ausgehend von den Problemen, die bei der steigenden Bildüberflutung der Kinder für die Wahrnehmung von Bilderbüchern entstehen, werden ästhetisch, psychologisch und pädagogisch begründete Kriterien benannt, wie Bilderbücher heutzutage ausgewählt und benutzt werden können. Dabei werden insbesondere Ergebnisse einer Tagung des Arbeitskreises für Jugendliteratur aufgegriffen. (Bot)

(235)
Schaufelberger, Hildegard
Die neue Kinderlyrik
In: Kindergarten heute, 18. Jg., 1988, H. 1, S. 20-24

Die Autorin geht in dem Aufsatz auf Inhalte, Formen und Wirkungen der modernen Kinderlyrik ein. Sie stellt, insbesondere was die Form betrifft, eine große Nähe zu Erwachsenengedichten fest.

Aber auch die Themen haben eine Ausweitung zu früher eher den Erwachsenen vorbehaltenen Realitätsbereichen erfahren. Zahlreiche Beispiele erläutern die zwar kritischen, aber im wesentlichen positiven Einschätzungen der Autorin. (Bot)

(236)
Sollat, Karin
Auf der Suche nach dem verlorenen Trend
In: Tausendundein (1000 und 1) Buch, 1991, H. 6, S. 18-30

Die Autorin gibt in ihrem Aufsatz einen Überblick über die Herbstproduktion des Jahres 1991 in der Sparte Kinder- und Jugendliteratur.

In jeweils einzelnen Abschnitten wird informiert über "das Bilderbuch", "das realistische Kinderbuch", "das problemorientierte Jugendbuch", "das Sachbuch", "das phantastische Kinder- und Jugendbuch" und "Bücher rund um Weihnachten". (men)

(237)
Szonn, Gerhard
Entwicklung und Reife im Märchen
Fellbach-Oeffingen: Bonz, 1989, 126 S.

Neun Märchen der Gebrüder Grimm werden mit psychoanalytischen Mitteln auf ihre entwicklungspsychologischen Gehalte hin untersucht. Dabei treten die verschiedenen Phasen des menschlichen Reifungsprozesses als zentrale Themen des Märchens auf.

(238)
Tabbert, Reinbert
Kinder in westdeutschen Kinderbüchern
In: Informationen Jugendliteratur und Medien, 41. Jg., 1991, H. 4, S. 156-165

Der Autor ordnet die Darstellung von Kindern in westdeutschen Kinderbüchern nach 1945 in drei Phasen ein. Jede Phase wird bedingt durch politische und gesellschaftliche Veränderungen.
- 1. Phase: Von 1945 bis Ende der 60er Jahre. Nach dem Krieg war die Vorstellung vorherrschend, daß Kinder in einer heilen Welt dargestellt werden müßten.

- 2. Phase: Ende der 60er bis Ende der 70er Jahre. Die Ansichten von heiler Welt in den Kinder- und Jugendbüchern wird fallengelassen und die reale Umwelt mit ihren Problemen hält Einzug. Kinder sind in diese Welt integriert.
- 3. Phase: Ende der 70er Jahre. Auch in den neueren Kinderbüchern werden Probleme dargestellt. Durch sie wird jedoch weniger auf Fehlentwicklungen der Gesellschaft hingelenkt als vielmehr auf psychische Reaktionen Betroffener.

Für jede Phase werden Beispiele vorgestellt. Ein abschließendes Kapitel befaßt sich mit den Kinderfiguren bei Peter Härtling und Binette Schroeder. (Ze)

(239)
Tabbert, Reinbert; Kaminski, Winfred (Hrsg.)
Kinderbuchanalysen. Autoren - Themen - Gattungen
Frankfurt/M.: dipa, 1990, 219 S.

Die in diesem Band zusammengestellten Beiträge aus fünfzehn Jahren befassen sich aus literaturwissenschaftlicher Sicht mit englisch- und deutschsprachiger Kinderliteratur. Der Stil wechselt dabei zwischen Aufsatz und Vortrag sowie Interview und Bericht. Angesprochen werden Probleme der Phantastik, des Nonsens und der literarischen Kindheitsgestaltung. (Autor)

(240)
ten Doornkaat, Hans
Kritik und Kriterien der Sachbuchgestaltung
In: Eselsohr, 1991, H. 6, S. 4-17

Wie können Verkaufende und Kaufende, Leserschaft und Buchhandel auf einen Blick beurteilen; d.h. wie können wir beurteilen, ob wir einem Verpackungsschwindel aufsitzen oder ob ein ideales Gefäß vorliegt, ein Kunstwerk gar, dessen Form und Inhalt überzeugen? In acht Kapiteln untersucht ten Doornkaat zentrale Aspekte der äußeren Gestaltung eines Sachbuchs.

(241)
Thiele, Jens
Ort der Liebe - Ort der Angst. Familiäre Schauplätze in den Illustrationen für Kinder
In: JuLit Informationen, 17. Jg., 1991, H. 3, S. 43-61

In neun, in etwa chronologisch verlaufenden Abschnitten untersucht der Autor aus historischer Perspektive das Bildmaterial von Kinderbüchern, um die Kontinuitäten und den Wandel des Familienbildes zu dokumentieren. (Bot)

(242)
Cordes, Roswitha (Hrsg.)
Vater, Mutter, Schwestern, Brüder - Familie, wie sie im Buche steht
Schwerte: Katholische Akademie Schwerte, 1987, 78 S.

Im Rahmen der 13. Schwerter Kinderbuchtagung vom 31. Oktober bis 2. November 1986 wurden Kinder- und Jugendbücher im Hinblick auf die in ihnen enthaltene Darstellung des Themenfeldes "Familie" untersucht. Kinder- und Jugendbücher als Erziehungsmittel bzw. die Beeinflussung kindlicher Sozialisation durch Literatur waren Gegenstand von fünf Hauptreferaten und weiteren Beiträgen in Arbeitsgruppen, die in diesem Band wiedergegeben werden. Einzelthemen waren u.a.: Vater-Kind-Beziehungen: Die Entwicklung des Mädchenbildes von den Kinderbüchern der Aufklärung bis zur Gegenwart; das Thema "Geschwister" in der Kinderliteratur; Adoption; die Kinderliterarische Gestaltung der Großeltern-Enkel-Beziehung. (Bot)

(243)
Wenke, Gabriela
"Einfühlsam und jugendfrei". Vom pädagogischen Ansatz zur Literaturkritik
In: Eselsohr, 11. Jg., 1992, H. 3, S. 44-45

G. Wenke setzt sich mit der Art u. Weise von Kinderbuchbesprechungen in Tageszeitungen, Wochenzeitungen, Illustrierten und Fachzeitschriften sowie in Rundfunk und Fernsehen auseinander. Anstelle des in Fachzeitschriften besonders häufig vertretenen, sogenannten "pädagogischen" Ansatzes, der dem Kinderbuch nicht als Kunstwerk gerecht wird, sondern nur nach seiner erzieherischen Nützlichkeit fragt, fordert Wenke qualifizierte Besprechungen dieser Literaturgattung, d.h. sie fordert Besprechungen mit einem kritischen Ansatz. (men)

(244)
Zeigenhagen, Beate
Haben sie Bücher über das Ausländerproblem? Sind Ausländer ein Problem für's Kinderbuch?
In: Eselsohr, 10. Jg., 1992, H. 3, S. 21

Die Autorin plädiert für einen "normalen", d.h. nicht problematisierten, nicht verkomplizierten produktiven und rezeptiven Umgang mit Menschen anderer Länder und Nationen.
"Indem wir die Situation fremder Kinder ständig problematisieren, verbessern wir wenig. Abgesehen davon, daß wir -

wenn schon Problemsicht angesagt ist - ein Stück mehr uns problematisieren sollten, braucht die Kinderliteratur eine gute Portion mehr Normalität! Überlegen Sie einmal, wieviele Bilderbücher sie kennen, in denen Einwandererkinder, Kinder anderer Hautfarbe ganz einfach vorkommen? Und wieviele dieser Bilderbücher wiederum sind Lizenzen aus dem angloamerikanischen Bereich?" (Autorin/men)

3. Themen der Kinder- und Jugendliteratur

(245)
Anthroposophische Kinderbücher
In: Buchmarkt, 1990, H. 9, S. 206-212

Der Artikel beschreibt Anspruch und Programm der acht in der Bundesrepublik Deutschland angesiedelten anthroposophischen Verlage, die ca. 400 Kinder- und Jugendbuchtitel anbieten. Die von diesen Verlagen geschaffene eigene Buchkultur orientiert sich an der Pädagogik der Waldorfschulen. (Ze)

(246)
Arendt, Dieter
Das Bild des Vaters im Mädchenbuch oder: Der präparierte Familienvater
In: Fundevogel, 1989, H. 61, S. 9-14

Dieter Arendt untersucht in seinem Aufsatz die Darstellung der Vaterfigur in Mädchenbüchern sowohl männlicher als auch weiblicher Autoren. In einem historischen Überblick zeigt er, daß sich an dem Bild des Vaters (Mannes) als überlegener Autorität und der Frau als sanftmütigem, nachgiebigem Wesen, wie es durch die Spätaufklärung geprägt wurde, bis nach dem 2. Weltkrieg nichts geändert hat. Unter Berücksichtigung des sozialhistorischen Hintergrunds erweist sich die übermächtige Vaterfigur als Kompensation einer enttäuschenden Realität. Arendt erläutert seine These anhand mehrerer Beispiele, so "Herzblättchens Zeitvertreib" v. 1856, "Trotzkopf" v. 1885 und der "Ulrike"-Bände v. 1964/65. Ein Wandel des Vaterbildes zum "Durchschnittsmenschen" sieht er erst seit den 70er Jahren, so z.B. in den Büchern von Christine Nöstlinger. (Em)

(247)
Bardola, Nicola
Stupsnasige Helden. Über KJL in Italien
In: Bulletin Jugend + Literatur, 1990, H. 8, S. 13-20

Die Autorin beschreibt kurz die Kinder- und Jugendliteraturszene in Italien, geht auf verschiedene Strömungen ein, stellt wichtige Autoren und Inhalte ihrer Werke vor. Als Abschluß sind italienische Bücher bibliographisch aufgelistet, die ins Deutsche übersetzt wurden und lieferbar sind. (Ze)

(248)
Berger, Manfred
Zum Bild des alten Menschen in der Kinder- und Jugendliteratur unter bes. Berücksichtigung des Kinderbuches
In: Informationen des Arbeitskreises für Jugendliteratur, 1985, H. 2, S. 18-35

Ausgehend von einigen stereotypen Vorurteilen von Kindern über alte Menschen gibt der Autor den Stand der empirischen und literaturwissenschaftlichen Forschung zum Thema wieder. Dabei kommen Kinder- und Jugendbücher in den Blick, die die Problematik des Alters behandeln. Die inhaltliche Betrachtung einzelner Bücher mündet in die Auflistung von exemplarischen Kinderbüchern, in denen alte Menschen mehr oder weniger im Vordergrund der Handlung stehen. (Bot)

(249)
Bernd, Roland
Ein Zebra, das pausenlos erklären muß, warum es gestreift ist. Schwule im Jugendbuch
In: Eselsohr, 9. Jg., 1990, H. 8, S. 16-18

Der Autor stellt Jugendbücher vor, die das Thema Homosexualität behandeln und setzt sich mit deren Inhalt auseinander.

(250)
Bilderbuch (Heftthema)
In: Fundevogel, 10. Jg., 1991, H. 5, S. 12-23

In den hier versammelten 20 Beiträgen werden verschiedene Bilderbücher bibliographisch und inhaltlich vorgestellt. Außerdem werden zwei im Rahmen des Genfer "Salon du livre" verliehene Bilderbuchpreise beschrieben, die jeweils von einer kindlichen und einer erwachsenen Jury verliehen werden. (Bot)

(251)
Born, Monika
Freundschaft und Liebe in neueren Büchern für Kinder und Jugendliche (1)
In: Jugendbuchmagazin, 41. Jg., 1991, H. 3, S. 128-135

Im Anschluß an eine detaillierte Beschreibung der Spannweite des Themas "Freundschaft und Liebe" stellt die Autorin in diesem ersten Teil Bilderbücher und Kinderbücher inhaltlich und unter psychologisch-pädagogischen Aspekten vor. (Bot)

(252)
Botschafter-Braun, Helga; Braun, Georg
Obst, Gemüse, Blumen, Gras... Sach- und Beschäftigungsbücher zum Thema "Garten"
In: Eselsohr, 10. Jg., 1991, H. 9, S. 24-25

Gartenarbeit ist ein Thema für das ganze Jahr. Vorgestellt werden Ratgeber, die sich speziell an Kinder richten. Das Augenmerk richtet sich dabei besonders darauf, inwieweit es den Büchern gelingt, Sachinformation, ansprechende Aufmachung und kindgerechte Vermittlung zu verknüpfen. (Bot)

(253)
Conrady, Peter
Sachbücher für Kinder. Geschichte-Natur-Technik
In: Grundschule, 1989, H. 1, S. 14-17

Der Autor stellt in knapper Form alte und neue Sachbücher vor, die Kindern im Grundschulalter ihre Lebenswelt durchschaubar machen sollen.

(254)
Dahrendorf, Malte
Asylanten im westdeutschen Jugendbuch
In: Informat. Jugendliteratur und Medien, 1990, H. 1, S. 21-24

Malte Dahrendorf bespricht in einer Sammelrezension insgesamt fünf Jugendbücher, die sich mit der Thematik "Asyl" befassen: Klaus Peter Wolf, "Die Abschiebung oder wer tötete Mahmut Perver", 1984; Michael Höhn, "Asyl in D. ", 1987; Siv Widerberg, "Eine unglaubliche Geschichte", 1989; Kirsten Boie, "Lisas Geschichte, Jasims Geschichte", 1989; Gisela Klemt-Kozinowski u.a. (Hrsg.), "Platz zum Leben gesucht. Lesebuch Asyl", 1987. (men)

(255)
Dahrendorf, Malte
Die Faschismusthematik in der Kinder- und Jugendliteratur der BRD
In: Deutschunterricht, 43. Jg., 1990, H. 12, S. 616-628

Nach einer kurzen Einführung, wie häufig und vor welchem Hintergrund das Thema Faschismus in Kinder- und Jugendbüchern der BRD behandelt wird/wurde, geht der Autor auf einige dieser Bücher besonders ein, deren Lektüre sich im Unterricht bewährt hat. (Ze)

(256)
Brandt, Heike (Hrsg.)
**Der Tod gehört zum Leben. Kinder- und Jugendbücher
zum Thema Sterben. Rezensionen von Heike Brandt**
Berlin: Pädagogisches Zentrum, 1989, 119 S.

In dem Heft werden nach einer kurzen Einführung in das häufig als Tabu angesehene Thema Tod Kinderbücher bibliographisch, inhaltlich und mit einem Kommentar versehen vorgestellt. Die Bücher sind unter folgenden Kapiteln verzeichnet: Allgemeinere Darstellungen; Tod alter Menschen, meist der Großeltern; Der Tod von Geschwistern oder Eltern; Unfalltod oder Selbstmord eines Freundes; Tod durch Gewalt, durch Umweltverschmutzung, durch Krieg. (Ze)

(257)
Dinges, Ottilie
Sterben und Tod im Bilderbuch
In: Die Katholische Öffentliche Bücherei, 1990, H. 3, S. 1-12

Die Autorin plädiert dafür, das so lange tabuisierte Thema Tod und Sterben in Bilderbüchern darzustellen und nicht länger zu verdrängen. Erfahrungen aus Pädagogik und Psychologie zeigen nämlich, daß sich Kinder und Jugendliche mit diesem Thema beschäftigen und Antworten auf Fragen suchen. Die in einer Literaturauswahl genannten und zum Teil inhaltlich erschlossenen Bücher können Eltern, Kindern und Jugendlichen bei der Behandlung und Beschäftigung mit dem Thema helfen und Fragen beantworten. (Ze)

(258)
Eberlein, Thomas
Antifaschismus in der KJL der DDR
In: Kinder Bücher Medien 1991, H. 37, S. 12-14

Der Autor tritt der in den alten Bundesländern gängigen These entgegen, daß in der Literatur der ehemaligen DDR keine ausreichende Auseinandersetzung mit dem Nationalsozialismus stattfand. Anhand von zehn Werken aus der Kinder- und Jugendliteratur der DDR belegt er, daß die Literatur der DDR mit der ihr eigenen Darstellung einen wichtigen Beitrag zur geistigen und politischen Auseinandersetzung mit der faschistischen deutschen Vergangenheit sowie zur Beförderung und Bekräftigung einer internationalistischen Grundüberzeugung ihrer Leser leisten sollte.

Daß, wie gegenwärtig deutlich wird, die gewünschte Wirkung nicht eintrat, führt Eberlein darauf zurück, daß sich die Wirkung von Literatur "nur im komplizierten Ensemble vielfältiger Einflüsse des täglichen Er-Lebens, ja sogar im bewußten Protest gegen die gewünschte Denkrichtung" entfalten kann. (men)

(259)
Emig, Dörthe
Miau aus allen Ecken. Katzen im Bilder-, Kinder- und Jugendbuch.
Frankfurt/M.: Haag + Herchen, 1989, 47 S.

Mit dieser Zusammenstellung, die keinen Anspruch auf Vollständigkeit erhebt, soll ein Überblick über Bücher geboten werden, in denen Katzen eine Haupt- oder Nebenrolle spielen.

(260)
Faulstich-Wieland, Hannelore
Kinderbücher zu Natur und Technik
In: Pädagogik, 1990, H. 7/8, S. 80-84

Die Autorin wendet sich angesichts der Flut von Sachliteratur für Kinder besonders den Sachbuchreihen zu, die von einer großen Anzahl von Verlagen angeboten werden. Den allgemeinen Aufbau und das Niveau dieser Reihen erläutert sie meist an Einzelbeispielen. Sie bemüht sich dabei, einen Vergleich mit anderen Werken zum gleichen Thema herzustellen, um zu einer zusammfassenden Bewertung zu kommen. (Bot)

(261)
Fremde Länder (Heftthema)
In: Eselsohr, 10. Jg., 1991, H. 7, S. 17-23

In mehreren Beiträgen wird belletristische Kinder- und Jugendliteratur vorgestellt, die sich mit fremden Ländern (fast alle Erdteile sind vertreten) befaßt oder die Deutschland bzw. deutsche Geschichte aus der Sicht anderer Länder (Israel) darstellt. (Bot)

(262)
Geisler, Harald; Lange, Friedhelm
Agieren statt lamentieren.
In: Eselsohr, 10. Jg., 1991, H. 3, S. 12-13

Trotz verschiedener Akzentuierung befassen sich alle der hier aufgeführten Bücher mit der ganz alltäglichen Umweltzerstörung. Sie belassen es dabei aber nicht beim Lamentieren, sondern präsentieren Aktionsideen und geben viele Denkanstöße, die sich konkret auf Haushalt, Alltag und Schule beziehen.

(263)
Gruss, Karin
"... ähnlich wie zwei Puzzleteile". Erwachsenensexualität im Bilderbuch
In: Eselsohr, 9. Jg., 1990, H. 8, S. 10-12

Nach einer kurzen Einleitung über die Sexualpädagogik seit den 70er Jahren stellt die Autorin Bilderbücher zum Thema Sexualität vor und setzt sich kritisch mit deren Inhalt auseinander.

(264)
Gruss, Karin
Vom innovativen Charakter der Natur. Tiersachbücher für ein neues Mitwelt-Bewußtsein
In: Eselsohr, 9. Jg., 1990, H. 11, S. 20-22

"Das aktuelle Sachbuch muß sich mit neuen Maßstäben messen lassen. " Dazu zählt Karin Gruss u.a. die Bereitstellung von Faktenwissen, kontroverse Gegenüberstellung von Argumenten, motivierende und provozierende Darbietungen. Unter diesen Aspekten stellt sie neuerschienene Tiersachbücher vor.

(265)
Hage, Ursula Kroll, Sabine
Und das Schwesterchen steht schüchtern daneben. Geschlechtsrollenklischees in Bilderbüchern
In: Spielmittel, 1990, H. 2, S. 83-87

Die Autorinnen beschreiben die Darstellungsweisen von Frauen und Männern, Mädchen und Jungen in Bilderbüchern. Sie gehen anhand von Beispielen auf die Rollenlischees ein. Aber auch positive Buchbeispiele, in denen der Klischeerahmen durchbrochen wird, sind erwähnt. (Ze)

(266)
Hage, Volker
Wiederbegegnung mit der roten Zora
In: Fundevogel 1991, H. 87, S. 9-11

"Wie schön muß es gewesen sein, als man lesen konnte, ohne sich dabei selbst zu beobachten. " Volker Hage (41) gelangt auf der Suche nach Spuren seiner Kindheit zu seinem einstigen Lieblingsbuch, der "roten Zora". In einer einfühlsam verbalisierten Introspektion versucht er, sich dem eigenen, lange zurückliegenden kindlichen Akt des Lesens zu nähern. "Fast ist es ein wenig wie damals gewesen, nicht wahr?" schließt Hage etwas wehmütig seinen Aufsatz, bedauernd, daß das "erwachsene" Lesen dem kindlichen Lesen in vielen Dingen unterlegen ist: wo bleibt die "erwachsene" Hingabe, das "Sich-fallen-lassen", kurz: das eigentliche Lesen? (men)

(267)
Herren-Zehnder, Margrit
Darüber spricht man nicht. Sexuelle Ausbeutung - (K)ein Thema fürs Kinder- und Jugendbuch?
In: Jugendliteratur, 1989, H. 1, S. 2-11

"Können Bücher über sexuelle Ausbeutung eine Hilfe sein für die Opfer, sind sie ein möglicher Weg für die Vorbeugung?" Die Autorin stellt sieben Kinder- und Jugendbücher vor, die zwischen 1985 und 1988 erschienen sind und prüft vor allem die Zumutbarkeit und Angemessenheit der Darstellung. (Bot)

(268)
Höhne, Evelin
Kinderbücher aus der Dritten Welt - immer noch (k)ein Thema
In: IJB-Report, 1990, H. 2, S. 3-15

Am 24. November 1989 veranstaltete die Internationale Jugendbibliothek in Zusammenarbeit mit dem Anderen Literatur-club und dem Kinderbuchfonds Dritte Welt (Schweiz) ein Seminar, in dem nach den Gründen und Hintergründen für die Zurückhaltung der Verlage bei der Übernahme von Autoren aus der sogenannten Dritten Welt in ihr Verlagsprogramm gefragt wurde. Der vorliegende Report enthält die Vorträge von Margreth Wannenmacher, Reimar Dänhardt und Joachim Schultz, sowie einem "Kommentar am Rande" von Julio Soriano.

(269)
Kaminski, Winfred
Klassische Abenteuerbücher. In neuem Gewand
In: JuLit Informationen, 16. Jg., 1990, H. 3, S. 48-56

Der Beitrag unterteilt sich in folgende Unterabschnitte: Namen (von Autoren) und Tendenzen; Definitionen des Abenteuers; Zum Beispiel "Die Schatzinsel"; Die Ambiguität der Abenteuer-literatur; Leben eines Abenteurers (Friedrich Gerstäcker); Zeitgenössische Abenteuerliteratur.

(270)
Kaminski, Winfred
Märchenhaft-phantastisch: Kindergeschichten
In: Grundschule, 1989/H. 1, S. 21-23

Der Autor stellt neuere Kinderbücher vor, die phantastische oder märchenhafte Figuren verwenden.

(271)
Kammhuber, Andrea; Kiendl, Rudolf
Aufklärung für Kinder - ein Kontroversthema
In: Die Katholische Öffentliche Bücherei, 1991, H. 2, S. 8-17

Nicht nur bei Eltern, auch bei Büchereimitarbeitern ist das Bedürfnis nach Aufklärung im Wust der Aufklärungsbücher groß. Beim Thema "Aufklärung" prallen die unterschiedlichsten Meinungen kontrovers aufeinander. In dem Artikel wird versucht, aus christlicher Verantwortung heraus Stellung zu beziehen. Eingegangen wird dabei auf:
- Aussagen zur Sexualität der Bibel und Theologiegeschichte;
- Die Sexualpädagogik im 20. Jahrhundert;
- Sinn und Ziel von Aufklärung;
- Zur Geschichte und Typologie von Aufklärungsbüchern;
- Aufklärungsbücher heute: didaktische Konzeption, Umgang mit Informationen.
- Den Abschluß bilden Buchempfehlungen für Kinder von 4-9 Jahren, für Jugendliche von 12-15 Jahren und sexualpädagogische Ratgeber für Erwachsene. (Autoren/Ze)

(272)
Kirchhoff, Ursula
"Und dann auch noch ein Mädchen". Das Mädchen- und Frauenbild in der gegenwärtigen KJL
In: Jugendbuchmagazin, 38. Jg., 1988, H. 4, S. 178-183

Die Autorin gibt eine Kurzbeschreibung der weiblichen Rollen in exemplarisch für die Themenstellung ausgewählten Titeln der Mädchen- und Kinderliteratur. Eine ergänzende Auswahlliste zum Mädchen- und Frauenbild ist im folgenden Heft.

(273)
Kirschner, Wolfgang
Mozart in der Kinder- und Jugendliteratur. Ausgewählte Beispiele
In: Informat. Jugendliteratur u. Medien, 1991, H. 3, S. 109-114

Die Autorin stellt Bilderbücher und Kinderbücher bibliographisch und inhaltlich vor, in denen das Leben Mozarts thematisiert wird. Zu Beginn zählt sie die Fragen auf, die für ihre Bewertungen und Analysen wichtig waren. (Ze)

(274)
Knecht, Gertrud
Tabuthema Tod
In: Tausendundein (1000 und 1) Buch, 1990, H. 1, S. 2-11
Die Autorin geht im ersten Teil ihres Beitrages allgemein auf das Thema Tod und Sterben ein und zitiert Passagen aus wissenschaftlichen Untersuchungen zu diesem Gebiet. Im zweiten Teil zeigt sie anhand von Beispielen, wie das Thema Tod in der Kinder- und Jugendliteratur behandelt wird. (Ze)

(275)
Knobloch, Jörg
Literatur und Medien im Sachbuch für Kinder
In: Materialien Jugendliteratur und Medien, 1989, H. 21, S. 3-8
Es handelt sich um einen einführenden Beitrag in das Themenheft "Den Machern über die Schultern geschaut - Kinder- und Jugendbücher über Autoren, Bücher, Medien". In mehreren Beiträgen, die Hilfen bei der Sichtung und Auswahl von Sachbüchern für Kinder bieten wollen, wird einerseits das Sachbuch allgemein betrachtet, dann aber auch mit dem Schwerpunkt: Sachbücher, die die Welt der Literatur und der Medien, ihre Produktionsbedingungen und -formen den Kindern durchschaubar machen. (Bot)

(276)
Krieg und Frieden (Heftthema)
In: Eselsohr, 10. Jg., 1991, H. 7, S. 9-16
In insgesamt fünf Beiträgen wird Kinder- und Jugendliteratur sowie eine Ausstellung der Internationalen Jugendbibliothek in München vorgestellt, die sich mit folgenden Aspekten des Themenbereichs "Krieg und Frieden" befassen: Soldaten; Rolle der Gewalt; Kriegsfolgen; Kriegsdienstverweigerung. (Bot)

(277)
Künnemann, Horst
"Draht-Esel", Räder, "Mountain Bikes".
Fahrrad-Boom auch in Buchform
In: Bulletin Jugend + Literatur, 22. Jg., 1991, H. 6, S. 13-20
Der Autor informiert kurz über den Markt der Kinder- und Ju-

gendliteratur zum Thema Fahrräder. Anschließend stellt er Literatur mit Tips und Routen zum Radwandern vor.

(278)
Linnekogel-Rometsch, Claire
Kinderlyrik: Geliebtes Stiefkind der Literatur
In: Jugendliteratur, 1988, H. 2, S. 1

Die Autorin gibt eine kurze Einführung in das Heft, das sich in sieben Beiträgen unterschiedlicher Autoren mit den Themen Kinderlyrik, Kindergedicht, Kinderlied und Kindergebet auseinandersetzt. Dabei werden Hintergrundinformationen vermittelt und Leseempfehlungen und praktische Hinweise gegeben.

(279)
Cordes, Roswitha (Hrsg.)
Lyrik für Kinder und junge Leute
Schwerte: Viktor, 1988, 126 S.

Das Buch enthält die Sachbeiträge und vorgetragene Lyrikbeispiele der 14. Kinderbuchtagung der Kath. Akademie Schwerte von 1987. Die Hauptreferate wurden zu folgenden Themen gehalten: Funktionen und Wirkungen der "Gebrauchsliteratur" Kinderlyrik (K. Franz); Kinderlieder vergangener Zeiten (F. Vahle); Kinderreime (R. Dirx); Lyrik und Jugendkultur in den 70er und 80er Jahren (H. H. Ebers). Besondere Beachtung erfährt die Sprachform der Lyrik. (Bot)

(280)
Mattenklott, Gundel
Starke Mädchenbücher zum Weitersagen.
Berlin/W.: Pädagogisches Zentrum, 1987, 100 S.

Untersucht wurden 55 in Berlin für die Grundschule zugelassene Kinderbücher im Hinblick darauf, wie Mädchen und Frauen dargestellt werden. Diese Empfehlungsliste nimmt die Ergebnisse der Untersuchung auf, indem sie eine Auswahl von Büchern vorstellt, in denen Mädchen als aktive Handlungsträgerinnen dargestellt werden und Jungen nicht ausgeblendet sind. Die Bücher werden in ihrer Verwendbarkeit zum Vorlesen, Diskutieren oder zur Einzellektüre beschrieben. (Bot)

(281)
Menge, Monika
Phantasie ist wichtiger als Wissen
In: Spielmittel, 1991, H. 2, S. 115-118

Nach einer kurzen Abhandlung über phantastische Bilderbücher stellt die Autorin einige Werke dieses Genres vor.

(282)
Mensch und Natur (Heftthema)
In: Eselsohr, 9. Jg., 1990, H. 5, S. 12-26

Das Heft geht dem Leitthema in mehreren Artikeln nach: Artenschutz in Tiersachbüchern, Bücher über Wale, Neue Bücher für junge Gartenfreunde, Umwelt in der DDR-Prosa für Kinder, zahlreiche Einzelbesprechungen von Kinderbüchern zum Themenbereich.

(283)
Müller-Martin, Susanne
Judenverfolgung: neuere Jugendbücher zum Thema
In: Informat. Jugendliteratur und Medien, 1990, H. 9, S. 9-11

Die Autorin stellt insgesamt sechs Jugendbücher zum Thema Judenverfolgung vor: Lutz von Dick, "Der Attentäter", 1988; Harald Roth (Hrsg.), "Es tat weh, nicht mehr dazuzugehören", 1989; Robert Hess, "Die Geschichte der Juden", 1988; Hans-Jürgen Perrey, "Zeit-Zeugen gesucht", 1988; Walter Püschel, "Kaddisch für Liebermann", 1988; Ida Vos, "Wer nicht weg ist, wird gesehn", 1989. (men)

(284)
Müller-Martin, Susanne
Konfliktdarstellung in der Kinder- und Jugendliteratur der 80er Jahre in der BRD
In: Kinder Bücher Medien 1991, H. 37, S. 26-28

Susanne Müller-Martin leistet in ihrem Artikel eine Zusammenschau von Motiven und Perspektiven der KJL innerhalb des Themengebiets "Kriegsbeginn und Neubeginn in Deutschland". Im einzelnen geht die Autorin auf die Bereiche "Flucht und Vertreibung", "Das Erlebnis von Vergangenem und Gegenwärtigem" und auf die Wiederaufbauphase ein.
Innerhalb dieser Abschnitte werden jeweils einige Titel aus der neueren Kinder- und Jugendliteratur vorgestellt und in ihrer politischen und zeitgeschichtlichen Involviertheit besprochen.

(285)
Müller-Martin, Susanne; Kesenhagen, Ariane
Krieg und Frieden in der Kinder- und Jugendliteratur der Bundesrrpublik Deutschland
In: Deutschunterricht, 44. Jg., 1991, H. 2, S. 95-102

Die in diesem Beitrag vorgestellten Bücher können nach Ansicht der Autorinnen nicht nur Betroffenheit auslösen, sondern die Leserinnen und Leser sollten Grundmuster von Konfliktentstehung und -lösung erkennen.

Die Autorinnen geben einen Überblick über Kinder- und Jugendbücher zum Thema und weisen darauf hin, welche Bücher für welche Altersgruppe geeignet sind und welche sich als Schullektüre bewährt haben.

In einem Anhang werden sowohl Kinder- und Jugendbücher aufgelistet als auch Hilfen und Materialien für die praktische Arbeit gegeben. (Zeitschrift)

(286)
Natur und Umwelt (Heftthema)
In: Eselsohr, 10. Jg., 1991, H. 3, S. 12-31

Das Heftthema "Umwelt" wird unter folgenden Kapiteln behandelt: Sachbuch; Spiele; Bilderbuch; Kinderbuch; Jugendbuch.

(287)
Novak, Dana
Pferdebücher: "Das Glück dieser Erde... "
In: Fundevogel, 1992, H. 93/94, S. 15-19

Nach einem kurzen Überblick über die historische Entwicklung des Pferdemotivs im Mädchenbuch gliedert die Autorin die Vertreter dieser Literaturgattung nach den Gesichtspunkten:
- Motive in zeitgenössischen Mädchenbüchern und
- Körperlichkeit und Sexualität in zeitgenöss. Pferdebüchern.

(288)
Pech, Klaus-Ulrich
Unsere tüchtigen Ingenieure
In: Eselsohr, 9. Jg., 1990, H. 11, S. 25-26

Der Autor stellt Techniksachbücher für Kinder vor und setzt sich kritisch mit deren Inhalt auseinander.

(289)
Pressler, Mirjam
Was heißt da zumuten?
In: Welt des Kindes, 65. Jg., 1987, H. 6, S. 444-449

Die Kinderbuchautorin Mirjam Pressler spricht sich aufgrund ihrer eigenen Erfahrung für die Aufnahme auch "schwieriger" Themen wie Tod, Behindertsein, Umweltzerstörung in die Kinderliteratur aus, da dies der sozialen Realität der Kinder entspreche.

(290)
Pyerin, Brigitte
Mädchenlektüre und Politik
In: Fundevogel, 1990, H. 72/73, S. 11-14

Nach einem kurzen Überblick über den Stand der Entwicklung der Mädchenlektüre zum Thema Politik stellt die Autorin einige Bücher aus diesem Bereich vor.

(291)
Pyerin, Brigitte (Redakt.)
Wie es uns gefällt. Bücher für Mädchen. Eine Auswahl emanzipatorischer Mädchenliteratur
München: Arbeitskreis für Jugendliteratur, 1990, 53 S.

In dem Heft werden Mädchenbücher mit emanzipatorischem Inhalt bibliographisch und mit einer Inhaltsangabe vorgestellt.

(292)
Rohr, Hildegund
Kinderlyrik zum Spielen und Nachdenken
In: KÖB-Die Katholische Öffentl.Bücherei, 1990, H. 4, S. 8-20

Der Artikel verschafft einen auswählenden Überblick über qualitativ gute Neuerscheinungen bzw. Neuauflagen von Kinderlyrik-Anthologien aus den letzten fünf bis zehn Jahren. Neben den bibliographischen Angaben wird kurz über den jeweiligen Inhalt, auch anhand von Textbeispielen, informiert.

(293)
Schindler, Nina
Bilderbuchmarkt 1990: Themen und Tendenzen
In: Informat. Jugendliteratur und Medien, 1991, H. 1, S. 2-15

Aus den Neuerscheinungen auf dem Bilderbuchmarkt 1990 stellt Nina Schindler eine Reihe inhaltlich-empfehlend vor.

(294)
Schindler, Nina
Mädchen? Mädchen!
In: Informat. Jugendliteratur und Medien, 1989, H. 2, S. 50-55

Angesichts einer großen Zahl von überwiegend sehr empfehlenswerten Büchern ist offenkundig, daß sich die weibliche Figur als Handlungsträgerin auf dem Vormarsch befindet und daß die Etikettierung "Mädchenbuch" hoffentlich nicht länger mißverstanden werden muß als "Buch für Mädchen", sondern als Öffnung in Richtung auf Bücher, in denen Mädchen die

Hauptpersonen sind. Gegliedert nach Themen wie Liebe, Eifersucht, Sexualität - aber auch Politik, Gesellschaft, Armut - stellt Nina Schindler eine große Anzahl neuerer Kinderliteratur vor, in denen Mädchen die Hauptpersonen sind. (men)

(295)
Schindler, Nina
Mut machen zum Sich-Wehren
In: Eselsohr, 9. Jg., 1990, H. 8, S. 18-20
Die Autorin stellt Kinder- und Jugendbücher mit dem Thema sexuelle Gewalt vor und setzt sich mit dem Inhalt auseinander.

(296)
Schindler, Nina
Starke grüne Sachen. Ideen zur Rettung von Mutter Erde
In: Eselsohr, 10. Jg., 1991, H. 7, S. 24-25
Die Autorin stellt fünf neue Sachbücher für Kinder vor, die sich mit den Themen Umwelt- und Tierschutz befassen.

(297)
Schindler, Nina
Wilder Westen? Wilde Menschen? Freiheit u. Abenteuer?
In: Eselsohr, 10. Jg., 1991, H. 9, S. 16-19
Der Beitrag bespricht vier Jugendromane zur Western-Thematik unter den Aspekten, wie authentisch und mit welchem Frauenbild sie die Eroberung des Westens darstellen.

(298)
Schubert, Uli
Väter und Söhne
In: Bulletin Jugend + Literatur, 1990, H. 8, S. 24-26
Der Autor rezensiert vier Jugendbücher, die sich mit dem Thema der Beziehung zwischen Vätern und Söhnen befassen, wobei jeweils zwei Bücher die Problematik alleinerziehender Väter bzw. unüberwindbarer Schranken zwischen Vätern und Söhnen aufgreifen. (Ze)

(299)
Ueberberg, Monika
Zwischen Problemliteratur und Adoleszenzroman. Politische Problemstoffe in Jugendbüchern
In: Fundevogel, 1990, H. 75, S. 4-8
Drei Jugendbücher, die politische Problemstoffe zum Thema haben, werden in ausführlichen Besprechungen vorgestellt.

(300)
Bode, Andreas (Hrsg.)
Von Ikarus zur Raumstation. Luft- und Raumfahrt in der internationalen Jugendliteratur
Mainz: Stiftung Lesen 1991, 99 S.

Das hundertjährige Jubiläum des ersten freien Gleitfluges von Otto Lilienthal war Anlaß für die Internationale Jugendbibliothek, einmal das Sachbuch in den Vordergrund zu stellen und auf dessen besondere Eignung für die Leseförderung im Rahmen der kulturellen Jugendarbeit in Deutschland hinzuweisen.

Das Angebot an Büchern ist international, doch sind die großen Luftfahrnationen - Frankreich, Deutschland, Großbritannien, USA, GUS - mit einem besonders reichen Angebot vertreten. Die Textbeiträge des Katalogs wollen Überblicke über die Literatur einzelner Länder geben, ohne jedoch in der Darstellung erschöpfend sein zu wollen.

(301)
Wülfrath-Wiedenmann, Irene
Kind und Großelterntod
In: JuLit, 16. Jg., 1990, H. 4, S. 29-40

Nach einer kurzen Einführung in das "Tabuthema" Tod in der Kinderliteratur zeigt die Autorin anhand von vier Literaturbeispielen, wie diese Thematik verarbeitet werden kann. (Ze)

(302)
Küpper, Erika; Schulz, Elke (Bearb.)
Zum Thema Bilderbücher: Mädchen können mehr
Düsseldorf: Oberstadtdirektor, 1988, 44 S.

Im Zentrum der Broschüre steht der Bericht über eine Untersuchung der 20 meistgelesenen Bilderbücher der Zentralbibliothek Düsseldorf im Hinblick auf die Rollenverteilung zwischen Mädchen und Jungen. Der Bericht stellt ein weitgehendes Fortbestehen der Diskriminierung von Mädchen in Haupt- und Nebenrollen fest und mündet in eine Liste empfehlenswerter Bilderbücher. Weitere Buchempfehlungen für verschiedene Kindes- und Jugendalterstufen, die mit knappen Inhaltsbeschreibungen versehen sind, schließen sich an. (Bot)

4. Verzeichnisse zur Kinder- und Jugendliteratur

(303)
Deutsche Staatsbibliothek Berlin (Hrsg.)
Almanach zur Kinderliteratur der DDR. Bücher und Bilder
Hamburg: Katholische Akademie Hamburg, 1989, 140 S.

Der Almanach begleitet eine Ausstellung mit Büchern und Bildern aus der DDR, die für Kinder bestimmt sind. Neben qualitativ hochwertigen Drucken von den ausgestellten Illustrationen enthält der Band zahlreiche informative Beiträge zu: Fakten und Zahlen zur Kinderliteratur der DDR, zu spezifischen Themen (z.B. Arbeit und Familie) und zu einzelnen Genres (z.B. Lyrik) der KJL, zu Autoren und Verlagswesen oder zu den Leseinteressen von Vorschulkindern. (Bot)

(304)
Bundesverband der Friedrich-Bödecker-Kreise (Hrsg.)
Autoren lesen vor Schülern - Autoren sprechen mit Schülern. Autorenverzeichnis
Mainz: Bundesverb. d. Friedrich-Bödecker-Kreise, 1991, 336 S.

Das Verzeichnis listet in alphabetischer Reihenfolge Autoren auf, die vom Bundesverband der Bödecker-Kreise aufgrund ihrer Veröffentlichungen für geeignet gehalten werden, Kinder und Jugendliche an Literatur heranzuführen und die sich für Autorenlesungen zur Verfügung stellen. Die Beschreibung enthält jeweils biographische und bibliographische Angaben und knappe Hinweise für Lehrer. Allgemeine organisatorische Ratschläge und eine Checkliste für Veranstaltungen leiten den Band ein. Wichtige Adressen rund um Buch und Lesen, Verzeichnisse und Orientierungshilfen für die Literaturarbeit mit Kindern und eine Übersicht über Kinderliteraturpreise schließen die Informationsbroschüre ab. (Bot)

(305)
Beratung und Weiterbildung in der Friedensarbeit e.V. (Hrsg.)
Krieg und Frieden. Kinder- und Jugendbücher
Düsseldorf: Fachhochschule, 1990, 81 S.

Die in diesem Verzeichnis aufgeführten, kommentierten und im Buchhandel erhältlichen Kinder- und Jugendbücher bilden eine

Sammlung von 130 Exemplaren, die zu einer Wanderausstellung des Fachbereichs Sozialpädagogik der Fachhochschule Düsseldorf zusammengestellt sind. Diese Bücher beschreiben das Leben von Menschen, die der Gewalt entgegengewirkt haben, die Erfolg hatten mit Bemühungen um den Frieden. Sie teilen Erfahrungen des Krieges mit, führen Möglichkeiten eines friedlichen Miteinander vor und regen die Leser/-innen an, in der Phantasie neues Verhalten auszuprobieren.

(306)
Botte, Alexander (Bearb.); Stiftung Lesen (Hrsg.)
Buch und Lesen in der Kindheit
Mainz: Stiftung Lesen, 1989, 201 S.

Es handelt sich um ein Verzeichnis ausgewählter Projekte und Literatur zum Thema Leseförderung und Bucherziehung. Das Buch basiert unmittelbar auf einem Auszug aus der Datenbank der Stiftung Lesen. Es wendet sich an all jene, die an Informationen und Anregungen zur Leseerziehung von Kindern bis zum Grundschulalter interessiert sind. Auf 200 Seiten werden einerseits 79 Projekte, Maßnahmen und Beratungsdienste der Leseförderung und andererseits 273 Literaturtitel zum gesamten Themenfeld in Kurzbeschreibung vorgestellt. Beide Verzeichnisse sind auch über ein Sachregister zugänglich.

(307)
Weber, Hans (Red.); Kallbach, Konrad; Wick, Imma
Daheim in der Fremde. Aktuelle Kinder- und Jugendliteratur zum Thema Vertreibung, Verfolgung, Integration.
München: Arbeitskreis für Jugendliteratur e.V. 1991, 57 S.

Dieser mittels eines ausführlichen Registers zugängliche Katalog nennt rund 100 Kinder- und Jugendbücher sowie Kinderfilme zum Thema und empfiehlt den sogenannten Mittlern von KJL Fachbücher, Broschüren, Zeitschriften und Informationen. Die Buchbeurteilungen wurden von Bibliothekarinnen und Pädagogen erstellt, die dem Arbeitskreis für Jugendliteratur und seinen Mitgliedsverbänden angehören. (men)

(308)
Frank, Karlhans u.a. (Bearb.)
Bücher zum Vorlesen
München: Arbeitskreis für Jugendliteratur, 1987, 113 S.

Diese Broschüre will Eltern, Erzieher und Lehrer sowie die Kinder selbst zum Vorlesen animieren. Dazu gibt sie eine Vielzahl von methodischen Tips und liefert für unterschiedliche Altersgruppen geeignete Buchhinweise. Diese Anordnung nach dem Lebensalter wird ergänzt durch abschließende Register für "Gattungen und Themenfelder" und spezifische "Vorlesesituationen". (Bot)

(309)
Hammerschmidt, Wolfgang (Redakt.)
Der Film zum Buch. Literaturverfilmungen im Fernsehspiel
Mainz: Zweites Deutsches Fernsehen, 1989, 134 S.

Das ZDF zeigte vom 8. November 1989 bis 21. Februar 1990 wöchentlich die Verfilmung eines literarischen Werkes (z.B. Der Schimmelreiter oder Der Zauberberg). In diesem Verzeichnis sind die Verfilmungen mit den wichtigsten Sendedaten, Inhaltsangaben, Angaben zum jeweiligen Autor, Pressestimmen zum Buch, Interpretationshilfen und weiterführender Literatur aufgeführt. (Ze)

(310)
Hellriegel, Ingrid
Die Kinder- und Familienfilme der Walt-Disney-Company
In: Informat. Jugendlit. u. Medien, 42. Jg., 1990, H. 2, S. 61-76

Nach einer kurzen Beschreibung der Geschichte und Entwicklung der Walt-Disney-Company geht die Autorin in ihrem Beitrag auf die verschiedenen Filmgattungen und Filme ein, die von der Company produziert wurden. Hierzu zählen Familienfilme; lange Zeichentrickfilme; Natur- und Dokumentarfilme; Tierfilme; Science-Fiction-Filme; Abenteuerfilme; Touchstone-Komödien und "Mischfilme".

Es folgt ein Kapitel über die "Saubere Unterhaltung" bei Disney und den in Amerika eingeführten "rating code", ein Maßstab dafür, wie "moralisch einwandfrei" ein Film ist. Den Abschluß bildet eine Filmografie der bei Disney produzierten Filme.

(311)
Zukunftsvisionen in der Kinder- und Jugendliteratur
Wien: Internationales Institut für Jugendliteratur und Leseforschung, 1989, 6 S.

In der Broschüre sind Science-Fiction-Bücher, utopische Bücher etc. für Kinder und Jugendliche bibliographisch und mit einer kurzen Inhaltsangabe verzeichnet.

(312)
Internationales Institut für Jugendliteratur und Leseforschung
Bücher zum Thema "Dritte Welt"
Wien: Österreichischer Buchclub der Jugend, 1989, 8 S.

In dem Verzeichnis werden Bücher zum Thema "Dritte Welt" bibliographisch und mit einer kurzen Inhaltsangabe vorgestellt.

(313)
Kallbach, Konrad (Hrsg.)
Hören - Lesen - Hören. Kassetten für Kinder. Verzeichnis - Annotationen - Kommentare
Bad Homburg: Mensch und Leben Verlagsges., 1988, 144 S.

Dieses nach Alter und Themen geordnete Verzeichnis von Kassetten für Kinder und Jugendliche gibt jeweils knappe Hinweise auf Inhalte und kurze Beurteilungen über rund 680 auf dem Markt befindliche Kassetten. Die Thematik insgesamt und jedes größere Kapitel werden von verschiedenen Bearbeitern durch sachlich-informative sowie kritische Hinweise eingeleitet. (Bot)

(314)
Falter, Irene u.a.
Kibum 91. Verzeichnis neu erschienener Kinder- und Jugendbücher 1991
Oldenburg: Bibliotheks- und Informationssystem der Universität Oldenburg 1991, 202 S.

Der Katalog für das Jahr 1991 umfaßt ca. 1600 Titel neuer Kinder- und Jugendbücher aus 140 Verlagen der deutschsprachigen Länder. Redaktionsschluß war der 21. Oktober 1991.

Der Katalog kann auch als BISMAS-Datei für PC-Nutzer unter MS-DOS bezogen werden. Um den Nutzern des Katalogs die thematische Suche zu erleichtern, ist dem Inhaltsverzeichnis ein systematisches Schlagwortregister angefügt. (men)

(315)
Bergmann, Günter (Bearb.)
Kinder- und Jugend-Zeitschriften
Mainz: Deutsches Jugendschriftenwerk, 1987, 17 S.

Die Broschüre, kurz eingeleitet von Walter Kempowski, empfiehlt 17 Kinder- und Jugendzeitschriften, die bildlich und textlich vorgestellt werden.

(316)
Arbeitsgemeinschaft theologischer Verlage (Hrsg.)
Kindergarten 1988/89
Lahr: Verlag Ernst Kaufmann, 1988, 77 S.

Das Verzeichnis weist über 700 Bücher für Erzieherinnen, Eltern und Kinder von 85 Verlagen nach. Ein thematischer Schwerpunkt liegt auf religiösen Fragen.

(317)
Kliewer, Heinz-Jürgen
Gereimtes und Geringeltes -
von "klug gefragt" bis "gutgemeint".
In: Jugendliteratur, 1991, H. 1, S. 5-9

Der Verfasser stellt knapp alle Neuerscheinungen der deutschsprachigen Kinderlyrik der Jahrgänge 1989-1990 vor.

(318)
Klotz, Aiga
Kinder- und Jugendliteratur in Deutschland 1840-1950
Stuttgart: Metzler, 1990, Bd. 1, 720 S.

Die Bibliographie stellt an sich den Anspruch, sämtliche Veröffentlichungen der Kinder- und Jugendliteratur (auch Übersetzungen) von 1840 bis 1950 zu verzeichnen und stellt diese bibliographisch und mit weitergehenden Informationen (Übersetzer, Illustratoren, Umfang etc.) vor. (Ze)

(319)
Bürger, Thomas (Bearb.)
Liebe erzählt und beschrieben. Kinder- und Jugendbücher
zum Thema Liebe
Ludwigsburg: PH Ludwigsburg, 1989, 48 S.

Das Verzeichnis stellt Kinder- und Jugendbücher zum Thema "Liebe" bibliographisch, inhaltlich und mit einer Altersempfehlung vor. Bücher, die "Heiße Eisen" behandeln, werden hierbei nicht ausgeklammert. (Ze)

(320)
Literarisches Informationszentrum Josef Wintjes (Hrsg.)
Verzeichnis deutschspr. Literaturzeitschriften 1989/90
Berlin: Diederich, Hoffmann, Schindowski, 1989, 111 S.

Aufsätze verschiedener Autoren zu unterschiedlichen Aspekten und Typen von Literaturzeitschriften leiten das Verzeichnis ein, in dem ca. 150 Publikationen mit Angaben über die Adresse, Preise etc. und einer Selbstdarstellung beschrieben sind. (Ze)

(321)
Medienspiegel-Service. Büchersendungen in Fernsehen und Hörfunk. Konzepte, Sendeplätze, Ansprechpartner
Köln: Deutscher Instituts-Verlag, 1990, 30 S.

In dem Verzeichnis wird über Büchersendungen in Rundfunk- und Fernsehanstalten mit folgenden Angaben informiert: Rundfunkanstalt; Titel der Sendung; Konzept; Ansprechpartner; Sendezeit; Anschrift.

(322)
Meyer, Franz (Hrsg.)
Blaubuch. Adressen und Register für die deutschsprachige Kinder- und Jugendliteratur
München: Arbeitskreis für Jugendliteratur, 1991, 342 S.

Das Buch verzeichnet Personen, Organisationen, Verbände, Auszeichnungen, Preise und Wettbewerbe aus dem Bereich der Kinder- und Jugendliteratur und Leseförderung in der Bundesrepublik Deutschland, in Österreich und in der Schweiz mit Adressen und kurzen Beschreibungen. Die über 700 Einträge können auch über ein Sachregister erschlossen werden.

(323)
Meyer, Franz (Bearb.)
Expertenverzeichnis
München: Arbeitskreis für Jugendliteratur, 1986, o.S.

Das Expertenverzeichnis, welches in Form einer Loseblattsammlung laufend aktualisiert wird, listet Einzelmitglieder des Arbeitskreises für Jugendliteratur e.V. mit einigen biographischen Angaben, ihren Publikationen und jeweiligen Fachgebieten auf.

(324)
Meyer, Franz
Organisierte und institutionalisierte Förderung von Kinder- und Jugendliteratur in der Bundesrepublik Deutschland
In: Jugendliteratur in der Bundesrepublik Deutschland, München, 1986, S. 131-138

Das Verzeichnis listet Organisationen und Institutionen der Leseforschung und -förderung mit ihren Anschriften, Zielen und Aufgaben auf.

(325)
Müller-Beyreiss, Brigitte u.a. (Bearb.)
Was soll ich lesen? Bd. 8/9
Brauweiler: Landesarbeitsgemeinschaft Jugend und Literatur in
Nordrhein-Westfalen, 1989, 272 S.

Der Band liefert zu jedem Buch eine halb- bis ganzseitige in-
haltliche Beschreibung und eine kurze Beurteilung. Das Bü-
cherverzeichnis weist folgende inhaltliche Gliederung auf:
Bücher für junge Erwachsene:
- Erwachsenwerden;
- Kein Platz in der Gesellschaft? (Problemliteratur);
- Lebendige Geschichte - Jugend im Dritten Reich - Zeitge-
  schichte;
- Dritte Welt - Fremde Länder;
- Abenteuer - Phantastische Geschichten - Science Fiction -
  Märchen - Sagen - Kurzgeschichten - Bücher für Kinder;
- Kindsein;
- Geschichten über die Menschen in unserer Welt;
- Geschichten zum Vorlesen - Rätselgeschichten;
- Gedichte;
- Kinder- und Jugendzeitschriften.
Bilderbücher von 3 - 6 Jahren (ebenfalls nach Themen unter-
teilt). Die abschließenden "Anleitungen zum Umgang mit Bü-
chern" verweisen auf einschlägige Sekundärliteratur - vor allem
für den schulischen Bereich.

(326)
Binder, Lucia (Hrsg.)
Österreichische Kinder- und Jugendliteratur
Horn: Berger, 1988, 103 S.

Die Autorin gibt biographische und bibliographische Angaben
über österreichische Autoren und Illustratoren von Kinder- und
Jugendbüchern sowie Hinweise auf Sekundärliteratur. Außerdem stellt sie Gremien und Institutionen vor, die sich mit Kin-
der- und Jugendliteratur beschäftigen.

(327)
Pleticha, Heinrich (Bearb.)
Alte Kinder- und Jugendbücher
München: Arbeitskreis für Jugendliteratur, o.J., o.S.

In der Broschüre sind alte und neue Kinderbücher mit bibliographischen Angaben verzeichnet.

(328)
Raecke-Hauswedell, Renate (Hrsg.)
Das Kinderbuch. Eine Leseauswahl vom Arbeitskreis für Jugendliteratur e.V.
München: Arbeitskreis für Jugendliteratur, 1990, 208 S.

Die kommentierte Auswahlbibliographie verzeichnet rund 350 Titel der Kinderliteratur, wobei Bilderbücher, die in einem anderen Verzeichnis des Arbeitskreises vorliegen, nur vereinzelt berücksichtigt wurden. Die von Kinderbuch-Experten verfaßten Kommentare liefern neben einer inhaltlichen und formalen Beschreibung jeweils eine Angabe über die angemessene Lesealtersstufe.

Das Verzeichnis ist in 18 thematische Kapitel unterteilt. Die thematische Orientierung wird durch ein Schlagwortregister am Ende des Bandes erweitert. Eine Bibliographie der deutschsprachigen "Fachliteratur zum Kinderbuch" aus den 70er und 80er Jahren ergänzt dieses Hilfsmittel für alle, die sich professionell mit Kinderliteratur befassen. (Bot)

(329)
Reuter-Bulach, Petra
Das Kinderzeitschriftenangebot in der BRD
In: Informat. Jugendliteratur und Medien, 1991, H. 2, S. 64-79

In ihrem Aufsatz schlägt Reuter-Bulach acht Kriterien zur Beurteilung von Kinderzeitschriften vor. Zielgruppe, Sprachstil, Funktion der Illustrationen, Verhältnis zwischen Anzeigen und Textteil, Inhalte, pädagogisches Konzept, Funktion der Zeitschrift sind die Kategorien, nach denen es möglich wird, das Angebot auf dem Kinderzeitschriftenmarkt zu ordnen.

Danach werden auf zwölf Seiten insgesamt 36 Zeitschriften vorgestellt und kritisch im Sinne der obengenannten Gesichtspunkte besprochen. Der Aufsatz ist als Entscheidungshilfe gut geeignet für Eltern, Erzieher/-innen und Pädagog/-innen. (men)

(330)
Schindler, Erich
Leseerziehung durch Zeitschriften
In: Schule heute, 31. Jg., 1991, H. 5, S. 11-13

In dem Verzeichnis sind Zeitschriften für das Grundschulalter und Bücher über Bücher und Leser bibliographisch und zum Teil mit Bezugsadressen aufgeführt.

(331)
Schindler, Erich
Lesen ist mehr als nur Familiensache. Informationen und Hilfen zur Leseförderung in Elternhaus, Kindergarten und Schule
In: Schule heute, 31. Jg., 1991, H. 1, S. 11-13

In dem Artikel sind verschiedene Verzeichnisse und Broschüren mit bibliographischen Angaben und Bezugsmöglichkeiten aufgeführt, die u.a. über KJL-Titel, Autorenlesungen oder den Deutschen Jugendliteraturpreis informieren.

(332)
Schmitt, Rita
Zeitschriften für Kinder und Jugendliche, Teil I + II
In: Schulbibl. aktuell, 1986, H. 3+4, S. 151-152 u. S. 219- 224

Die Autorin listet kommerzielle und nicht-kommerzielle Kinder- und Jugendzeitschriften auf und gibt eine kurze Inhaltsbeschreibung und kritische Bewertung für die Verwendung in der Schulbibliothek. (Bot)

(333)
Schürbrock, Maria (Redakt.)
Kind & Buch. Literatur für/ über Kinder
Neuss: Stadtbibliothek, 1990, 268 S.

Die dritte Auflage dieses umfangreichen (gelegentlich knapp kommmentierten) Literaturverzeichnisses schließt Neuerscheinungen bis Anfang 1990 ein. Beide Teile der Bibliographie sind thematisch detailliert gegliedert. Die Literaturhinweise werden durch eine Medienliste mit Kontaktadressen ergänzt. (Bot)

(334)
Schwartz-Simon, Beate; Magistrat der Stadt Oberursel (Taunus) (Hrsg.)
Wo die wilden Mädchen wohnen. Kinderbücher auf seiten der Mädchen. Ein Auswahlverzeichnis
Oberursel/Ts.: Stadtbücherei, 1989, 61 S.

Nach einer kurzen Einführung, wie Rollenklischees bezüglich der weiblichen Gestalten in Kinder- und Jugendbüchern durchbrochen werden können, werden Kinder- und Jugendbücher, in denen dies praktiziert wurde, bibliographisch und inhaltlich vorgestellt. Ein Abschnitt beschäftigt sich zudem mit "Bilderbüchern mit (noch) ungewohnten Jungen- und Männerrollen. "(Ze)

(335)
Bilderbücher, Kinderbücher. **Neuerscheinungen 1989**
München: Staatsinstitut für Frühpädagogik
und Familienforschung, 1989, 80 S.

Das Verzeichnis stellt Neuerscheinungen des Jahres 1989 auf
dem Kinderbuchmarkt bibliographisch und inhaltlich-formal (mit
Altersangaben) vor. Die Auflistung ist nach 18 Sachthemen
(z.B. Selbständigkeit, Kooperation, Gesundheit) gegliedert.

(336)
Stadtbücherei Rüsselsheim (Hrsg.)
**Erziehung im Kindergarten. Ein Auswahlverzeichnis mit
Fachliteratur für alle in der Vorschulerziehung Tätigen**
Rüsselsheim: Stadtbücherei, 1988, o.S.

Dieses thematisch geordnete Literaturverzeichnis enthält u.a.
folgende Themenbereiche: 18. Sprach- und Kommunikations-
förderung, 19. Märchen, 20. Bilderbücher, 21. Einzelne Kinderbuchautoren, 22. Vorlese- und Erzählgeschichten, 23. Fernsehen, Video und Computer.

(337)
Tiedge, Christina
Bücher für das Erstlesealter
In: Schulbibliothek aktuell, 1989, H. 1, Anhang

Die kommentierte Auswahlliste will Lesetips für den Grundschulbereich geben. Schwerpunktmäßig werden Bücher für Leseanfänger, d.h. für Schüler der 2. Klasse, empfohlen. Der
Auswahl liegen folgende Kriterien zugrunde: 1. Das Lesen der
Bücher soll den Kindern Spaß machen. Die Auswahl umfaßt
daher spannende, lustige, unterhaltsame, gruselige, witzige,
abenteuerliche, warmherzige, fantasievolle Bücher für das erste
Lesealter. Sachbücher und Comics sind ausgespart. 2. Bücher
sollen für Leseanfänger besonders lesegerecht sein. Die Bücher sind zwei Lesestufen zugeordnet. Dabei ist die Lesestufe I
für Schüler in der Mitte der 2. Klasse, Lesestufe II für Schüler
am Ende der 2. Klasse gedacht. (Autorin)

(338)
Kallbach, Konrad (Hrsg.)
Was liest meine Klasse?
Bad Homburg: Mensch-und-Leben, 1990, o.S.

Der Autor stellt Kinder- und Jugendbücher mit einer Inhaltsangabe und einer knappen Beurteilung für die Schule vor. In Form eines groben Rasters gibt er an, für welche Schulstufe und für welche Art von Lesen (Klassenlesestoff, Vorlesen, Freizeitlektüre etc.) die Werke geeignet sind. Titel-, Autoren- und Schlagwortregister schließen die Broschüre ab. (Ze)

(339)
Wilke, Ulrike
"Kommt, wir bauen eine Brücke zu den Kindern dieser Welt". Eine Auswahl von Kinder- und Jugendbüchern mit kurzer inhaltlicher Darstellung unter dem Aspekt des Zusammenwachsens dieser Welt
Eichstätt: Katholisches Bildungswerk, 2. Aufl. 1991, 58 S.

Der Katalog informiert in einem ersten Teil über eine Buchausstellung (Motto, Anlässe, Konzept, Themen) gleichen Titels. Wie in der Ausstellung sind die ca. 220 Buchtitel thematisch in drei Schwerpunkte gegliedert:

- Fremde im anderen Land (hier geht es um das Fremdsein an sich und die Probleme, die sich für Flüchtlinge, Aussiedler oder ausländische Mitbürger in dem ihnen zunächst fremden Land stellen, dargestellt oft vor dem Hintergrund, der sie veranlaßte oder gar zwang, ihre eigene Heimat zu verlassen).

- Das Dritte Reich: Rassenwahn, Verfolgung, Kriegselend und Flucht (dieser Teil bietet einen Rückblick auf die Zeit, in der ein Völkermord unvorstellbaren Ausmaßes stattfand und an deren Ende eine ungeheure Flüchtlingswelle stand).

- Fremde Länder - fremde Kulturen (hier wird der Blick auf die Gegenwart und Zukunft gelenkt, auf Rassenwahn und Fremdenhaß in der heutigen Zeit und den Aspekt, daß dieser erst gar nicht aufkommen kann, wenn man sich mit dem Leben anderer Völker und Kulturen ernsthaft auseinandersetzt).

Den Abschluß bilden eine Liste mit empfehlenswerten Katalogen und Bezugsadressen sowie zwei Kurzgeschichten von Tobias Wilke. (Autorin/Ze)

5. Vorschulische Leseförderung

(340)
Barthelmes, Jürgen; Feil, Christine; Furtner-Kallmünzer, Maria
Medienerfahrungen von Kindern im Kindergarten
Weinheim und München: Juventa, 1991, 314 S.

Dieser Band enthält den Abschlußbericht des Projekts "Medienerfahrung von Kindern - Ansätze für medienpädagogische Hilfen in Kindergarten und Familie", das durch das Bundesministerium für Bildung und Wissenschaft (BMBW) gefördert wurde. "Vor Ort" sollte untersucht werden, wie Kinder ihre Medienerlebnisse im Kindergarten ausdrücken, in welchem Umfang sie dies tun und wie dies mit ihrem häuslichen Medienkonsum zusammenhängt. Die Besonderheit dieses Projektes liegt in seinen empirischen Grundlagen. Es wurden Interviews mit den ErzieherInnen und Eltern der Kinder durchgeführt. Der Schwerpunkt jedoch lag auf der teilnehmenden Beobachtung der Kinder. Im Anhang des Werkes befinden sich Materialien zur Untersuchungsanlage und zur Durchführung der Empirie.

(341)
Berger, Barbara
Bilderbücher - ein Weg zum Lesen. Die literarische Frühphase in d. Verantwortung d. Eltern und d. Kindergartens.
In: Unsere Jugend, 42. Jg., 1990, H. 1, S. 11-16

Die Autorin betont, daß für die "literarische" Entwicklung der Kinder Bilderbücher eine wichtige Rolle spielen. Sie skizziert kurz die Entwicklung des kindlichen Auffassungsvermögens und gibt Ratschläge, welche Bilderbücher für die verschiedenen Altersstufen geeignet sind. Gleichzeitig weist sie darauf hin, daß auch Vorlesen und Geschichtenerzählen das spätere Leseverhalten der Kinder positiv beeinflussen können. (Ze)

(342)
Conrady, Peter
Bücher sind zum Lesen da
In: Fundevogel, 1990, H. 78/79, S. 14-18

Der Autor gibt Tips, welche Aspekte man beim Bucherwerb für Leseanfänger beachten soll: Lerntheoretische Aspekte; Sprachliche Aspekte; Aspekte der Textgliederung; Mikrotypographische Faktoren; Bildliche Aspekte. Gleichzeitig stellt er Bücher vor, die den von ihm aufgestellten Ansprüchen an ein Buch für Leseanfänger genügen. (Ze)

(343)
Das Fernsehen im Alltag von Kindern. Informationen für die Medienerziehung in Kindergarten und Grundschule.
Düsseldorf: Landesanstalt für Rundfunk, 1991, 159 S.

Die Dokumentation beinhaltet folgende Beiträge und Kapitel:
- Groebel, Jo: Wer, Wie, Was? - Forschungsergebnisse zum Fernsehverhalten von Kindergarten- und Grundschulkindern;
- Charlton, Michael: Wieso, Weshalb, Warum - (Ge)Brauchen Kinder das Fernsehen?;
- Aufenanger, Stefan: Wie (re)agiert man? - Zum Umgang mit medienbezogenen Handlungen von Kindern im Kindergarten;
- Tulodziecki, Gerhard: Wie (re)-agiert man? - Zum Umgang mit medienbezogenen Handlungen von Kindern in der Grundschule;
- Auszüge aus der Podiumsdiskussion: Muß das sein? - He-Man und Alf, vom Bildschirm direkt in die Kinderzimmer;
- Literaturdokumentation zum Thema: Das Fernsehen im Alltag von Kindern. (Inhaltsverzeichnis)

(344)
Fischer, Helmut
Die mechanische Großmutter. Märchen auf Schallplatten und Kassetten
In: Jugendbuchmagazin, 41. Jg., 1991, H. 3, S. 122-128

Der Beitrag analysiert am Beispiel des Märchens "Schneewittchen", wie sich die traditionelle Form des Vorlesens und Erzählens von Märchen durch die elektronischen Medien Schallplatte und Kassette textlich und atmosphärisch verändert. (Bot)

(345)
Flaig, Werner; Jepsen, Klaus-Peter
Eigentlich haben damit nur Erwachsene zu tun. Wie kleine Kinder an Bücher kommen
In: Welt des Kindes, 1987, H. 6, S. 452-458

Die Autoren bieten Hilfestellung für die Auswahl und den Umgang mit Kinderbüchern im Rahmen der Kindergarten- und

Vorschulerziehung. Manche Hinweise sind auch für die frühe Leseförderung in der Familie brauchbar. (Bot)

(346)
Frank, Karlhans
Die Bücherbande
Mainz: Stiftung Lesen, 1990, 256 S.

Vier Kinder treffen sich in ihrem Geheimversteck: Katja, Felix, Astrid und Klaus haben eine Bücherbande gegründet und machen unterhaltsame, lustige und spannende Entdeckungsreisen in die Welt, die zumeist von zwei Deckeln verschlossen ist: die Welt der Bücher. In ihrer Bücherbandenbibliothek und in den Regalen der Buchhändlerin entdecken sie neues Wissen, Historisches und Phantastisches. Sie lesen sich gegenseitig Ausschnitte aus älteren oder neueren Jugendromanen vor. Sie sprechen über die Bücher und ihre Inhalte und haben dabei durchaus verschiedene Vorlieben. Die kleine erzählerische Anthologie von Kinderbüchern der letzten Jahre möchte so jungen Lesern zwischen 8 und 12 Jahren nicht nur das Lesen über Bücher schmackhaft machen, sondern vor allem die Neugier auf die so vorgestellte Literatur wecken. (Hrsg.)

(347)
Gärtner, Hans
Kinder - Lesen - Kinderliteratur heute. Einige Aspekte zu Fragen d. Bedeutung v. Buch und Lesen in der Erziehung
In: Christ und Bildung, 1987, H. 3, S. 3-5

Der Artikel weist auf die entwicklungspsychologische Bedeutung des Lesens für Kinder hin und berät vor allem Eltern, aber auch Lehrer hinsichtlich sinnvoller Schritte der außerschulischen Leseförderung und Bucherziehung. Dabei wägt er auch die Vorteile des Lesens gegenüber dem Fernsehen ab. Der Tenor der einzelnen Ratschläge basiert auf einem sozialen und familiären Hineinwachsen in das Lesen: der "Lesemuffel" soll weder mit erzieherischen noch werbepsychologischen Maßnahmen zum Lesen gezwungen werden.

(348)
Gerstenkorn, Alfred; Stöcker, Adelheid
Die Aufwecker. Kindergeschichten. Sprachübungen
Lengdorf: Gerstenkorn u. Stöcker, 1988, 128 S.

Das Buch will auf motivierende Weise die Lesefähigkeit von Leseanfängern schulen und gleichzeitig auf kindgemäße Art über einige Sachthemen (Brauchtum und Geschichte; Natur und Umweltschutz; Verständigung und Zeichen; Information und Technik) informieren. Grundgedanke des mit zahlreichen Zeichnungen und Übungen versehenen Buches sind zwei Leitfiguren aus dem Mittelalter, Adalgard und Umundum, die mit "unverstelltem" Blick durch die einzelnen Sachthemen führen. (Bot)

(349)
Grees, Angela
Erlebnisraum Kinderbibliothek. Medienpädagogisch orientierte Arbeit mit kleinen Kindern
In: Buch und Bibliothek, 43. Jg., 1991, H. 6/7, S. 550-558

Vor dem Hintergrund entwicklungspsychologischer Erkenntnisse über das Spiel- und Sozialverhalten von Kindern im Alter zwischen drei und sieben Jahren führt die Autorin ein medienpädagogisch orientiertes Konzept für die Bibliotheksarbeit mit Vorschulkindern aus. Ausgehend von vier Thesen zur medienpädagogischen Programmatik im Erlebnisraum Kinderbibliothek stellt sie Möglichkeiten der Medienarbeit vor, die folgende Aktivitäten einbeziehen: Erzählen/Nacherzählen, Spiel/Rollen-spiel, Spielzeug, Musik/Bewegung/Tanz, Gestalten/Malen/Basteln, Verwendung audiovisueller Medien. (Bot)

(350)
Haberkorn, Rita
Eine Elternbibliothek im Kindergarten
In: Wissenschaft u. Praxis im Dialog, 1988, H. 38 + 39, S. 12-13

Beschrieben werden positive Erfahrungen mit einer Bücherecke für Eltern im Eingangsbereich des Kindergartens. Die Bibliothek dient einerseits der Beratung von Eltern in Erziehungsfragen und besonderen Problemfeldern: Mütter im Beruf, familiäre Freizeitgestaltung, Ernähren u.ä. Daneben eröffnet die Bücherecke einen Raum für Gespräche der Eltern miteinander.

(351)
Heidtmann, Horst u.a. (Bearb.)
Hörspiel- und Literaturkassetten für Kinder und Jugendliche (Heftthema)
In: Materialien Jugendliteratur und Medien, 1988, H. 19, 52 S.

Hörspiel- und Literaturkassetten haben sich in den vergangenen Jahren für die Altersgruppe der 3- bis 13jährigen zu einem zentralen, vielleicht dem am intensivsten genutzten Medium entwickelt. Das Heft stellt Kriterien zur Beurteilung von Hörspiel- und Literaturkassetten für Kinder und Jugendliche vor. Das sich anschließende Auswahlverzeichnis ist in drei große Blöcke untergliedert: magazinartige Zusammenstellung von meist kurzen Wort- und Liedbeiträgen zu unterschiedlichen Themen, eher Informationszwecken dienende Kassetten und als größter Block die zur Unterhaltung gedachten Hörspiele und Lesungen. Dieser Block ist untergliedert nach den Genres und Themenbereichen, die von Kindern und Jugendlichen am stärksten gefragt und die auch am meisten angeboten werden.

Die einzelnen Gliederungsblöcke sind dann jeweils nach Altersgruppen weiter untergliedert: das Vorschulalter umfaßt etwa die Altersgruppe der 3- bis 6jährigen, das Grundschulalter die Gruppe der etwa 6-10jährigen, die Orientierungsstufe die Altersgruppe von etwa 10-13 Jahren und Jugendliche und junge Erwachsene setzt ab etwa 13 - 14 Jahren ein. (Vorwort)

(352)
Keine Angst vor Enid Blyton!
"Profis" und die Bücher ihrer Kinder
In: Leben und Erziehen, 1989, H. 9, S. 16-17

Personen, die aus beruflichen Gründen eng mit der Kinder- und Jugendliteratur verbunden sind, geben in knapper Form Auskunft, wie sie ihre Kinder an das Lesen und die Kinderliteratur herangeführt haben.

(353)
Klimmer, Karl-Heinz
Erzählen für Kinder
In: Jugendbuchmagazin, 1990, H. 2, S. 58-63

Diese anschauliche, mit zahlreichen Beispielen versehene Darstellung der Vorzüge und Wirkungen des Erzählens bietet im Schlußteil einige konkrete Tips für Erzieherinnen, Eltern und andere Interessierte. (Bot)

(354)
Kohtz, Karin
Ein Club für kleine Leseratten
In: Grundschule, 1987, H. 12, S. 50-53

Die Autorin beschreibt die Situation und Motivation frühlesender Kinder, die spontan, also ohne direkten Einfluß von außen, selbständig mit dem Lesen begonnen haben. Sie stellt die schulischen Probleme dar, die dadurch entstehen, daß Sie gegenüber anderen Kindern bezüglich der Lesefähigkeit einen Vorsprung haben. Im zweiten Abschnitt geht sie auf ihr Projekt "Club für kleine Leseratten" ein, in dem sich 5- bis 8jährige Kinder einmal in der Woche für zwei Stunden treffen. Dort werden die Kinder in die umfangreiche Bücherei eingeführt und zur selbständigen Arbeit mit Büchern angeregt. Außerdem werden verschiedene Tests durchgeführt bezüglich: Lesegeläufigkeit, Lesesicherheit, Lesefluß, Lesegliederung, Lesemelodie, Tests zum Sinnverständnis der Texte (Cloze-Verfahren). Der Ablauf der Sitzungen sieht folgendermaßen aus: Bücher zurückgeben, vorlesen, gemeinsames Arbeiten an und mit den Büchern, Ausleihe.

(355)
Kreibich, Heinrich
Lesemotivation und Leseförderung
in Familie und Kindergarten
In: Lehren und Lernen, 1992, H. 1, S. 17-29

Sowohl in der Medienausbildung der Erzieherinnen wie in der Medienausstattung von Kindergärten bestehen erhebliche Defizite, und es müssen daher Maßnahmen ergriffen werden, die Möglichkeiten schaffen, Medienerziehungsräume für Kleinkinder sicherzustellen, welche flankierend und ergänzend zu den familialen Kommunikationsmustern beim Umgang mit den Medien sind. Heinrich Kreibichs Darstellung bezieht ihre Erkenntnisse im wesentlichen aus den neueren Untersuchungen zum familiären Umgang mit Medien, wie sie z.B. von Bettina Hurrelmann, Renate Köcher, Heinz Bonfadelli u.a. durchgeführt wurden. Beginnend mit der Aufzählung einiger landläufiger Behauptungen zum Thema "Leseförderung in Familie und Kindergarten" und mit einer sich jeweils anschließenden kritischen Würdigung dieser Behauptungen, kommt der Autor schließlich zu einer kurzen Bestandsaufnahme und zu einem Forderungskatalog zu Aktivitäten im Bereich frühkindlicher Leseförderung. (men)

(356)
Krüger, Susanne
Stuttgart: Studentinnen lesen auf Spielplätzen
In: Buch und Bibliothek, 41. Jg., 1989, H. 10, S. 860

Es handelt sich um einen Kurzbericht von einer neuartigen Form der Leseförderung, die Stuttgarter Studentinnen auf einem Spielplatz durchführten. Sie unterhielten die Kinder mit vorbereiteten Beschäftigungen wie Geschichten erzählen, vorlesen, spielen und basteln. Hintergründiger Zweck der Aktion war es, auf die nächstgelegene Stadtbibliothek als interessanten Aufenthaltsort für Kinder aufmerksam zu machen. Die Werbung für Buch und Lesen floß nebenbei ein. (Bot)

(357)
Krekeler, Hermann (Bearb.) u.a.
Lesen ist Familiensache / Lesen - ein Abenteuer
Mainz: Stiftung Lesen, 1990, 32 S.

Die gemeinsam von der Stiftung Lesen und dem Börsenverein des Deutschen Buchhandels in Kooperation mit der Zeitschrift "spielen und lernen" erstellte Broschüre für Eltern gibt Informationen, Ratschläge und Anregungen für die häusliche Leseförderung. Vor allem für Kinder im Vorschul- und Grundschulalter werden Hinweise zu Bilder- und Kinderbüchern zum Vorlesen und Erzählen, zum Lesen- und Schreibenlernen, zur Weckung und Wahrung der Lesefreude gegeben. (Bot)

(358)
Lotz, Brigitte; Zeissner, Georg (Hrsg.)
Vorlesebuch Kindergarten
München: Bardtenschlager, o.J., 264 S.

Die Auswahl der Vorlesegeschichten in diesem Buch unterlag keiner Bewertung. Maßstab war in der Regel die Beliebtheit bei Kindern. Die Texte wurden nach umfassenden Bereichen geordnet, um den gezielten Einsatz zu erleichtern: Geschichten zum Jahresverlauf; Geschichten von Kindern und der Familie; von Dorf und Stadt; von anderen Menschen; von allerlei Getier; phantastische Geschichten; Märchen. Nach jeder Geschichte wird das Alter angegeben, für das die Erzählung geeignet ist. Ebenso werden Möglichkeiten zur Vertiefung aufgezeigt: Malen, Gespräch, Spielen, Bewegungsübungen, Rhythmik, Experimente, Werkarbeiten. (Bot)

(359)
Mewes, Gerhard
Kinderbuch und Vorschulerziehung
In: Kinderliteratur-Report, 1987, H. 2, S. 21-25

Der Autor behandelt als DDR-Fachschullehrer für Kindergärtnerinnen folgende Themen in thesenartiger Form:
- Die Stellung der Kinderliteratur im Kindergarten der DDR heute.

- Warum hat Kinderliteratur im Vorschulalter eine spezifische Bedeutung?
- Die Situation der Forschung im Bereich Literatur für Vorschulkinder und damit zusammenhängende Probleme. (Bot)

(360)
Piper, Swantje
Zur Nachahmung empfohlen: Leihbücherei i. Kindergarten
In: Unsere Jugend, 39. Jg., 1987, H. 9, S. 360-364

Die Autorin beschreibt ihre Erfahrungen mit der Einrichtung einer Leihbücherei in einem Kindergarten. Neben organisatorischen Hinweisen enthält der Beitrag vor allem eine Schilderung der zahlreichen Verwendungsmöglichkeiten des Buchbestandes (v.a. Bilderbücher) bei der täglichen Erziehungsarbeit, in der Elternarbeit wie auch in der Öffentlichkeitsarbeit. (Bot)

(361)
Schau, Albrecht
Freundschaften mit Büchern. 12 "Gebote" für Eltern
In: Grundschule, 1989, H. 1, S. 58

Es handelt sich um kurzgefaßte pädagogische und methodische Ratschläge für die Buch- und Leseerziehung in der Familie.

(362)
Schaufelberger, Hildegard
Wir lesen vor, wir erzählen
In: Kindergarten heute, 18. Jg., 1988, H. 2, S. 78-86

Der Beitrag bietet praktische Anregungen zur Bucherziehung im Kindergarten, indem er verschiedene Methoden und Sozialformen beschreibt, wie sich Vorschulkinder mit Bildern und Texten befassen und spielen können: Vorlesen, Erzählen, Umgang mit Bilderbüchern, Gedichten und Kassetten.

Die Autorin verbindet ihre teilweise sehr konkreten Vorschläge mit Informationen über pädagogische und psychologische Wirkungen.

(363)
Schneider, Wolfgang
Schreiben, inszenieren und spielen für Kinder
In: Grundschule, 1989, H. 7/8, S. 16-20

Kindertheater gibt es als freie Gruppen, als vierte Sparte an Stadt- oder Staatstheatern oder als selbständige Einrichtungen.

Der Beitrag befaßt sich mit der jüngeren Geschichte des Kindertheaters, mit Kinderbüchern als Vorlage für Kindertheater und mit aktuellen Beispielen aus der Aufführungspraxis. Abschließend werden positive Perspektiven für das narrative, das existentielle und das politische Kindertheater skizziert. (Bot)

(364)
Stiftung Lesen (Hrsg.)
Vorlesen und Erzählen
Mainz: Stiftung Lesen, 1988, 4 S.

Der Elternbrief informiert über den Wert des Bilderbuchs sowie des Erzählens und Vorlesens bei der Erziehung von Kleinkindern. Dazu liefert er Ideen, wie Eltern mit Hilfe von Kinderbüchern den Alltag ihrer Kinder (wozu auch Fernsehen gehört) spannender und lehrreicher gestalten können. Büchertips und eine "Checkliste" für das "Vorlesen und Erzählen" ergänzen den Ratgeber.

(365)
Stigloher, Regine
Autorenlesung zu Hause.
Otfried Preußler liest Otfried Preußler
In: Jugendbuchmagazin, 38. Jg., 1988, H. 4, S. 176-177

Der Beitrag stellt ein Kassettenprogramm vor, welches Kinderbücher Otfried Preußlers im Vortrag durch den Autor darbietet.

(366)
Thiele, Jens; Bürger-Ellermann, Heike (Hrsg.)
Kinder und alte Menschen - Zwei Lebensalter entdecken einander. Ein interdisziplinäres Kulturprojekt in der Stadt Oldenburg. Gefördert mit den Mitteln des Kuratoriums Deutscher Altershilfe e.V.
Oldenburg: Universität, 1989, 84 S.

Das Projekt bestand aus unterschiedlichen kulturellen Initiativen und Impulsen, die der Begegnung von Kindern und alten Menschen dienten. Dazu gehörte auch eine Austellung von Bilderbüchern, die das Thema "Alter" bzw. "Generationenunterschied" behandeln.

Bestimmte Bilderbücher erwiesen sich als besonders geeignet, das Gespräch zwischen alten Menschen und Kindern oder das Erzählen zu stimulieren. Die Bücher werden im Detail vorgestellt. (Bot)

(367)
Tiede, Hans-Otto u.a.
Literatur im Kindergarten
Berlin: Volk und Wissen, 1989, 367 S.

Der Band informiert im ersten Teil über Grundfragen der Literatur für Vorschulkinder; er beschreibt die Gattungen Bilderbuch, Kinderlyrik, Volksmärchen und Kunstmärchen sowie Kinderdrama und darstellende Kunst, und unterscheidet jeweils die einzelnen Genres. Dieser Teil wird durch zahlreiche Beispiele (auch in Abbildungen) in seinen theoretischen und didaktischen Aussagen untermalt. Der zweite Teil, der sich mit den Zielen und Methoden der literarischen Bildung im Kindergarten befaßt, hat - auch durch seine graphische Gestaltung mit der Hervorhebung von Kernsätzen - Lehrbuchcharakter. Ziele und Methoden der literarischen Früherziehung werden in systematischer Form dargestellt. (Bot)

(368)
Walter, Gisela
Noch mal. Noch mal. Noch mal.
Hör-Kassetten in Familie und Kindergarten
In: Welt des Kindes, 65. Jg., 1987, S. 459-465

Die Autorin beschreibt die verschiedenen Kauf- und Leihmöglichkeiten von Hörspielkassetten und teilt das inzwischen vorhandene Riesenangebot in Themenbereiche auf: z.B. Märchen, Hörspielserien, Kinderlieder. Die steigende Beliebtheit von Hörspielkassetten erklärt sie damit, daß sie z.T. die Rolle von Erziehern und Eltern übernommen haben: sie sind immer für die Kinder da. Diese Bedeutung der Kassette erfordert von den Erwachsenen einen verantwortungsvollen Umgang bei Kauf, Ausleihe und Prüfung von Kassetten. Dazu werden Kriterien benannt, nach denen Kassetten beurteilt werden können. (Bot)

(369)
Walter, Michael
Ein Tag im Kinderheim
In: Kinderliteratur-Report, 1989, H. 2, S. 12

Berichtet wird von einem Aktionsprogramm unter dem Motto "Spielen, Lesen, Singen", welches der "Kinderbuchverlag" aus (Ost-)Berlin anläßlich seines 40. Verlagstages für Kinder eines Kinderheims veranstaltete. Der Erfolg des Tages lag insbesondere darin, daß die angesprochenen Heimkinder normalerweise nicht häufig mit Literatur in Berührung kommen und sowohl den Kindern als auch den Erziehern das Buch als interessantes Medium nahegebracht werden konnte. (Bot)

(370)
Wieler, Petra
Wie Mütter ihren Kindern ein Bilderbuch vorlesen
In: Die Grundschulzeitschrift, 4. Jg. 1990, H. 39, S. 12-13

Die Autorin referiert einzelne Beobachtungen aus einer niederländischen Studie, in der die Vorlesesituation im sozialen Kontext der (Mittelschichts-) Familie thematisiert wird. Das besondere Augenmerk dieses Projekts gilt der Verständigung zwischen Müttern und ihren vierjährigen Kindern bei der gemeinsamen Rezeption des Bilderbuchs 'Oh, wie schön ist Panama' von Janosch. (Ze)

(371)
Wildner, Kurt
Kinder schreiben in der Tageszeitung
In: Materialien Jugendlit. und Medien, 1987, H. 17, S. 40-41

Der Autor ist Redakteur einer Provinzialtageszeitung, die seit 25 Jahren in der Wochenendausgabe zwei Magazinseiten für Kinder anbietet, welche nahezu vollständig von Kinderbeiträgen gestaltet werden. Für ihre Geschichten und Bilder erhalten die Kinder auch ein Honorar, wenn sie gedruckt werden. Der Autor berichtet aus der langjährigen Erfahrung heraus über bestimmte Entwicklungen und Trends, gibt Auskunft über Kriterien bei Auswahl und Zusammenstellung der Beiträge und zieht Schlüsse bezüglich der Auswirkungen dieser Initiative. (Bot)

(372)
Winkler, Siegfried; Bosin, Gottfried (Mitarb.)
Die Wa(h)re Wirklichkeit. Medienerziehung in der Vor- und Grundschule
Wien: Österreichischer Bundesverlag, 1988, 151 S.

Die Handreichung stellt verschiedene praktisch erprobte Modelleinheiten vor, die an den Erfahrungen und Bedürfnissen von Kindern im Vorschul- und Grundschulalter ansetzen. Thema ist u.a. das Fernsehen, aber auch Märchen oder das Projekt "Klassenzeitung". Der Band bietet in übersichtlicher Form Hilfen auf den Ebenen: Sachanalyse, Didaktik, methodische Verfahren, Materialien, Reflexion usw. (Bot)

(373)
Woischnik, Eckart
Konzepte und Handreichungen zur Leseerziehung
In: Lehren und Lernen, 12. Jg. 1986, H. 10, S. 1-5

Nach einer Einleitung über die grundlegende Bedeutung des Lesens und des Beherrschens der Lesetechnik werden vier von einer Arbeitsgruppe entwickelte Konzepte zur erweiterten Leseerziehung vorgestellt: "Lesemotivation im Vorschulalter und im ersten Schuljahr", "Wettbewerbe zur Förderung sprachlicher Fähigkeiten", "Autorenlesungen bzw. Autorenwerkstatt in der Schule" und "Aufbau und Führung einer Schulbibliothek". Die Konzepte werden im Hinblick auf ihre praktische Verwertbarkeit knapp erläutert. (Bot)

(374)
Zimmer, Heinrike M.
Herr von Ribbeck auf Ribbeck im Havelland. Wie Kinder eine klassische Ballade in unterschiedlichen Bilderbüchern wahrnehmen
In: Informationen des Arbeitskreises für Jugendliteratur, 13. Jg., 1987, H. 2, S. 39-48

Es wird über ein Projekt berichtet, das mit Kindern zwischen 5 und 8 Jahren in Kinderhorten bzw. im Kindergarten durchgeführt wurde. Ziel der Maßnahme war es, Textverständnis und -wirkung einer Ballade ("Herr von Ribbeck... " von Th. Fontane) auf verschiedenen Zeit- und Rezeptionsebenen zu untersuchen.

Der Gedichttext wurde in der Regel mehrfach vorgetragen und dann anhand mehrerer Bilderbücher und Illustrationen vertieft. Die Autorin informiert über Verlauf und Ergebnis des Projekts, gibt inhalts- und formanalytische Hinweise zur Ballade und stellt methodische und graphische Hilfen zur Verfügung.

(375)
Zitzlsperger, Rolf
Winnetou und Heidi besuchen Adrian Leverkühn. Schadet Trivialliteratur der kindlichen Leseentwicklung?
In: Leseförderung durch Trivialliteratur, 1985, S. 33-36

Es handelt sich um ein Referat anläßlich der 16. Schweizerischen Jugendbuchtagung, die 1985 unter dem Thema "Leseförderung durch Trivialliteratur?" stattfand.

6. Leseförderung im Primarbereich

(376)
Altenburg, Erika
Wege zum selbständigen Lesen
Frankfurt/M.: Cornelsen Scriptor 1991, 79 S.

Wenn Kinder Texte lauttreu artikulieren, heißt das noch nicht, daß sie die Bedeutung des Gelesenen dabei auch erfassen. Doch gerade das sinnerschließende Lesen ist Ziel des Leseunterrichts. Die Autorin stellt phantasievolle Methoden vor, mit denen verstehendes Lesen gefördert werden kann.

(377)
Andresen, Ute
Lesen lernt man in der Schule
In: Pädagogik, 1989, H. 2, S. 9-11

Die Autorin, Lehrerin an einer Grundschule, will Anregungen geben, das Lesen in den Unterricht so einzubauen, daß die Kinder an ihren schulischen Leseaufgaben zu Lesern reifen können. Sie stellt Modelle vor, die sie in der eigenen Klasse mit Erfolg anwendet: Vorlesen im Kreis, Sternlesen, Einrichtung einer Leseecke, Lesen zu Advent, Sachtexte lesen. (Ze)

(378)
Andresen, Ute
Mein Schreibtisch ist gedeckt für alle. Kinder und Lyrik
In: Pädagogik, 1989, H. 2, S. 26-35

Die Autorin plädiert für die Behandlung von anspruchsvoller Lyrik (nicht explizite Kinderlyrik) schon in der Grundschule. Sie berichtet dazu von Erfahrungen in einem zweiten Schuljahr, wobei im Vordergrund der Auseinandersetzung mit Gedichten die persönl. Wahrnehmungsweisen der Kinder standen. (Bot)

(379)
Appelt, Jutta
Märchen erzählen - auch in der Schule
In: Materialien zur Schulpraxis VBE, 1987, S. 3-7

Die Autorin weist auf die besondere Faszination hin, die das gekonnte Erzählen von Märchen auf Kinder ausübt. Sie erklärt diese spezifische Wirkung an einigen Beispielen und gibt im folgenden einige Hinweise zur Persönlichkeit des Erzählers und damit zur Vorbereitung und Methodik des Erzählens für Lehrer. (Bot)

(380)
Aschenbrenner, Karl-Heinz; Kalus, Claudia
Swimmy. Ein Theaterstück für Kinder
In: Grundschule, 1989, H. 7/8, S. 62-63

In dem Artikel wird beschrieben, wie Grundschulkinder eine literarische Vorlage (hier das Buch Swimmy von Leo Lionni) in ein Theaterstück umsetzen können. Eingegangen wird dabei auf Bühnenaufbau, Maskierung, Darstellungsweisen verschiedener Gegenstände und Lebewesen. Ein solches Projekt, das durch das Zusammenspiel verschiedener gestalterischer Komponenten (Musik, Sprache, Bewegung) fächerübergreifenden Charakter hatte, kann größtenteils im Rahmen des Klassenunterrichts durchgeführt werden. (Ze)

(381)
Baier, Anna
Kinder lernen Bücher lieben. Diareihen zu pädagogisch wertvollen Kinderbüchern.
In: Lehrer-Journal, 1989, H. 2, S. 35

Es handelt sich um eine Rezension der Diareihe von Sophie und Hubertus Hurl zu pädagogisch wertvollen und preisgekrönten Kinderbüchern. Die Autorin sieht sie als besonders geeignet an, Kinder zum Lesen zu führen. U.a. brachte die Wiedergabe der Illustrationen eines Bilderbuchs durch Farbdiapositive den großen Vorteil, daß die Kinder die Bilder in allen Details betrachten können. Daneben unterstützen didaktisch-methodische Hinweise den Einsatz der Medien im Unterricht. (Bot)

(382)
Balhorn, Heiko; Vieluf, Ulrich
"... und so war das Geheimnis entlüftet" - produktive sprachnot als motor des formulierens
In: Das Gehirn, sein Alfabet und andere Geschichten. Hrsg. von H. Brügelmann u. H. Balhorn. Konstanz 1990, S. 134-144

Anhand von vier Geschichten, die Kinder im Grundschulalter erfunden haben, untersuchen die Autoren charakteristische Merkmale der Gestaltung und Orthographie von Kinder-Texten.

(383)
Balla, Inken; Dummer-Smoch, Lisa; Finck, Wolfgang
Zur Förderung leseschwacher Kinder
In: Pädagogik und Schulalltag, 46. Jg., 1991, H. 2, S. 211-223

Das in dem Beitrag vorgestellte Konzept basiert auf langjährigen Erfahrungen mit dem Kieler Leseaufbau in Förderklassen
und auf den Ergebnissen bei der Durchführung eines spezifischen Programms unter Anleitung des Autorenteams. Die zentralen Prinzipien und Aufbaustufen des Kurses werden an Beispielen erläutert, wobei Leselernspiele eine wichtige Stütze bilden. Einige Ergebnisse der Förderung, wie sie eine Begleituntersuchung erbrachte, sind abschließend angefügt. (Bot)

(384)
Bamberger, Richard
**Die Lesesituation international - ein Alarmruf. Motivation -
eine Möglichkeit der Verbesserung**
In: Erziehung und Unterricht. Österreichische Pädagogische
Zeitschrift. 138. Jg., 1988, H. 2+3, S. 105-114

Vor dem Hintergrund von Untersuchungen, die auf einen
Rückgang der Lesetätigkeit und Lesefähigkeit bei Kindern wie
Erwachsenen hinweisen, werden methodische und organisatorische Hilfen für den Lehrer skizziert, der - u.a. im Anfängerun-
terricht - die Leseerziehung verbessern möchte. Das Hauptge-
wicht liegt dabei auf motivationssteigernden Maßnahmen.

Im einzelnen werden u.a. ausgeführt: Erzählen und Vorlesen, Zeitschriften, Lesen und Schreiben, Lesefeiern, Wettbewerbe, Stilles Lesen, Leserpaß. Als wirksamstes Mittel wird die
Verwendung von Kinderbüchern im weiterführenden Leseunterricht vorgestellt. (Bot)

(385)
Baumgärtner, Alfred Clemens
**Hinführung zum Buch im Grundschulalter.
Möglichkeiten und Aufgaben**
In: Schulbibliothek aktuell, 1989, H. 3, S. 159-169

Nach einleitenden Ausführungen über die Faktoren, die zur
Ausbildung einer Leserpersönlichkeit beitragen, beschreibt der
Autor wichtige Bestandteile einer gezielten Buchpädagogik im
Vor- und Grundschulalter. Im Hauptteil seines Beitrages skiz-
ziert er unterrichtliche und außerunterrichtliche Wege zur Ein-
beziehung des Buches in den Alltag der Grundschüler. Dabei

spielen handlungsorientierte und animierende Methoden eine besondere Rolle. U.a. stellt er vor: Bücherschaukasten, literarische Exkursionen. (Bot)

(386)
Bergk, Marion
Ein Minimum an Text - ein Maximum an Reiz. Entdeckendes Lesenlernen in Kinderbüchern. Teil I: Weitestgehende Reduktion der Schwierigkeiten
In: Tausendundein (1000 und 1) Buch, 1988, H. 1, S. 23-31

Die Verwendung von Kinderbüchern im Erstleseunterricht ist das Thema des zweiteiligen Beitrags. Drei Bedingungen stellt die Autorin an geeignete Kinderbücher: 1. Höchstens ein Satz pro Seite, 2. Große Schrift und prägnante Wortstrukturen, 3. Wiederkehrende Sprach- und Erzählmuster. Zu diesen Kriterien stellt sie eine Reihe von Kinderbüchern inhaltlich vor. (Bot)

(387)
Bergk, Marion
Entdeckendes Lernen mit Sachbüchern. Ein Projekt für die Grundschule
In: ide Informationen zur Deutschdidaktik, 1988, H. 1, S. 19-31

In Form einer Projektskizze befaßt sich die Autorin mit der Frage, wie das Lesen im Sachkunde-Unterricht der Grundschule zur Methode des entdeckenden und selbständig informierenden Lernens beitragen kann.

Nach Ausführungen zu den unterschiedlichen Lesestrategien von Kindern und Erwachsenen werden methodische und didaktische Aspekte eines Unterrichtsprojektes behandelt, in dessen Zentrum die eigenständige Informationsgewinnung der Kinder durch Sachbücher, Zeitschriften u.ä. steht. Wesentliches Element eines solchen Unterrichts im Grundschulalter ist die Offenheit des Lehrers für eigene Schwerpunktsetzungen der Kinder bzw. "vagabundierendes" Lesen in einem möglichst großen Angebot an Lesestoffen. (Bot)

(388)
Bergk, Marion
Rechtschreibenlernen beim Verfassen und Redigieren von Texten
In: ide Informationen zur Deutschdidaktik, 1991, H. 2, S. 42-56

Der Rechtschreibunterricht ist seit langem das Paradebeispiel für die Lebens- und Sinnferne schulischen Übens. Die traditio-

nelle Form des Rechtschreibeunterrichts, bei der ein "Phänomen" nach dem anderen durchgenommen wird, bringt, so sy-
stematisch sie scheinen mag, kaum Ordnung in die ortho-
graphische Vorstellungswelt der Lernenden. Der Ruch der Ver-
geblichkeit, der ihr anhaftet, hat ebenfalls Tradition. Die Autorin
stellt ein didaktisches Konzept mit Methoden jenseits dieser
traditionellen Formen auf.

(389)
Born, Monika
Kognitiver oder kreativer Umgang mit Märchen
in Erziehung und Unterricht
In: Jugendbuchmagazin, 38. Jg., 1988, H. 4, S. 170-176

Grundgedanke der Autorin ist es, daß die Textsorte "Märchen"
in besonderer Weise für einen kreativen Umgang im Unterricht
geeignet ist. Darauf baut sie eine historische und analytische
Untersuchung der Märchendidaktik seit dem 19. Jahrhundert
auf. Sie stellt dabei fest, daß seit den 80er Jahren ein Übergang vom kognitiv-analytischen Verfahren der Märcheninterpretation zu mehr kreativen Ansätzen stattfindet. Die Rezension
der fachdidaktischen Literatur führt zu einem Plädoyer für eine
verbundene Form des Umgangs mit Märchen. (Bot)

(390)
Bostelmann, Birgit
Wir machen ein Sachbuch. Unterrichtsprojekt einer
Grundschule und einer Stadt-/Schulbibliothek in Salzgitter
In: Julit Informationen, 16. Jg., 1990, H. 1, S. 17-22

Die Autorin berichtet von einem Projekt, in dem es um die Herstellung eines Tiersachbuches in 3. /4. Grundschulklassen in
Salzgitter ging. In Kooperation mit einer Bibliothek wurde in
diesem Rahmen auch der Umgang mit Sachbüchern und die
Suche nach dieser Literatur in der Bibliothek geschult. (Bot)

(391)
Brügelmann, Hans
Alfabetisierung oder Schriftspracherwerb? Zur Alltagsbe-
deutung des Lesens und Schreibens für Kinder
In: Zwischen Byte und Böll, hrsg. von der Volkshochschule
Düsseldorf, Düsseldorf 1991, S. 40-59

Der Beitrag ist ein Plädoyer für die Gebrauchsorientierung des
Schriftspracherwerbs in der Schule. Er setzt sich damit vor allem ab von einer Überbewertung des literarisch anspruchs-

vollen Bücherlesens sowie von der pauschalen Kritik der elektronischen Medien. Vor diesem Hintergrund werden methodisch-didaktische Vorschläge für einen handlungs- und erfahrungsorientierten Lese- und Schreibunterricht unterbreitet. (Bot)

(392)
Brügelmann, Hans
Kinder auf dem Weg zur Schrift.
Eine Fibel für Lehrer und Laien
Konstanz: Faude, 3. Aufl. 1989, 277 S.

Der Autor strebt an, theoretisches, situationsbezogenes Hintergrundwissen über den Prozeß des Lesenlernens so mit didaktischen und methodischen Konzepten für den Erstleseunterricht zu verbinden, daß der Lehrer selbst seine Auswahlentscheidung treffen kann. Dabei bemüht er sich durchweg um eine konkrete Darstellungsweise, die mit praxisbezogenen Beispielen arbeitet.

Im Anschluß an grundlegende Ausführungen über die psychischen, kognitiven und physiologischen Vorgänge beim Erlernen des Lesens werden vorliegende Methodenkonzepte vorgestellt und im Kontext empirischer Befunde der Lese- und Schreibforschung bewertet: Ganzheitsmethoden, Einzelheitliche Methoden, Methodenintegration, Baustein-Methoden, Spracherfahrungsansatz. Der Schwerpunkt des Buches liegt dabei auf der Erweiterung des systematischen Wissens, unmittelbare unterrichtspraktische Handreichungen müssen den in den ausführlichen Anmerkungen genannten und dafür besonders gekennzeichneten Texten entnommen werden.

Das Schlußkapitel befaßt sich mit dem Thema "Diagnose und Förderung", wobei hier nicht nur normabweichende Leseschwächen angesprochen werden, sondern ein allgemeines Konzept der begleitenden Beobachtung des Lernprozesses dargeboten wird. (Bot)

(393)
Buchner, Christina
Neues Lesen - Neues Lernen. Vom Lesefrust zur Leselust
Südergellersen: Bruno Martin, 1991, 254 S.

Thema dieser praxisbezogenen Handreichung für Lehrer, aber auch für Eltern und andere mit der Kindererziehung befaßte Erwachsene ist das kindliche Lesenlernen, der Erwerb der Lesefähigkeit. Dabei liegt ein besonderes Augenmerk auf der

Prävention und Behandlung von Lesestörungen. Die Autorin verbindet jeweils zentrale wissenschaftliche Informationen (z.B. Hirnphysiologie, Ursachen von Lernstörungen) mit sehr detaillierten praktischen Maßnahmen und Methoden des Leseunterrichts und der Leseförderung, die unmittelbar an der Problemsituation ansetzen. Unter anderem werden folgende Aspekte behandelt: Textauswahl, die die Intelligenz des Kindes fordert; motivationsfördernde Arbeit mit Buchstaben, Ganzwörtern, Texten; Techniken und Übungen zum lesebezogenen Training des Gehirns. Im Hinblick auf Lernstörungen werden kinesiologische Übungen vorgeschlagen. Dazu werden für Problemsituationen konkrete Korrekturmaßnahmen erläutert.

(394)
Buck, Siegfried
Kinderzeitschriften für das Grundschulalter.
Auswahl und Einsatz im Unterricht
In: Grundschule, 1988, H. 2, S. 36-41

Der Autor verweist auf die bisher nicht ausreichend von der Fachöffentlichkeit wahrgenommene Bedeutung der Kinderzeitschriften für die Entwicklung der Lesemotivation und Lesefreude, für die Aneignung qualifizierter Lesefähigkeit sowie als Mittel der Erziehung. In einem Aufsatz zur Typologisierung der Kinderpresse unterscheidet er Kinderseiten in der Erwachsenenpresse, kommerzielle Kinderzeitschriften (Comic-Hefte, Kiosk-Kinderzeitschriften), Zeitschriften mit Empfehlung (Vertrieb über Abonnement oder pädagogische Einrichtungen), halbkommerzielle Kinder-Zeitungen, Verbandszeitschriften und Schülerzeitschriften. Die Zeitschriften mit pädagogischen Empfehlungen werden nach einer Checkliste inhaltlich und formal analysiert. Im Anschluß an sogenannte "Forderungen an eine Kinderzeitschrift aus pädagogischer Sicht" gibt der Autor einige methodische Hinweise zu Einsatzmöglichkeiten dieser Medien in der Grundschule. In den Anmerkungen wird das Schrifttum zum Thema Kinderzeitschriften aufgelistet.

(395)
Buck, Siegfried
Lesemotivation in der Grundschule
In: Lehren und Lernen, 1992, H. 1, S. 30-50

Der Autor befaßt sich mit den im Laufe der Grundschulzeit eintretenden Veränderungen der Lesemotivation und benennt mögliche Ursachenfelder für den Verfall der Lesemotivation überhaupt und für den Verfall speziell in der Grundschule. Seine Vorschläge für eine motivierende Leseerziehung vom 1. bis zum 4. Schuljahr werden abgerundet durch reichhaltige, nach Schulklassen gegliederte Bücherlisten für den Grundschulbereich. (men)

(396)
Dehn, Mechthild (Redak.)
Lesen und Schreiben lernen (Heftthema)
In: Die Grundschulzeitschrift 1. Jg., 1987, H. 7, S. 4-75

Die Zeitschriftenausgabe behandelt das Heftthema auf den drei Ebenen "Praxis", "Theorie" und "Material", wobei auch der Theorieteil stets den Bezug zum Unterricht herstellt. Im einzelnen befassen sich die Aufsätze und Materialien mit folgenden buchbezogenen Themen: Fibelarbeit, "Mini-Bücher" und "Big Book", Tips und Empfehlungen für das Leseregal in der Kuschelecke, Sekundärliteratur zum Thema "Lesen und Schreiben". Diese Themen werden knapp und praxisbezogen behandelt. (Bot)

(397)
Diener, Beatrix
"Frederick" - ein Bilderbuch von Leo Leonni. Jugendliteratur als Ausgangspunkt projektorientierten Unterrichts.
In: Lehrer-Journal. Grundschulmagazin, 1989, H. 3, S. 29-31

Die Autorin zeigt, auf welche Weise das Bilderbuch "Frederick" von Leo Leonni im Grundschulunterricht verwendet werden kann, und zwar fächerübergreifend in Deutsch, Kunsterziehung, Musik, Sport und Sachunterricht. Dabei werden Lernziele, Lernhilfen und der Projektverlauf in einzelnen Unterrichtsabschnitten genau erläutert. (Bot)

(398)
Ellwanger, Werner u.a. (Mitarb.)
Medienerziehung in der Grundschule.
Handreichungen für die Unterrichtsgestaltung
Stuttgart: Landesinst. für Erziehung und Unterricht, o.J., 127 S.

Grundlage für die Handreichungen ist die lehrplanbezogene Schrift "Neue Medien und moderne Technologien in der Schule" des Ministeriums für Schule und Sport in Baden-Württemberg. Darauf bezogen bietet der Band didaktisch-methodische Orientierungen und Unterrichtsbeispiele für mehrere Fächer, die von den neuen Medien berührt sind.

Folgende Unterrichtsinhalte und Anregungen werden behandelt: Fernsehen und Rundfunk - Klassenzeitung und Tageszeitung - Freizeitgestaltung - Medien (Schulbücher und AV-Medien). Ein ausgewählter Materialanhang mit Informationen zum Thema und zu wichtigen bildungspolitischen und juristischen Grundlagen ergänzt den Beitrag. (Bot)

(399)
Engemann, Christa; Schreiner, Kurt; Schlosser, Waltraud
Leseerziehung an allgemeinbildenden Schulen.
Lesemotivation - Autorenlesungen - Wettbewerbe
Stuttgart: Landesinst. für Erziehung und Unterricht, o.J., 93 S.

Der Band bietet Sachinformationen, methodische Hinweise und Materialien in drei Bereichen der extracurricularen Leseerziehung. Der erste Beitrag befaßt sich mit Maßnahmen zur Entwicklung der Lesemotivation im ersten Schuljahr: Anbahnung des Leseinteresses im Elternhaus, in der Klassenbücherei und Leseecke, Materialecke, durch Vorlesen, Bilderbuchkino, Märchenquiz und Ganzschrift. Der zweite Beitrag unterstützt die organisatorische und inhaltliche Vorbereitung von Autorenlesungen und liefert Anhaltspunkte für eine qualitative Auswertung solcher lebendiger Kontakte mit dem Literaturbetrieb.

Nach einer Einschätzung der Bedeutung von Wettbewerben im Schulalltag werden die wichtigsten regelmäßig ausgeschriebenen Wettbewerbe zur Förderung sprachlicher Fähigkeiten, geordnet nach den Gruppen: Aufsatzwettbewerbe, Literaturwettbewerbe, Fremdsprachenwettbewerbe und sonstige Wettbewerbe, dargestellt und methodisch vorbereitet. (Bot)

(400)
Grimm, Gudrun
Schülerträume. Projektwoche Deutschunterricht: Wie entsteht ein Buch? Modellversuch der Gemeinschaft zur Förderung von Kinder- und Jugendliteratur, Berlin
In: JuLit Informationen, 17. Jg., 1991, H. 3, S. 83-85

Ziel des hier skizzierten Unterrichtsprojektes in einer 5. Klasse war es, die Kinder durch unmittelbaren Kontakt mit den verschiedenen Stätten und Institutionen der Buchproduktion und des Buchvertriebs zu einer langfristigen Bindung an das Buch zu bringen. Die hier geschilderte Unterrichtswoche, die von mehreren ganztägigen Exkursionen geprägt war, bedarf der organisatorischen Vorbereitung und der Kooperationsbereitschaft lokaler Betriebe und Institutionen. (Bot)

(401)
Grissemann, Hans
Pädagogische Psychologie des Lesens und Schreibens:
Lernprozesse und Lernstörungen. Ein Arbeitsbuch
Bern: Huber, 1986, 179 S.

Ziel des Autors ist es, Ergebnisse und Modelle der psychologischen Leseforschung darzustellen und in didaktisch, teilweise
auch methodische Anregungen umzusetzen. Im Abschnitt
"Psychologische Grundlagen des Leseunterrichts" wird der
Vorgang des Lesen- und Schreibenlernens einerseits in Einzel-
prozesse segmentiert, andererseits wie ein Gesamtmodell zusammengefaßt.

In einem weiteren Abschnitt werden allgemeine "didaktische
Konsequenzen" gezogen, die eine Überwindung "klassischer
Leselehrgänge" fordern und für den weiterführenden Leseunterricht lernpsychologische Hinweise geben. Im letzten Abschnitt "Lernstörungen im Bereich des Lesens und Schreibens" wird zunächst der Legastheniebegriff in unterrichtspraktischen Zusammenhängen erläutert, um dann präventive Maßnahmen und Methoden vorzuschlagen. (Bot)

(402)
Haas, Gerhard
"Einmischungen". Der Leser als 2. Autor. Berichte aus
der Praxis (3)
In: Praxis Deutsch, 13. Jg., 1986, H. 77, S. 10-11

Der Autor berichtet von den Erfahrungen eines Unterrichtspro-
jekts im 4. Schuljahr, bei dem zum Thema "Reisen" Kinderliteratur gelesen, vorgelesen und in einer gemeinsamen Anstrengung kreativ weiterentwickelt und zu einem eigenen Buch ausgearbeitet wurde. (Bot)

(403)
Haas, Gerhard
"Henriette, Henriette..."; "Henriette Bimmelbahn" von
James Krüss und Lisl Stich
In: Praxis Deutsch, 1988, H. 87, S. 23-25

Nach einer Sachanalyse des Text-Bild-Verhältnisses stellt der
Autor sein didaktisch-methodisches Konzept vor, welches im
Kern darin besteht, daß im Unterricht zunächst nur die Bilder
präsentiert werden, zu denen die Kinder mögliche Inhalte erfinden sollen. Die Grundidee wird im weiteren Verlauf ausgestaltet: "Verse schmieden", Bilder zum Originaltext malen.

(404)
Haas, Gerhard
Hörspiel u. Hörspielelemente i. Unterricht der Primarstufe
In: Praxis Deutsch, 18. Jg., 1991, H. 109, S. 22-25

Der Beitrag stellt einige grundlegende Anregungen für die Arbeit mit Hörtexten und dem Kassettenrecorder im Deutschunterricht des Primarbereichs zusammen. Dazu werden zunächst Quellen und Kriterien für die Auswahl unterschiedlicher Formen von Kinderhörspielen aufgeführt, die dann an zwei Beispielen erläutert werden. Im weiteren wird der Übergang vom Hören zum Lesen und Gestalten anhand der Konzeption von Konrad Kallbach thematisiert. Alle Ausführungen sind mit Verweisen auf praktische Erfahrungen im Unterricht verbunden. (Bot)

(405)
Hansel, Toni
Über die Kunst, den Kindern das Lesen zum Vergnügen zu machen. Ein (nicht nur) grundschuldidaktischer Problemzusammenhang
In: Jugendbuchmagazin, 38. Jg., 1988, H. 2, S. 73-76

Nach allgemeinen Erwägungen über die Rolle des Lesens und die didaktische Funktion der Fibel im Grundschul-Unterricht werden unterrichtspraktische Ratschläge zur Stoffauswahl und Methodik des Erstlese-Unterrichts dargeboten, deren Zweck vor allem die frühzeitige Weckung und perspektivische Erhaltung der Leselust bei Kindern ist. (Bot)

(406)
Herbert-Neitzel, Anita
Grundschüler feiern ein Lesefest......
oder wie aus einem Wettbewerb eine Feier wird!
In: Schulbibliothek aktuell, 1991, H. 2, S. 113-115

Die Autorin beschreibt die Durchführung und den Ablauf eines stadtinternen Lesewettbewerbes bzw. Lesefestes für Grundschüler in Krefeld. Nach schulintern durchgeführten Ausscheidungswettbewerben kamen im jüngsten Lesefest 36 Drittkläßler aus 36 Grundschulen zur Vorbereitung eines gemeisam konzipierten Märchenprogrammes zusammen. Das an einem Wochenende erstellte Programm, welches u.a. ein Riesenbilderbuch, einen Märchentanz sowie ein Theaterstück enthielt, wurde in der darauffolgenden Woche einer gespannten Zuhörerschaft aus Mitschülern, Eltern und Geschwistern vorgeführt.

(407)
Ipfling, Heinz-Jürgen (Hrsg.)
Leseerziehung an Grund- und Hauptschulen. Bericht über einen Kongreß d. Bayer. Lehrer- u. Lehrerinnenverbandes
München: Domino, 1989, 127 S.

Das Heft beinhaltet einen Großteil der Referate, die auf dem "Kongreß Leseerziehung" des Bayerischen Lehrer- und Lehrerinnenverbandes im Nov. 1988 gehalten wurden. Die Referate befassen sich u.a. mit folgenden Themen: Lesen und Mediennutzung, Lesemotivation, Hinführung zum Lesen, Bücher und Zeitschriften für das erste Lesealter, Jugendzeitschriften, Gedichte, sachbezogene Texte. (Ze)

(408)
Kratochwil, Leopold
Zur didaktischen Aufbereitung von Bilderbüchern am Beispiel d. "Riesenberge" v. Max Bollinger und Stepán Zavrel
In: Tausendundein (1000 und 1) Buch, 1988, H. 3, S. 25-29

"Der Sinn der Aufbereitung von Bilderbüchern besteht darin, für ein Kind oder mehrere Kinder einen möglichst hohen Anregungsgrad zum selbständigen Erlesen (Erfassen, Erarbeiten) des Inhalts und zum Auseinandersetzen mit dem Gehalt eines Buches, auch im sach-, problem-, und partnerbezogenen Dialog ("Buchgespräch") zu erzielen. " Diese Zielsetzung gestaltet der Autor in didaktisch-methodische Hilfen für den Grundschullehrer aus, welche in exemplarischer Weise auf konkrete Bilderbücher angewendet werden. (Bot/Autor)

(409)
Kretschmer, Christine
Was ich Cornelius beibringe. Bilderbücher animieren zum Schreiben
In: Praxis Deutsch, Jg. 13, 1986, H. 80, S. 26-28

Die Autorin zeigt auf, wie Bilderbücher im Anfangsunterricht dazu verwendet werden können, die Kinder zum Schreiben zu motivieren. (Bot)

(410)
Knobloch, Jörg (Hrsg.)
L wie Lesen. Anregungen zur Leseförderung in den Klassen 1-4 Primarstufe, Heft P1
München: Franz Schneider Verlag, 3. Auflage, 1991, 55 S.

Die Handreichungen für Lehrer beziehen sich auf Kinderbücher des Schneider-Verlages von folgenden Autoren: Ales Vrtal, Alfons Schweiggert, Helga Höfl, Ursel Scheffler, Dimiter Inkiow, Renate Axt, Sabine Jörg, Jo Pestum, Herbert Berger. Die Ausgabe 1991/92 enthält eine Beilage mit Arbeitsblättern, Tafelbild- und Kopiervorlagen.

(411)
Landherr, Karl
Das Kinder- und Jugendbuch in der Schule. Unterrichtsmodell für Grundschule und Hauptschule
Donauwörth: Auer, 1984, 225 S.

Das Buch will durch Information, Anregungen und konkrete Hilfestellungen Lehrer und Schüler zur Beschäftigung mit Kinder- und Jugendbüchern motivieren. Zwei einführende Kapitel heben die Bedeutung des Bücherlesens gegenüber der Nutzung anderer Freizeitmedien unter psychologischen und kognitiven Gesichtspunkten hervor und geben Hintergrundinformationen zum Literaturbetrieb.

Die Kapitel 3-6 sind der Verwendung des Kinder- und Jugendbuchs in der Schule gewidmet. Nach grundsätzlichen Erwägungen werden didaktisch-methodische Hinweise zur Unterrichtslektüre einer Ganzschrift gegeben, die in acht konkrete Unterrichtseinheiten sowie praktischen Aktionen und Projekten zur Steigerung der Lesemotivation beispielhaft umgesetzt werden. Das siebte Kapitel widmet sich der Erziehung zum Buch im Elternhaus, wobei insbesondere Einflußmöglichkeiten der Schule/ Lehrer beschrieben werden.

(412)
Langen, Viktor
Das feuerrote Segel. Anregungen zum Lesen einer Ganzschrift im 4. Schuljahr
In: Grundschule, 1987, H. 7/8, S. 20-22

Das hier für den Unterricht vorgeschlagene Buch von Willi Fährmann ist mit 80 Seiten Umfang schon eine bedeutende Anforderung für ein 4. Schuljahr. Der Autor wägt verschiedene didaktisch-methodische Möglichkeiten der Textverarbeitung und Texterschließung ab, die auf dem Hintergrund eigener praktischer Unterrichtserfahrungen beruhen. U.a. werden auch Vorschläge unterbreitet, wie das Buch nicht nur im Deutschunterricht, sondern auch fächerübergreifend verwendet werden kann. (Bot)

(413)
Langer, Gerhard
Lesefreuden in der Schule. Theoretische Grundlagen und praktische Ausführung zu einem anspruchsvollen Ziel
In: Grundschule, 1987, H. 7/8, S. 24-28

Der Autor berichtet von Erfahrungen in einem Grundschulprojekt, welches das Ziel hatte, die Kinder- und Jugendliteratur verstärkt in den Deutschunterricht einzubeziehen und dadurch Kinder zum Lesen zu motivieren. Er geht ein auf Inhalte der KJL; Methoden, wie man KJL in den Unterricht einbauen kann; Heranführen der Kinder an Bibliotheken, Buchhandel, Verlage etc.; Kooperation der Lehrer; Literaturempfehlungen. Beispielhaft schildert er die Durchführung einer Autorenlesung.

(414)
Langer, Gerhard
Lesefreuden in der Schule. Kinder besuchen einen Jugendbuchverlag
In: Grundschule, 21. Jg., 1989, H. 1, S. 64-66

Der Beitrag weist auf Erfahrungen mit zwei Unterrichtsmöglichkeiten hin, die in den höheren Klassen der Grundschule die Freude am Lesen wecken und erhalten können. Einerseits skizziert er den Besuch eines Kinderbuchverlages (Franz Schneider Verlag) und weist auf wesentliche Momente der Organisation und Verbreitung hin; andererseits beschreibt er die wichtigen Stationen einer Unterrichtseinheit zu Elfi Donnellis Buch "Servus Opa, sagte ich leise." Das schwierige Thema "Tod" konnte mit Primarstufenschülern behandelt werden, wobei das Buch ganz durchgelesen, aber auf die Besprechung sprachlicher und stilistischer Fragen verzichtet wurde. (Bot)

(415)
Leseförderung durch Kinderbücher, Bücher zum Thema "Frieden" (Heftthema)
In: Informat. Jugendlit. und Medien, 1987, H. 2, S. 34-54.

Die Beiträge enthalten überwiegend Leseempfehlungen zum Thema. Ein Aufsatz skizziert methodische Möglichkeiten der Leseförderung in den vier Grundschuljahren, ein weiterer behandelt die Darstellung des Faschismus in der KJL. (Bot)

(416)
Bertelsmann Stiftung (Hrsg.)
Lesen in der Grundschule:
ein Lehrerfortbildungsprojekt des Landes Nordrhein-West-
falen in Zusammenarbeit mit der Bertelsmann Stiftung
Gütersloh: Verl. Bertelsmann Stiftung, 1990, 119 S.

Der Band informiert in insgesamt acht Beiträgen über Ziele, Konzepte, erste Erfahrungen und vorläufige Ergebnisse einer wissenschaftlichen Evaluation des Fortbildungsprojekts für Grundschullehrer in Nordrhein-Westfalen. Die persönlichen Erfahrungsberichte aus der Praxis, die Einblick in den Inhalt und Ablauf einzelner Veranstaltungen der Maßnahme bieten, wurden von Moderatorinnen oder teilnehmenden Lehrerinnen verfaßt. Den Hauptteil des Buches bildet der Bericht über die Evaluation des Projekts von Gerhard Tulodziecki. Er basiert im wesentlichen auf Analysen der Ausgangsbedingungen und Verfahren sowie auf Befragungen der 273 Teilnehmerinnen und Teilnehmer hinsichtlich ihrer Anfangserwartungen und des Grads ihrer Erfüllung. In der Gesamtbeurteilung konnte überwiegend eine hohe bis sehr hohe Zufriedenheit bei den Teilnehmern festgestellt werden.

(417)
Ludwig, Irene
Umgang mit Texten: Kinderbücher
In: Die Schulbibliothek - ihre Nutzungsmöglichkeiten im Unterricht. Hrsg. von der Beratungsstelle des Dt. Bibliotheksinst. für Schulbibliotheken (Red. Niels Hoebbel), Berlin 1990, S. 22-26

Für Irene Ludwig ist ihre Schulbibliothek der ideale Ort für Leseförderung. Sie beschreibt sehr anschaulich Möglichkeiten, wie sie ihre Schüler (3. Klasse) zum Lesen motiviert. Auch die Schüler, die mit Büchern wenig vertraut sind, erhalten Freude am Umgang mit Buch und Bibliothek. (Einleitung)

(418)
Mai, Irmgard
Die Leseecke in der Klasse und ihre Einbeziehung in den
Unterricht
In: Schulbibliothek aktuell, 1990, H. 4, S. 264-271

Für den Primarstufenunterricht vom 1. Schuljahr an schlägt die Autorin die Einrichtung einer Leseecke vor und führt an Beispielen aus, wie diese sinnvoll in den Unterricht integriert werden kann. Dabei legt sie besonderen Wert auf Unterrichtsinhalte, die nicht in unmittelbarem Zusammenhang zu Büchern oder zum Lesen stehen. Hierzu wird die Verwendung verschiedener Sachbücher empfohlen. Im weiteren geht die Handreichung auf die Einbeziehung von Büchern in die Freie Arbeit und auf das Führen eines Lesetagebuches ein. (Bot)

(419)
Matten-Gohdes, Dagmar
Hits für Kids von Kästner
In: Grundschule, 1989, H. 7/8, S. 39-41

Die Autorin beschreibt Erfahrungen mit der Verwendung von Kinderbüchern des Autors Erich Kästner im Unterricht. Dabei stellt sie besonders die Möglichkeiten des Vorlesens heraus. Sie erläutert ihre Unterrichtsvorschläge und die Vorzüge der Kästnerscher Werke an Beispielen. (Bot)

(420)
Mauthe-Schonig, Doris; Schonig, Bruno; Speichert, Mechthild
Mit Kindern lesen. Handlungsorientierter, fächerübergreifender Unterricht im zweiten Schuljahr
Weinheim: Beltz, 3. Aufl., 1990, 135 S.

Kernstück dieses integrativen Unterichtskonzepts sind 14 Erzählungen - die "Gulli-Geschichten" -, die der Lehrer über mehrere Wochen zu Beginn des 2. Schuljahres seinen Kindern erzählt. Nach jeder Vorlesegeschichte wird eine Pause gemacht, in der sich die Kinder die - um die Phantasiefigur des Gulli gesponnene - Erzählung aktiv aneignen. Mögliche Aneignungsformen werden in "Gullis-Arbeitsheft" und in "Gullis-Schreibheft" vorgeschlagen.

Diese Schülerarbeitshefte stehen in lockerem, assoziativen Zusammenhang zu den einzelnen Erzählungen und ermöglichen den Kindern, eigene Erfahrungen zu artikulieren und zu bearbeiten. Durch die Lehrer-Erzählungen und die darauf bezogenen Arbeitsaufgaben wird ein emotional geprägter Erlebnis- und Erfahrungszusammenhang aufgebaut, der das Auseinanderfallen der kindlichen Tätigkeiten in fächerorientierte 45 Minuten-Stunden aufhält.

Wenn die Kinder dann - nach einigen Monaten - mehr und besser lesen können, bekommen sie "Gullis-Lesebuch". Neben den Gulli-Geschichten bietet der Band Arbeitsvorschläge für jeden Schultag. (Einführung)

(421)
Mauthe-Schonig, Doris; Schonig, Bruno; Speichert, Mechthild
Mit Kindern lesen im ersten Schuljahr. Anfangsunterricht mit den Geschichten von der kleinen weißen Ente
Weinheim: Beltz, 2. Aufl., 1990, 95 S.

Im Mittelpunkt der hier vorgestellten Unterrichtsreihe steht ein Zyklus von Geschichten, der den Kindern über die Zeit ihres ersten Schuljahres hinweg vorgelesen wird. Der Band führt in 30 Einheiten methodische Anregungen und Arbeitsmaterialien vor, wie im Zusammenhang dieser Geschichten der Leselernprozeß initiiert werden kann. Konkrete Praxiserfahrungen bei der Durchführung der Reihe werden wiedergegeben und in Unterrichtsideen umgesetzt. (Autorinnen/Bot)

(422)
Meiers, Kurt
Freude am Lesen. Zum pädagogischen und didaktischen Konzept des Umgangs mit Texten
In: Grundschule, 18. Jg., 1986, H. 10, S. 10-15

Dieser Grundsatzartikel zum Heftthema "Weiterführendes Lesen" faßt zentrale Thesen und Argumente zur Zielsetzung und didaktischen Orientierung des Leseunterrichts in der Grundschule zusammen. Dabei versteht er Leseerziehung als umfassende Förderung einer Lesehaltung und Lesepersönlichkeit, die auch außerhalb des eigentlichen Leseunterrichts wirksam wird. Im einzelnen verweist er auf pädagogisch-psychologische Aspekte des Lesenkönnens, des Leseinteresses und der Leseaktivität, die im Unterricht Beachtung finden sollten, und setzt diese teilweise in pragmatische Hinweise um. (Bot)

(423)
Meiers, Kurt
Lesen lehren. Zum Lesen veranlassen
In: Lehren und Lernen, 12. Jg., 1986, H. 7, S. 61-74

Der Autor geht davon aus, daß das Hauptziel des Leseunterrichts nicht die Lesefähigkeit, sondern die Lesefreude ist. Dazu stellt er grundsätzliche Überlegungen an, die auf zentrale Elemente eines guten Leseunterrichts hinauslaufen: Selbermachen/Selbsttätigkeit des Kindes, Ernstnehmen seiner Person;

Kommunikative Unterrichtsformen. Anknüpfend an diese Vorüberlegungen werden typische Aufgabenstellungen und Arbeitsmöglichkeiten gezeigt und kurz analysiert. (Bot)

(424)
Müller, Rudolf
Frühbehandlung der Leseschwäche. Diagnose, Behandlungsplan und Weckung von Leseinteresse in den Anfangsklassen
Weinheim u. Basel: Beltz, 1990, 147 S.

Die Förderung lese-rechtschreibschwacher Kinder ist umso erfolgreicher, je früher sie einsetzt. In diesem praxisorientierten Buch wird neben diagnostischen Hilfsmitteln ein zweistufiger Behandlungsplan dargestellt (ab Mitte der 1. Klasse anwendbar). Es werden zahlreiche methodische Hilfen vorgeschlagen und ausführlich auf die Eigenherstellung von Lesespielen und Arbeitsmitteln für die Hand des Schülers eingegangen. Darüber hinaus werden Vorschläge gemacht, wie bei Kindern die Lesemotivation und das Leseinteresse geweckt werden können.

(425)
Niemann, Heide
Anregungen zur Leseförderung in der Schule
In: Schulbibliothek aktuell, 1990, H. 2, S. 99-101

Die Autorin stellt Beispiele zur Leseförderung aus einer britischen Grundschule vor, die auch in Deutschland realisiert werden könnten, wie z.B. Elternabende, bei denen Bücher vorgestellt werden, um den Eltern bei der Buchauswahl zu helfen. Weiterhin beschreibt sie das "paired reading", eine Form fördernden Lesens, bei der Kinder mit einem Tutor gemeinsam von ihnen selbst ausgewählte Bücher lesen. Ein weiteres Mittel zur Leseförderung sind von den Kindern selbst erstellte Buchempfehlungen.

(426)
Niemann, Heide
Vom ersten Schultag an: Umgang mit Büchern
In: Schulbibliothek aktuell, 1989, H. 3, S. 170-176

Die Autorin berichtet von ihren Erfahrungen in einem Grundschulunterricht-Schuljahr, in dem sie von Anfang an Kinderbücher im Klassensatz mit großem Erfolg verwendete. Alle wichtigen Phasen im Prozeß des Lesen- und Schreibenlernens konnten durch Kinderbücher auf attraktive Weise unterstützt werden. Für alle Grundschuljahre werden in knapper Form eine Vielzahl von Ideen und Aktivitäten mit Büchern beschrieben. Vergleiche auch die Anregungen von A.C. Baumgärtner im selben Heft.

(427)
Niemann, Heide
Wir lesen in Büchern vom ersten Schultag an
In: Geschichten von Kindern - Geschichten für Kinder, hrsg. von Heiko Balhorn. Deutsche Gesellschaft für Lesen und Schreiben, 1991, S. 28-33

Die Autorin plädiert dafür, schon in der ersten Schulklasse Bücher/Ganzschriften in den Unterricht einzubeziehen. In dem Beitrag schildert sie ihre Erfahrungen und gibt Tips, in welch verschiedener Weise die Bücher zur Arbeit herangezogen werden können. (Ze)

(428)
Österreichischer Buchklub der Jugend
Buch konkret - Ein Service des Buchklubs
In: Tausendundein (1000 und 1) Buch, 1989, H. 6, S. 31-34

Für das illustrierte Kinderbuch "Der Großvater im Bollerwagen" von Gudrun Pausewang und Inge Steineke wird eine Unterrichtsskizze für alle Stufen des Primarbereichs geboten.

(429)
Österreichischer Buchklub der Jugend
Buch Konkret: Mira Lobe: Die Sache mit dem Heinrich
In: Tausendundein (1000 und 1) Buch, 1990, H. 2, S. 31-34

Das Kinderbuch "Die Sache mit dem Heinrich" von Mira Lobe wird für die Unterrichtsplanung ab Klasse 4 didaktisch und methodisch aufbereitet. Das Buch behandelt die Thematik der Kindesmißhandlung durch den Stiefvater. (Bot)

(430)
Pluwatsch, Petra
Dichten lernen. Wie Kindern beigebracht wird, Geschichten zu erzählen
In: Kölner Stadt-Anzeiger vom 10. 3. 1990

Der Beitrag beschreibt eine Doppelstunde in einer vierten Grundschulklasse, bei der der Kinderbuchautor Harry Böseke den Kindern die Lust am Fabulieren und verschiedene Methoden, Geschichten zu erfinden und auszugestalten, näherbrachte. Die Autorin erläutert Details und Hintergründe dieses Projekts einer Schreibwerkstatt im Kleinen. (Ze)

(431)
Rademacher, Gerhard
Dem Autor über die Schulter gesehen. Oder wie Kinder auf Vers und Rhythmus aufmerksam werden können
In: Jugendbuchmagazin, Jg. 37, 1987, H. 3, S. 133-136

Die Scherzballade "Die Hasenjagd" von Richard Zoozmann wird für die Behandlung im Grundschulunterricht vorgeschlagen und mit mehreren didaktisch-methodischen Alternativen, die je nach Altersstufe und Vorwissen akzentuiert werden können, versehen. (Bot)

(432)
Balhorn, Heiko (Hrsg.) u.a.
Regenbogen-Lesekiste
Hamburg: Verlag für pädagogische Medien, o.J., 425 S.

Die Regenbogen-Leseliste besteht aus 5x5 kleinen Bändchen plus Zusatzmaterial, die in einer Box zusammengehalten werden. Die Heftchen sind nach Schwierigkeit in fünf Stufen gruppiert. Durch die Verwendung von einfachen, häufig gebrauchten Wörtern, von kurzen Sätzen und von an die Lesephase angepaßten Buchstabengrößen sind die Texte sehr leicht lesbar und für das Erstlesen geeignet. Jedes Heft behandelt ein Thema aus dem Interessenbereich der Kinder.

Der Gesamttext umfaßt 425 Seiten, führt 960 verschiedene Worte ein und enthält 370 Zeichnungen und 84 Fotos. Die Regenbogenreihe unterstützt gleichzeitig ein Konzept der bilingualen Leseerziehung schon in den Anfangsklassen. Dazu sind die Heftchen auch in fremdsprachiger (bisher in französischer und englischer) Version erhältlich. Die einzelnen kleinen Textblocks sind zum Ausschneiden und Einkleben vorbereitet. Lexikalisch angeordnete Übersetzungen werden für jede Seite gleich mitgeliefert. (Bot)

(433)
Reichgeld, Manfred
Naturerfahrung in Gedichten
In: Lehrer-Journal. Grundschulmagazin, 1989, H. 4, S. 25-26

Der Aufsatz bietet Hinweise zur Behandlung von zwei Kindergedichten über das Thema Naturerfahrung (von James Krüss und Josef Guggenmoos) im Unterricht. Der Autor nennt mögliche Lernziele und Querverbindungen zu anderen Fächern bei der Behandlung dieses Themas. Er skizziert in einem einstündigen Unterrichtsverlauf, wie die Lernziele in einem 3. Schuljahr methodisch umgesetzt werden können. (Bot)

(434)
Ritz-Fröhlich, Gertrud
Im Dialog mit Texten
In: Grundschule, 18. Jg., 1986, H. 10, S. 18-21

"Was verbindet Gespräch und Lesen?" ist die Ausgangsfrage der Autorin und veranlaßt sie, unter theoretischen Hinweisen Ansatzpunkte und Anregungen für eine gesprächsorientierte Textarbeit im Leseunterricht der Primarstufe aufzuzeigen.

Die im Zentrum stehenden Unterrichtshilfen umfassen neben Ideen für unterschiedliche Kommunikationsformen bei der Texterschließung auch Vorschläge zur kreativen Umsetzung und Ausgestaltung der Textrezeption. (Bot)

(435)
Robinson, Rolf
Das Kind und die Schrift. Ein neues Lernkonzept für die Grundschule.
Lichtenau: Freiarbeit-Verlag, 1992, 70 S.

Aus dem Inhalt: "Schul-Anfang ist keine Fibel. Es werden nicht mit der ganzen Klasse Buchstaben erarbeitet. Es gibt keine Schwungübungen. Eigentlich wird überhaupt nicht geübt. Kinder wollen nicht üben, sondern ausführen. Es gibt kein Voranschreiten im Unterrichtsstoff mit der ganzen Klasse, wobei sich die Schar der Schulanfänger in Gute, Mittlere, Schwache, Außenseiter, Zugpferde, Störer und Versager auseinanderfächern würde. Das soll bei uns nicht vorkommen. Alle Kinder wollen lernen. Es gibt keine schlechten Kinder. Schulanfänger schreiben nicht falsch... "

(436)
Röbe, Edeltraud
Leseerfahrungen von Viertkläßlern während einer Schülerwoche
In: Die Grundschulzeitschrift, 3. Jg., 1989, H. 22, S. 26-29

Der kurze Beitrag will anhand eines zufälligen Wochenplanes einer 4. Grundschulklasse bewußt machen, welche Bedeutung das Lesen für den Schulalltag auch außerhalb des eigentlichen Leseunterrichts hat und in welch unterschiedlichen Formen und Akzentuierungen das Lesen gefördert wird. (Bot)

(437)
Sahr, Michael
Kinderliteratur in der Grundschule, dargestellt an Harald Grills Buch 'Gute Luft - auch wenn's stinkt'
Regensburg: Wolf, 1987, 48 S.

Die allgemein-didaktischen Bemerkungen und detaillierten Stundenbilder stehen unter dem Grundgedanken, zu einem verweilenden, anregenden, aber auch offenen und aktiven Umgang mit diesem Buch zu veranlassen. Die exemplarische Vorgehensweise läßt die Übertragung auf jedes andere Kinderbuch zu. Die Stundenbilder beziehen neben dem Deutschunterricht auch den Sachunterricht, Kunstunterricht, Verkehrsunterricht u.ä. ein.

Die Unterrichtsvorschläge werden ergänzt durch einen Materialanhang, der auf die Herstellungsbedingungen von Kinderbüchern eingeht, die Arbeitsweise von Kinderbuchautoren zeigt, und der einen Überblick gibt über Anschriften und Quellen zur Arbeit mit Kinderliteratur. (Autor/Bot)

(438)
Sahr, Michael
Problemorientierte Kinderbücher im Unterricht der Grundschule
Baltmannsweiler: Burgbücherei Schneider, 1987, 253 S.

Das Buch bietet nach einer fachdidaktischen Einführung insgesamt 8 Unterrichtsmodelle (Sachanalyse, didaktisch-methodische Hinweise) zu ausgewählten Konfliktthemen des Kindesalters, die jeweils über die Verwendung von Kinderliteratur behandelt werden. Themen sind u.a.: Schulanfang, soziales Verhalten, Freundschaft, Anpassung oder Widerstand, Tod und Endlichkeit, Friedenserziehung. Darüber hinaus fügt der Autor vierzig Rezensionen über problemorientierte Kinderbücher an.

(439)
Sahr, Michael
Von Anderland nach Wunderland. Phantastische Kinderbücher im Unterricht der Grundschule
Baltmannsweiler: Burgbücherei Schneider, 1990, 276 S.

Nach einem Einführungskapitel, das auf die grundsätzliche Bedeutung der Kinder- und Jugendliteratur für die Schule eingeht, untersucht der Autor fünf wichtige phantastische Kinderbücher und setzt sie mit einem bestimmten, didaktisch interessanten Aspekt in Zusammenhang: - Beim Tierbuch "Der Findefuchs" geht es in erster Linie um die Frage der Identifikation und des Anthropomorphismus. - Beim Erziehungsroman "Pinocchio" kommt es vor allem zu einer Auseinandersetzung mit dem pädagogisch-funktionalen Aspekt. - Beim Buch "Alice im Wunderland" spielen die Begriffe "Komik" und "Nonsens" eine zentrale Rolle. Bei den abenteuerlichen Erzählungen aus "Der Weg durch die Wand" steht das produktionsorientierte Arbeiten im Mittelpunkt.

Bei dem Buch "Die Moorgeister" wird hauptsächlich das Problem der literarischen Angst angesprochen. Am Ende eines jeden Kapitels wird das Kinderbuch bezüglich seiner schulischen Vermittlung betrachtet und ein ausführliches und mehrfach erprobtes Unterrichtsmodell vorgestellt. (men)

(440)
Sahr, Michael (Hrsg.)
Märchen in der Grundschule.
Kreativer und produktiver Umgang mit Märchen
Regensburg: Wolf, 1988, 64 S.

Im vorliegenden Buch werden - gemäß der derzeitigen Einschätzung des Märchens - vor allem kreative und produktive Möglichkeiten des Umgangs mit Märchen herausgestellt. Dabei betrachten die Verfasser der einzelnen Beiträge die Märchen aus einem jeweils anderen Blickwinkel.

Folgende Aufsätze sind in dem Werk enthalten: - Karl Ernst Maier: Märchen, Kindermärchen, Schulmärchen - Michael Sahr: Märchen verändern - mal so und mal so... - Beatrix Diener: Von der verwunschenen Krähe bis zur Taube im Ofenrohr - Harald Grill: Kreativer Umgang mit Märchen - Michael Sahr und Angela Vilsmeier: Kinder spielen Märchen. (Hrsg.)

(441)
Salmann-Waterkortte, Hanne
Erlebnisse mit einem Bilderbuch
In: Grundschule, 1989/H. 1, S. 60-61

Berichtet wird von einer Unterrichtserfahrung in einem 3. Schuljahr. Das Bilderbuch "Anna und die anderen" von Gisela Degler-Rummler wurde intensiv durch gemeinsame Rezeption und produktive Umsetzung (Rollenspiel, Malen, Vorlesen, Schreiben) erschlossen. In einem weiteren Schritt wurden die entstandenen Produkte einem 2. Schuljahr vorgestellt, um die Freude an dem Buch auf die andere Klasse zu übertragen.

(442)
Schill, Wolfgang
Hör-Spiel als Sprach-Spiel.
Hörspiel-Konstruktionen mit Sprachmaterial
In: Praxis Deutsch, 18. Jg., 1991, H. 109, S. 41-45

In der Einleitung erläutert Schill das Konzept, aus vorhandenem Sprachmaterial (überwiegend aus der Radiowerbung) neue Textcollagen zu eigenproduzierten Hörspielen zusammenzuschneiden. Diese Art des Sprachspiels kann auch schon in den Endklassen der Grundschule durchgeführt werden. Im weiteren werden vier Unterrichtsmodelle "Nonsens-Werbung" in Vorbereitung und Ablauf knapp beschrieben. Der Einstieg erfolgt dabei z.B. über das Abspielen einer schon fertigen kurzen Produktion, in der bekannte Werbestimmen zu einem unsinnigen und witzigen Spot montiert sind. Kern der Modelle ist stets die kreative Arbeit der Schüler mit dem Ziel, einen eigenen Hörtext zu produzieren.

(443)
Schröter, Eugen
Pipos Schmökerstube: eine Grundschulbücherei
In: Schulbibliothek aktuell, 1989, H. 3, S. 196-202

Der Autor berichtet von der erfolgreichen Anstrengung an einer kleinen Grundschule, aus einer kaum genutzten Sammlung alter Kinderbücher eine leistungsfähige und attraktive Schulbücherei zu machen. Er informiert über die organisatorischen Vorbereitungen und die konkrete Ausgestaltung ebenso wie über die Finanzierung des Projekts: insgesamt ca. DM 10000,- wurden aus drei verschiedenen Quellen geschöpft. Ein Blick auf die starke Nutzung der Bücherei schließt den Beitrag ab.

(444)
Schürer, Gretel
Arbeitsmöglichkeiten in einer integrierten Schulbibliothek
In: Praxis Deutsch, 1989, H. 92, S. 42-45

Die John-F. -Kennedy-Schule in Berlin, eine deutsch-amerikanische Gemeinschaftsschule, verfügt über eine Grundschulbibliothek, die in besonderer Weise in den Unterricht der Primarschüler (in Berlin bis zur 6. Klasse) einbezogen ist. Zwei Zielrichtungen bestimmen diese Arbeit: die Förderung des Lesens als kulturvermittelnde Tätigkeit und das Lernen und Einüben von Fähigkeiten zur Benutzung einer Bibliothek. Der Beitrag stellt die Wege und Methoden dar, wie diese Ziele in den einzelnen Klassenstufen umgesetzt werden. Obwohl die Lernschritte nur curriculumartig aufgelistet und knapp erläutert werden, ergibt sich ein breites Panorama der Nutzung einer Schulbibliothek im Grundschulbereich. (Bot)

(445)
Senator für Schulwesen, Berufsausbildung und Sport (Hrsg.)
Umgang mit literarischen Texten. Eine Handreichung zum vorläufigen Rahmenplan für Unterricht und Erziehung in der Berliner Schule. Grundschule. Deutsch, Klasse 1-6
Berlin: (Selbstverlag), 1988, 55 S.

Die Handreichung schlägt Texte aus verschiedenen Literaturgattungen (Gedichte, Märchen, Erzählungen, Kriminalliteratur etc.) vor. Sie liefert jeweils eine knappe Sachanalyse, Lernzielbeschreibungen und methodische Hinweise. (Bot)

(446)
Sennlaub, Gerhard
Texterleichterungen - Unterwegs zum Polarstern
In: Die Grundschulzeitschrift, 3. Jg., 1989, H. 22, S. 51-53

Vor allem für die 2. Jahrgangsstufe unterbreitet der Autor Vorschläge, wie Lesen und Textarbeit für die unterschiedlichen Lesefähigkeiten der Schüler differenziert gestaltet werden kann. Dabei kommen Variationsmöglichkeiten bei Schriftgröße, Wortlänge, Satzlänge u.ä. zur Verwendung.

(447)
Simon, Eva
"Ich lese gerne, weil es mir Spaß (!) macht". Möglichkeiten der Leseförderung in den vier Grundschuljahren
In: Jugendliteratur und Medien, 39. Jg., 1987, H. 2, S. 35-37

In knapper Form vermittelt der Beitrag Anregungen, wie in den Grundschuljahren Lese- und Bucherziehung über den gewohnten Unterrichtsrahmen hinaus praktiziert werden kann: Bilderbuch-Einsatz, selbstgedruckte Bücher, Vorlesen, Schülerbücherei, Autorenlesungen, Wettbewerbe, Taschenbücher. (Bot)

(448)
Steffens, Wilhelm
Prosaformen der Kinderliteratur. Unterrichtsmodelle für den Deutschunterricht in der Grundschule
Frankfurt/M.: Hirschgraben, 1986, 224 S.

Die unterrichtspraktische Handreichung bietet zunächst literaturdidaktische Begründungen für die Verwendung von Ganzschriften in der Grundschule und stellt das Konzept der Reihe vor, welches sich vor allem mit dem Spannungsverhältnis von Lesebuch und Ganzschrift befaßt. Im folgenden werden vier Gruppen von Unterrichtsmodellen ausgearbeitet:
- Themenhefte als Textsequenzen mit inhaltlichem Schwerpunkt und sachkundigen Bezügen;
- Themenheft als Textsequenzen mit sprachlich-literarischer Dominanz;
- Arbeits- und Leseheft;
- Kinderbücher (drei realistische und zwei phantastische Beispiele).

Jeder Abschnitt ist mit einer themenspezifischen Sachanalyse versehen und beschreibt u.a., weshalb die Kinderbücher als typische Vertreter ihrer jeweiligen Gattung angesehen wurden.

(449)
Thomé, Ute
Leseparadies in einer Grundschule
In: Schulbibliothek aktuell, 1986, H. 3, S. 173-179

Die Autorin berichtet von den Erfahrungen bei der Einrichtung eines Lesezentrums (genannt "Leseparadies") in einer Schulklasse, die Schülern und Lehrern zum privaten Lesen wie zur Durchführung von Veranstaltungen (z.B. Vorlesestunden) zur Verfügung steht. Die Initiative wird vollständig privat von Lehrern, Schülern und Müttern getragen. (Bot)

(450)
Tobler, Max
"Wie groß war das Mammut?" Z. Umgang mit Sachtexten
In: Grundschule, 18. Jg., 1986, H. 10, S. 26-28

Der Autor berichtet von Erfahrungen mit einem Unterrichtsprojekt in einem 4. Schuljahr, bei dem die Schüler individuell, in Arbeitsgruppen oder gemeinsam Sachfragen durch die Heranziehung von Literatur (auch aus der Bibliothek) klären sollten. Überlegungen zur Verwendung von Sachtexten und ihrer Weiterverarbeitung im Primarbereich werden angestellt. (Bot)

(451)
Völker-Hill, Barbara
Büchermachen gehört dazu!
In: Die Grundschulzeitschrift, 4. Jg. 1990, H. 39, S. 14-16

Ausgehend von der Auffassung, daß für die Leseförderung in der Schule "die kleinen täglichen Schritte" bedeutsam sind, skizziert die Autorin am Beispiel einer ersten Klasse Möglichkeiten, das schulische Umfeld und den Unterricht leseanimierend zu gestalten. Dazu gehören u.a. die Wahl offener, individuell verwendbarer Lesefibeln und die täglich fortgesetzte Lektüre eines Kinderbuchs, das vorgelesen wird, aber auch dem stillen Lesen stets zur Verfügung steht. Kontinuierlich werden auch Buchvorstellungen - durch die Kinder oder die Lehrerin - einbezogen. Als spezielle Aktivitäten bot die Lehrerin die Teilnahme am städtischen Büchereifest und verschiedene Varianten des selbsttätigen Herstellens von "Büchern" an. (Bot)

(452)
Volk, Hedwig
Die Sache mit dem Lesebuch
In: Pädagogische Welt, 42. Jg., 1988, H. 5, S. 215-219

Ausgehend vom Ergebnis einer Kleingruppen-Untersuchung (2. Klasse) zum Thema: "Was halten Schüler der heutigen Schule von ihren Lesebüchern?" stellte die Autorin fest, daß die Lesebücher von ihrer Zielgruppe angenommen werden. Mit zunehmendem Alter geht das Interesse auf das "richtige" Buch über. Die Autorin gibt Hinweise und Anregungen zur motivierenden Arbeit mit dem Lesebuch. (Bot)

(453)
Watzke, Oswald
Handreichungen für den Umgang mit Kinderbüchern in Schule und Freizeit
In: Lehrer - Journal. Grundschulmagazin, 1990, H. 2, S. 37

Es handelt sich um ein Verzeichnis von Veröffentlichungen mit Lehrerhandreichungen für den Umgang mit Kinderbüchern im Unterricht, der jeweiligen Bestellanschrift und einer stichwortartigen Inhaltsangabe.

(454)
Weber, Hans (Redakt.)
... da werden Kinder zu Autoren!
Schreiben ohne Noten, nur zum Spaß
In: Materialien Jugendliteratur und Medien, 1987, H. 17, 48 S.

Das Heft befaßt sich mit den Möglichkeiten kreativen Schreibens für Kinder. Im Vordergrund stehen dabei Ansätze und Angebote im Rahmen der Schule, aber auch der Freizeitbereich wird angesprochen.

Schulische Praxisberichte, Textbeispiele sowie Hinweise auf verschiedene Schreibwettbewerbe und Projekte (z.B. die Zeitschrift "Menschenskinder") sollen Anregungen zur selbsttätigen Texproduktion von Kindern geben.

(455)
Winzlmaier, Johannes
Kreativer Umgang mit Texten.
Ein Unterrichtsbeispiel für die Grundschule
In: Pädagogische Welt. 1989, H. 3, S. 128-130

Der Autor bietet ein Unterrichtsbeispiel für eine Doppelstunde, welches auf einem Gedicht von Josef Guggenmoos basiert. Besonderer Wert wird bei der Konzeption auf selbstbestimmtes und kreatives Verhalten im Umgang mit dem Text gelegt, nachdem in einer lehrergesteuerten Phase inhaltliche und formale Grundlagen geklärt wurden.

Die kreative Umsetzung umfaßt die Bereiche Malen, Musik, schauspielerische Darstellung. Arbeitsblätter sind abgedruckt.

(456)
Wittmann, Helmut
Leseerziehung in der Grund- und Hauptschule
In: Schulreport, 1988, H. 5 + 6, S. 20-21

Der Beitrag eines Ministerialrats des Bayerischen Kultusministeriums verbindet grundsätzliche bildungspolitische Feststellungen zur Leseförderung in den Schulen mit prakt. Hinweisen.

(457)
Zitzlsperger, Helga
Kreativer Umgang mit Märchen in der Grundschule
In: Märchen in Erziehung u. Unterricht, Kassel 1986, S. 99-114

Von den psychischen Voraussetzungen zum kreativen Umgang mit Märchen ausgehend, erläutert die Autorin die Notwendigkeit und Bedeutung von Märchen für die Herausbildung von Kreativität und sozialem Verhalten. Dazu erörtert sie fünf verschiedene Ansätze innerhalb der Kreativitätstheorie.

7. Leseförderung im Sekundarbereich

(458)
Berning, Johannes (Bearb.)
Autorenlesungen in der Schule
Soest: Soester Verlagskontor, 1990, 41 S.

Die Broschüre gibt Hinweise und Anregungen für die Vorbereitung und Gestaltung einer Lesung. Dabei werden Antworten auf Fragen gegeben wie:
- Warum veranstalte ich Autorenlesungen in der Schule?
- Welche Gestaltungsanlässe und Gestaltungsformen gibt es?
- Wer hilft mir bei der Vermittlung von Schriftsteller/-innen?
- Welche Möglichkeiten der Vor- und Nachbereitung von Autorenlesungen gibt es?

Im Anschluß werden Kontaktadressen, Verzeichnisse, Arbeitshilfen und Materialien zu Autorenlesungen aufgelistet.

(459)
Bark, Karin; Kretschmer, Horst
Ulrich Plenzdorfs "kein runter kein fern".
Gelesen - gehört - gesehen
In: Praxis Deutsch, 18. Jg., 1991, H. 109, S. 60-68

Das hier besprochene Werk von Plenzdorf liegt als Prosatext, als Hörspiel und als Theaterstück vor. Die Autoren analysieren zunächst ausführlich diese drei Darbietungsformen in ihrem Wechselspiel. Dabei kommen sie zu dem Ergebnis, daß jede Form zu ihrem Recht kommt, ohne die wesentlichen Aussagen des Autors zu vernachlässigen. Darauf fußend wird ein Unterrichtsmodell skizziert, welches Lernziele, Leitfragen und Arbeitsaufträge für die unterrichtspraktische Realisierung bereitstellt. (Bot)

(460)
Baumgärtner, Alfred Clemens
Mit Texten etwas tun. Kreativität im Literaturunterricht
In: Praxis Schule, 1991, H. 2, S. 8-11

Der Autor konstatiert ein konkurrierendes Nebeneinander zweier fachdidaktischer Ansätze zum Literaturunterricht: einerseits die Auffassung, Literatur sei im Unterricht vor allem Gegenstand rationaler Analyse, andererseits die Absicht, Schülern vor allem auch einen emotionalen Zugang zur Literatur zu bahnen. Für letztere Ansicht sieht er in den 80er Jahren einen deutlichen Zugewinn, was das Interesse an einem kreativen Umgang mit Literatur verstärkte. Vor diesem Hintergrund erläutert er einige methodischdidaktische Möglichkeiten kreativitätsfördernden Literaturunterrichts. Abschließend setzt er sich mit dem Argument auseinander, kreative Umsetzungen von Literatur führten zu einer affirmativen Haltung gegenüber den Texten. (Bot)

(461)
Baumgärtner, Alfred Clemens
Von der Freizeitlektüre zum Unterrichtsgegenstand. Skizze einer literaturdidaktischen Entwicklung
In: Volkacher Bote, 1990, H. 38, S. 1-3

Der Beitrag bietet neben einer Skizze der historischen Entwicklung des Eingangs von Kinder- und Jugendliteratur in den Schulunterricht Hinweise auf didaktische Begründungen. (Bot)

(462)
Biederstädt, Wolfgang
Die Schulung des extensiven Lesens im Englischunterricht der Realschule - Anregungen zur Förderung einer vernachlässigten Fertigkeit
In: Die Realschule, 98. Jg., 1990, H. 7, S. 285-288

Eine der zentralen Fertigkeiten, die es im Fremdsprachenunterricht anzustreben gilt, ist das Leseverstehen. Bei genauer Betrachtung der Unterrichtswirklichkeit wird allerdings erkennbar, daß in weit überwiegendem Maße intensives Lesen in kleinschrittiger Form, an zumeist didaktisch aufbereiteten Texten betrieben wird. Auf diese Weise werden Schüler nicht befähigt, längere englischsprachige Texte zum Zwecke des Informationserwerbs oder der Erbauung zu lesen und dabei ohne äußere Hilfe auszukommen.

(463)
Blumenbach, Ulrich; Honold, Alexander
Auf Spurensuche im Medienmüll
In: Praxis Deutsch, 18. Jg., 1991, H. 107, S. 67-70

Der Autor beschreibt zu Beginn das Thema des Romans "Die Versteigerung von No. 49" von Thomas Pynchon, der Umweltprobleme der Technikgesellschaft im Muster eines Detektivromans behandelt. Anschließend skizziert er Intentionen, den

Roman im Untericht der Sekundarstufe einzusetzen, und gibt Hinweise zur Realisierung. (Ze)

(464)
Blumensath, Christa (Bearb.); Blumensath, Heinz
Schüler inszenieren literarische Texte. Aus der Reihe "Experiment Deutsch". Arbeitsheft zum Schulfernsehen
Berlin: Colloquium, 1989, 78 S.
Dieses Begleitheft zu einer Reihe des SFB-Schulfernsehens basiert auf dem von Heinz Blumensath u.a. entwickelten Konzept, literarische, vor allem lyrische Texte von Jugendlichen mittels der Video-Technik in einem Film umzusetzen.

(465)
Böhr, Hannelore
Die Tageszeitung im Erdkundeunterricht
In: Die Zeitung im Unterricht. Hrsg. von Eva Brand u.a., Aachen 1989, S. 249-258
Für eine Unterrichtsreihe zum Thema "Bergwelt, Gebirge" in der Sekundarstufe I unter hauptsächlicher Verwendung von Tageszeitungen werden methodische Hinweise gegeben.

(466)
Bons, Ulrike-Maria
Autoanzeigen
In: Die Zeitungsanzeige, 1988, S. 287-294
Der hier vorgestellte Unterrichtsentwurf für den Technik-Unterricht der 10. Klasse geht aus von der Analyse der technischen Details von Autoanzeigen in Zeitungen und befaßt sich im weiteren mit Möglichkeiten der Informationsbeschaffung bei Händlern, Werkstätten und Werken.

(467)
Bormann, Claus von
Aktuelle Jugendromane und psychoanalytische Aspekte ihres Interesses bei jungen Lesern und Leserinnen. Am Beispiel von drei Romanen der schwedischen Schriftstellerin Inger Edelfeldt
In: Der Deutschunterricht, 42. Jg., 1990, H. 3, S. 25-42
Die hier untersuchten drei Romane von I. Edelfeldt (alle in den 80er Jahren in deutscher Sprache erschienen) befassen sich mit sexuellen Problemen von Jugendlichen bzw. Heranwachsenden als Kernthema.
Der Beitrag stellt die Romaninhalte mit besonderer psycho-

analytischer Bezugnahme auf Probleme der Adoleszenzphase dar und sichtet in diesem Kontext private und öffentliche (Rezensionen) Rezeptionsweisen des Buches.

Die Bücher, von denen eines auch Ängste im Zusammenhang der Entdeckung der eigenen Homosexualität thematisiert, bieten sehr konkrete Fallbeispiele für Situationen, die allgemeine Aspekte des Heranwachsens diskutierbar machen. Daher empfiehlt der Autor die Verwendung der Romane, die auch auf geschlechtsspezifische Differenzen eingehen, im Unterricht der Oberstufe, indem er wesentliche Erkenntnisse darstellt.

(468)
Brieler, Ulrich
Militarismus und Millenarismus im 11. Jahrtausend. Herbert Franks Science-fiction Bestseller "Der Wüstenplanet"
In: Praxis Deutsch, 18. Jg., 1991, H. 107, S. 51-55

Ausgehend von der Überlegung, daß sich die Lesemotivation der Schüler fördern läßt, indem der Unterricht ein vielgelesenes Werk aus dem populären Genre Science-Fiction zum Gegenstand nimmt, faßt der Autor den Inhalt des Bestseller-Romans von H. Frank zusammen, der eine hochtechnische Zukunftsgesellschaft mit mittelalterlichen Herrschaftsformen in einer ökologischen Krisensituation darstellt. Im weiteren arbeitet er didaktische Intentionen aus, diesen "historischen Eklektizismus" für den Unterricht zu verwenden und skizziert ein Unterrichtsmodell für die 10. Klasse. (Bot)

(469)
Brose, Inge
Erfahrungen aus der Zusammenarbeit von Gymnasium und Schulbibliothek im Fach Geschichte
In: Schulbibliothek aktuell, 1989, H. 2, S. 101-103

Der Artikel ist ein Bericht aus der Praxis der Zusammenarbeit zwischen einem Oberstufengymnasium in Frankfurt-Höchst und der Schulbibliothek und vermittelt ein plastisches Bild der gelungenen Zusammenarbeit. Im Vordergrund des Artikels steht eine Unterrichtseinheit zur röm. Geschichte in einer 11. Klasse.

(470)
Budde, Heide
Einsatz der Schulbibliothek im Deutschunterricht der gymnasialen Unterstufe
In: Schulbibliothek aktuell, 1990, H. 2, S. 95-98

In Form eines Erfahrungsberichts skizziert der Beitrag Möglichkeiten der Nutzung einer Schulbibliothek im Deutschunterricht der 5. und 6. Klassen.

(471)
Dock, Arnold
Entwurf einer Didaktik für die Schulbibliothek
In: Schulbibliothek aktuell, 1991, H. 2, S. 98-101

Der Beitrag gibt den Entwurf einer Didaktik für die Schulbibliothek wieder, der in der "Arbeitsgruppe berufsbildende Schulen im Regierungsbezirk Lüneburg/Projekt Schulbibliotheken" entstand. Aufgezeigt werden 10 Vorteile und Möglichkeiten, die Schulbibliotheken für den schulischen Betrieb bieten. Als wichtige Voraussetzungen für die Effektvität werden ein "schülergerechtes Anspruchsniveau des Bestandes" und die Qualifikation des Bibliothekars beschrieben. (Ze)

(472)
Dreier, Jochen
Entdeckendes Lernen: Griechische Götter- und Sagenwelt
In: Die Schulbibliothek - ihre Nutzungsmöglichkeiten im Unterricht. Hrsg. von der Beratungsstelle des Dt. Bibliotheksinstituts für Schulbibliotheken, Berlin 1990, S. 72-77

Jochen Dreier veranschaulicht eindrucksvoll, wie selbständiges Arbeiten - Ziel jeglichen Lernens - mit Hilfe der Schulbibliothek aktiviert und entwickelt werden kann. Die Schulbibliothek verändert eingefahrene Lernformen. Der Unterricht wird variabler und für Schüler interessanter. (Einleitung)

(473)
Frank, Rainer
Wir machen Bücher!
In: Schulpraxis, 1989, H. 2, S. 20-21

Berichtet wird über das Projekt einer außerunterrichtlichen Schüler-Schreibwerkstatt am Städtischen Gymnasium Velbert-Langenberg. In dieser klassenübergreifenden Arbeitsgemeinschaft verfassen und publizieren Schüler seit dem Schuljahr 1980/81 eigene Texte. Bisher sind 4 solcher Bücher erschienen, teilweise auch in Kooperation mit anderen Schulen. Die Idee zur Schreibwerkstatt entstand im Zusammenhang mit einer Lesung des Jugendbuchautors Jo Pestum, der das Projekt in der Anfangszeit auch in regelmäßigen Zeitabständen betreute. (Bot)

(474)
Halden, Eva
Thema "arbeitslos" in der Sekundarstufe II mit dem Titel "Das sind doch alles Drückeberger"
In: Materialien Jugendlit. und Medien, 1990, H. 22, S. 26-28

Zu Anfang beschreibt die Autorin Inhalt und Problematik der o.g. Erzählung von Renate Günzel-Horaz: Einige Jugendliche einer 10. Gymnasialklasse kommen in unterschiedlicher Weise mit Arbeitslosigkeit und deren sozialen Konsequenzen in Kontakt. Sie verarbeiten ihre Erfahrungen vor dem Hintergrund ihrer sozialen Herkunft und tauschen sich endlich auch miteinander aus. Anschließend gibt die Autorin didaktisch-methodische Hinweise zum Einsatz in der Oberstufe, aber auch schon ab der 8. Klasse. Sie geht dabei auch auf die Möglichkeiten ein, mit der Thematik Projektarbeiten zu verbinden. (Bot)

(475)
Hammer, Wolfgang
Literatur erleben
In: Schulpraxis, 1990, H. 1, S. 40-41

Vorgestellt wird ein Unterrichtsprojekt in einem Leistungskurs Deutsch zum "Sturm und Drang". Dabei wurde durch Einbeziehung des sozialen und kulturellen (Musik, Kunst) Umfelds die Dichtung dieser Zeit in vielfältigen Aktionsformen kreativ und an die schulische Öffentlichkeit gerichtet verarbeitet. (Bot)

(476)
Handreichung zum schriftlichen Sprachgebrauch in der Hauptschule
München: Staatsinstititut für Schulpädagogik
und Bildungsforschung 1989, 167 S.

Die vorliegende Handreichung zum schriftlichen Sprachgebrauch in der Hauptschule will einen Beitrag zur Praxis liefern und zu einer bewußteren Sprachpflege anregen. Demgemäß wurde die Darstellung theoretischer Hintergrundinformationen sehr eingeschränkt. In den beiden Teilen des Werks geht es zum einen um die didaktische Konzeption des Lehrplans für den schriftlichen Sprachgebrauch in der Hauptschule, andererseits wird auch der tatsächliche Unterricht mit Modellen und konkreten Vorschlägen thematisiert. (men)

(477)
Hausin, Manfred
"Das war's mir wert, Alter". Eine Lesung in der Schule.
In: Der Literat, 33. Jg., 1991, H. 1, S. 16-17

Der Schriftsteller berichtet über seine Erfahrungen bei Dichterlesungen in der Schule. Die hierbei häufig auftretenden Verständigungsschwierigkeiten zwischen Autor und Schülern sind seiner Meinung nach durch Vorurteile der Zuhörer, falsche Erwartungen und Unkenntnis der neueren Literaturszene gegenüber bedingt. (Bot)

(478)
Herold, Theo
Gereimtes und Ungereimtes. Kinder- und Jugendlyrik im Deutschunterricht der Sekundarstufe I
In: Sprache und Literatur in Wissenschaft und Unterricht, 19. Jg., 1988, H. 62, S. 56-67

In einem einleitenden Abschnitt weist der Autor auf die seltene Verwendung von Kinder- und Jugendlyrik im Unterricht hin, berührt Fragen der definitorischen Abgrenzung und entwicklungspsychologischen Zuordnung sowie der fachdidaktischen Behandlung dieser Literaturgattung. Im Hauptteil geht es ihm aber um die unterrichtspraktische Fragestellung, in welchen thematischen Zusammenhängen Kinder- und Jugendlyrik in der Sekundarstufe I sinnvoll eingesetzt werden kann. Dazu gibt er Hinweise und Anregungen für die Auswahl und das Arbeiten mit Lyrik im Unterricht und stellt an Beispielen eigene Erfahrungen in unterschiedlichen Klassenstufen vor. (Bot)

(479)
Hoebbel, Niels (Redakt.)
Die Schulbibliothek - ihre Nutzungsmöglichkeiten im Unterricht
Berlin: Deutsches Bibliotheksinstitut, 1990, 168 S.

Der Sammelband bietet in 16 Einzelbeiträgen konkrete Anregungen, didaktische Hinweise und unterrichtspraktische Erfahrungen. Es wird dargestellt, wie Schulbibliotheken in den folgenden pädagogischen Feldern wirksam genutzt werden können: in der Leseförderung, im Unterricht und in der Freizeit. (Bot)

(480)
Kahrmann, Klaus-Ove u.a.
Spiegelung von Lyrik in den Medien
Videofilm und Diamontage
Kiel: Landesinstitut Schleswig-Holstein für Praxis und Theorie
der Schule 1991, 141 S.

Diese Dokumentation ist im Rahmen des vom Landesinstitut
Schleswig-Holstein für Praxis und Theorie der Schule getrage-
nen und mit Bundesmitteln geförderten Modellversuchs "Medienerziehung - Leseförderung" entstanden. Ein Baustein dieses Modellversuchs war der "Spiegelung von Lyrik in den Medien Videofilm und Diamontage" gewidmet.

In allen Schularten sollte erkundet und erprobt werden, was
die Umsetzung lyrischer Texte in diese Bildmedien für den Un-
terricht der Fächer Kunst u. Deutsch erbringt. Aus dem Inhalt:
- "Nur Mut! Diamontage in einem vierten Schuljahr";
- "Videoarbeit in der Sonderschule";
- "Filmische Umsetzung lyrischer Texte in einem Grundkurs
  Deutsch, 13. Jahrgang";
- "Wie es ist, wenn man mit der ganzen Schule Lyrik verfilmt"

(481)
Kaiser, Michael
Literarische Rezeption und Wissensverarbeitung
als Unterrichtsthema
In: Blätter für den Deutschlehrer, 32. Jg., 1988, H. 2, S. 47-56

Der Autor referiert einige Ansätze der Rezeptionsforschung zur
"Text-Leser-Interaktion" und führt letztlich aus, daß "schemati-
sches Handlungswissen und systemisches Weltwissen" von
entscheidender Bedeutung für die literar. Textrezeption sind.

Zur Ermittlung und Entwicklung dieser Kenntnisstände bei
Schülern der Sekundarstufe II schlägt er eine Art Test in Form
eines Kurzprotokolls des Lesevorgangs vor und gibt Kriterien
zur Auswertung an die Hand. (Bot)

(482)
Kempkens, Klaus
**Punktueller Einsatz der Schulbibliothek bei der Textlek-
türe: Aeneis**
In: Die Schulbibliothek - ihre Nutzungsmöglichkeiten im Unter-
richt. Hrsg. von der Beratungsstelle des Dt. Bibliotheksinst. für
Schulbibliotheken, Berlin 1990, S. 112-117

Klaus Kempkens berichtet über eine Latein-Doppelstunde im

11. Schuljahr. Er veranlaßt seine Schüler, sich selbständig Informationen zum Thema zu beschaffen, zu sammeln, zu ordnen, zu bewerten und in inhaltliche Zusammenhänge zu bringen. Die Schulbibliothek wird nach Art eines Fachraumes genutzt. Die Schüler lernen nicht nur in, sondern auch mit der Schulbibliothek. (Einleitung)

(483)
Kippnich, Manfred
Vergangene Zukunft. Zu einer Science-Fiction-Erzählung des Pennälers Wernher von Braun
In: Praxis Deutsch, 18. Jg., 1991, H. 107, S. 42-44

In einer Unterrichtsreihe zur Science-fiction sollte die "Lunetta"-Erzählung Wernher von Brauns als Beispiel der realistisch orientierten Richtung dieses Genres, welches die Visionen des Zukünftigen im Weiterdenken des Gegenwärtigen begründet, interpretiert werden. Der Autor beschreibt in seinem Beitrag das Thema der Unterrichtsreihe sowie die Lernziele und stellt den Verlauf der Realisierung anhand der ersten und zweiten Unterrichtsstunde dar. (Autor/Ze)

(484)
Knobloch, Jörg
Lesen bis der Morgen graut.
Schulbibliothek als Abenteuer
In: Praxis Schule, 1991, H. 2, S. 18-20

Der Autor hat mit Schülerinnen und Schülern einer 5. Klasse (und später einer 7. Klasse) sehr erfolgreich eine Lesenacht in der Schulbibliothek durchgeführt und beschreibt Planung und Vorbereitung sowie Verlauf der Aktion in anschaulicher Form. Sein Resümee ("so viel, so intensiv und so interessiert wurde von Schülern sonst kaum gelesen") verweist auf den überraschenden Erfolg des Projekts gerade im Hinblick auf die Lesemotivation, auch wenn die Erklärung dafür nicht ganz gelingt.

(485)
Koch, Klaus
Vom Märchen zum Hörspiel. Literatur gestalten
In: Praxis Deutsch, 18. Jg., 1991, H. 109, S. 46-49

Gegenstand der hier vorgestellten Unterrichtseinheit ist das flämische Märchen "Das Männlein Elend", ein allegorisches Kunstmärchen, das auch in der Sekundarstufe einsetzbar ist. Der Autor setzt sich zunächst mit den didaktischen Möglichkeiten des Textinhalts (der Tod wird überlistet und dafür bleibt das Elend auf ewig in der Welt) auseinander. Die Eignung dieses Märchens für eine dramatisierte Umgestaltung zu einem Hörspiel wird in der Folge in sechs Realisierungsschritten demonstriert: Vertrautwerden mit der Textvorlage; Einteilung des Textes in Szenen; Erarbeitung des Hörspieltextes; die Technik des Sprechens und Vorlesens; die Geräuschkulisse; Leseprobe der Rollenträger. (Bot)

(486)
Kordon, Klaus
Wie heißen sie eigentlich?
Schriftstellererfahrungen in der Schule (Interview)
In: Pädagogik, 1989, H. 2, S. 15-18

Es handelt sich um ein Interview mit dem Jugendbuchautor Klaus Kordon, welches u.a. folgende Probleme behandelt: Das literarische, insbesondere zeitgeschichtliche Werk Kordons; Erfahrungen mit Schülern und Lehrern bei Lesungen; Rolle der Jugendliteratur und Erwartungshaltungen gegenüber Schriftstellern in der Schule; Möglichkeiten der Leseförderung. (Bot)

(487)
Knobloch, Jörg (Hrsg.)
L wie Lesen. Anregungen zur Leseförderung in den Klassen 7-10 Sekundarstufe I, Heft S1
München: Franz Schneider Verlag, 2. Auflage, 1988, 31 S.

In der Reihe L wie Lesen liegt zunächst je ein Heft für die Primarstufe (Klassen 1-4), Orientierungsstufe (Klassen 5-6) und Sekundarstufe 1 (Klassen 7-10) vor. Jedes Heft stellt Kinder- und Jugendbücher vor und informiert über Inhalt, Problematik und didaktisch-methodische Möglichkeiten. Ergänzend werden Bücher genannt, die sich als individuelle oder gemeinsame Anschlußlektüre eignen, gelegentlich auch Sekundärliteratur und andere Medien. Jedes Heft enthält außerdem eine kommentierte Liste mit Titeln, die sich vor allem für die Aufnahme in die Schul- oder Klassenbibliothek eignen. (Hrsg.)

(488)
Langemack, Liselotte
Das Lesetagebuch:
Ein Tip für den Deutschunterricht der Klassen 5 - 10
In: Pädagogik, 41. Jg., 1989, H. 3, S. 12-20

Der Beitrag behandelt folgende Themenschwerpunkte:

- Beschreibung des Arbeitsmittels Lesetagebuch;
- Welche Vorteile bietet die Arbeit mit dem Lesetagebuch dem Schüler;
- Ein Unterrichtsbeispiel für die 5. Klasse;
- Varianten des Umgangs mit dem Lesetagebuch in höheren Klassen.

Die Vorzüge des Lesetagebuchs werden vor allem in den Bereichen Motivation, Differenzierung und Individualisierung, Selbständigkeit sowie produktives und kreatives Handeln gesehen. Die unterrichtspraktischen Beispiele enthalten neben methodischen Hilfen auch Vorlagen für Arbeitsblätter und Arbeitsanweisungen. (Bot)

(489)
Lesen und Lesen lassen. Eine Dokumentation des Arbeitskreises "Schule und Bibliothek"
Kassel: Hessisches Institut für Lehrerfortbildung, 1990, 30 S.

Die Broschüre informiert über Ziele, Aufgaben und Aktivitäten des Arbeitskreises. Hierzu zählen unter anderem die Erstellung von Buchempfehlungslisten, Organisation von Jugendbuchwochen, Motivation und methodisch-didaktische Anregungen für Lehrer/-innen zu Leseförderungsmaßnahmen.

(490)
Leßmann-Fischer, Christa
Bewegende Lyrik
In: Praxis Deutsch, 18. Jg., 1991, H. 105, S. 25-27

Gegenstand des Unterrichtsmodells sind zwei Beispiele von Naturlyrik, die durch ihre Verschiedenheit geradezu zum Vergleich (gleichzeitig das Thema des beschriebenen Unterrichtsmodells) auffordern: Haikus, japanische Jahreszeiten-Kurzgedichte, und "Frühling übers Jahr" von Johann Wolfgang von Goethe. Naturlyrik deshalb, weil Begegnungen mit der Natur im Erfahrungshorizont der Schülerinnen und Schüler der Jahrgangsstufe 6 (hier: Kleinstadt- und Dorfkinder) liegen. (Autorin)

(491)
Lichtenberger, Sigrid
Verstrickung und Erlösung. Ein Unterrichtsprojekt mit Otfried Preußlers "Krabat"
In: Volkacher Bote, 1990, H. 38, S. 4-5

Der Bericht über die Unterrichtsreihe mit dem Jugendbuch "Krabat", für die insgesamt 7 Doppelstunden zur Verfügung standen, beschreibt einzelne zentrale Stunden im Detail (Gruppenarbeit, Inhaltserschließung), geht auf problematische Unterrichtsschritte ein und faßt die wesentlichen Lernziele zusammen. (Bot)

(492)
Mattheus, Siegfried
Planung einer Autorenlesung für die Klassen 7 und 8
In: Schulbibliothek aktuell, 1988, H. 4, S. 316-320

Der Autor stellt Möglichkeiten der Vorbereitung und Durchführung einer Autorenlesung in der Mittelstufe vor.

(493)
Menzel, Wolfgang
Lesen fördern- Lesen üben
In: Förderunterricht konkret, hrsg. von Uwe Sandfuchs.
Klinkhardt, Bad Heilbrunn/OBB. 1990, S. 95-111

Was muß einer können, um sinnentnehmend lesen zu können? Wie erkennt man, über welche der notwendigen Fähigkeiten Schüler verfügen/ noch nicht verfügen? Wie gelangen Schüler zu verstehendem Lesen? Menzel beantwortet diese Fragen, er gibt Anregungen zur Lesediagnostik und stellt zahlreiche spielerische Übungen zur Leseförderung vor. (Hrsg.)

(494)
Muche, Jürgen
Lebendiges Lernen im Literaturunterr. Ein Beitr. zur fachdidaktischen Rezeption der Themenzentr. Interaktion (TZI)
St. Ingbert: Röhrig 1989, 460 S.

Die von Ruth Cohn in den 60er Jahren entwickelte Themenzentrierte Interaktion konkretisiert sich im Unterricht als "Lebendiges Lernen", als dynamisches Gleichgewicht zwischen Thema, Individuum und Gruppe, zwischen Prozeß, Struktur und Vertrauen. In der vorliegenden Arbeit wird der TZI-Ansatz als "Haltung und Methode" vorgestellt und seine Übertragbarkeit auf den Literaturunterricht erörtert. (men)

(495)
Ott, Elisabeth
Historische Kinder- und Jugendliteratur
In: Informat. Jugendliteratur und Medien, 1991, H. 1, S. 16-24

Der Beitrag gibt rezeptionstheoretische und didaktische Hinweise zur Verwendung historischer Belletristik für Kinder und

Jugendliche im Geschichtsunterricht. In einem ersten Abschnitt werden v.a. zwei Aspekte problematisiert, die den Jugendlichen als Leser von Romanen mit historischer Thematik betreffen: Raum- und Zeitbewußtsein sowie Identifikation und Imitation. Im zweiten Abschnitt listet die Autorin übergreifende Lernziele auf, die über die belletristische Darbietung von historischen Themen angestrebt werden können: Einfühlung in eine andere Wirklichkeitswahrnehmung; Beeinflußbarkeit von Verhältnissen und Verhalten. In den weiteren Abschnitten werden formale und didaktische Auswahlkriterien benannt, die einen Einsatz von historischen Jugendbüchern im Unterricht sinnvoll machen. (Bot)

(496)
Raetzer-Scheibe, Elke
Aufbau von Lesemotivation: Vorlesen als Wettbewerb
In: Die Schulbibliothek - ihre Nutzungsmöglichkeiten im Unterricht. Hrsg. von der Beratungsstelle des Dt. Bibliotheksinst. für Schulbibliotheken, Berlin 1990, S. 28-34

In der Hauptschule Leseförderung mit Erfolg betreiben zu wollen, bedarf besonderer Überlegungen und Anstrengungen. Wie Lesefreude und Leseinteresse in 5. und 6. Klassen einer Hauptschule in Kooperation mit der Schulbibliothek geweckt werden können, skizziert Elke Raetzer-Scheibe. Die Atmosphäre und die motivierenden Angebote der Schulbibliothek sind für den Erfolg des Unterrichts von Bedeutung.

(497)
Richter, Karin
Kinderliteratur im Deutschunterricht und Freizeitlektüre
In: Deutschunterricht, 44. Jg., 1991, H. 2, S. 86-95

Die Autorin befaßt sich zunächst mit dem Thema des Einsatzes von Kinder- und Jugendliteratur im Deutschunterricht und bemängelt, daß diese Literatur für den Unterricht zu wenig genutzt wird. Im Anschluß an Überlegungen (u.a. bezüglich des Inhalts und des Stils) zu Michael Endes Märchen-Roman "Momo" schildert sie Reaktionen von Schülern einer 6. Klasse auf diesen Roman, die anhand einer Befragung ermittelt wurden.

Gefragt wurde u.a., mit welchen Personen sich die Schüler identifizieren können, welche der Figuren sie beeindruckt haben und welche Szene am besten gefallen hat. (Ze)

(498)
Rupp, Gerhard
Rezeption von Literatur als kulturelles Handeln in Texten der Kinder- und Jugendliteratur. Am Beispiel des Textausschnittes "Der erste Schultag"
In: Informationen des Arbeitskreises für Jugendliteratur, 14. Jg., 1988, H. 2, S. 28-38

Im Zentrum des Beitrags steht der Bericht über ein Unterrichtsprojekt im Literaturunterricht eines 5. Schuljahres zum Thema "Der erste Schultag", bei dem Texte der Kinder- und Jugendliteratur verwendet wurden. Es wurden mehrere Rezeptionswege in den Unterricht einbezogen, wobei auch die kreative Fortschreibung eines kreativen Kinderbuchtextes zentrale Bedeutung hatte.

Der Autor beschreibt die einzelnen Unterrichtsschritte und zieht theoretische Schlußfolgerungen in bezug auf kognitive und psychologische Prozesse der Literaturrezeption von Kindern. (Bot)

(499)
Saxalber-Tetter, Annemarie
Mit dem eigenen Stil zurechtkommen lernen.
Für eine schülerbezogene Stilberatung
In: Der Deutschunterricht, 43. Jg., 1991, H. 3, S. 52-60

Der Beitrag führt Beispiele für individuelle Stiltendenzen in der Schreibweise von Schülern vor und legt die Unterscheidung von zunächst vier markanten Profilen nahe. Er erörtert das Problem, wie mit den Lernenden im Sinne der persönlichen Stilrichtung schreibpädagogisch differenzierend umzugehen sei.

Methodische Anregungen zielen auf das mehrjahrelange Kontinuum des Findens und Beratens und skizzieren einschlägige Unterrichtsarbeit im Klassenverband. (Autor)

(500)
Schiefele, Hans; Stocker, Karl
Literatur-Interesse. Ansatzpunkte einer Literaturdidaktik
Weinheim: Beltz 1990, 266 S.

Leseförderung ist ein bedeutsames Thema der 90er Jahre. Der Leser selbst, der jugendliche insbesondere, ist Bezugspunkt aller literaturdidaktischen Überlegungen. Von ihm ist Auskunft über Annäherung an und Auseinandersetzung mit Literatur einzuholen: Forschung und Voraussetzung der Lehre.

Das Buch berichtet von Quer- und Längsschnittuntersuchungen über Literaturinteresse von Schülerinnen und Schülern der gymnasialen Oberstufe; es zieht literaturdidaktische Konsequenzen und diskutiert sie. (men)

(501)
Schlewitt, Jörg; Schulz, Christiane
Weltliteratur in den oberen Klassen.
Überlegungen zu einem Konzept
In: Deutschunterricht, 44. Jg., 1991, H. 2, S. 133-138

Unter fachdidaktischen Gesichtspunkten untersuchen die Autoren die Notwendigkeit, den Literaturunterricht mit der Perspektive der Völkerverständigung und der Begegnung mit dem "Fremden" zu internationalisieren, wobei sich die Werkauswahl nicht auf einen Kanon von "Klassikern" bschränken sollte.

Dazu werden sieben gattungs- bzw. themenspezifische Sequenzen vorgeschlagen (u. a. Robinsonaden, Doppelgängermotiv), zu denen literarische und didaktische Anregungen geliefert werden. (Bot)

(502)
Schlund, Joern
Bücher selber machen.
Alles kopieren, heißt noch nicht alles kapieren
In: Schulpraxis, 1988, H. 1, S. 47-52

Der Autor vermittelt Anregungen für Unterrichtsprojekte, die die Produktion von Literatur - insbesondere Bücher, aber z.B. auch Lyrik-Poster - zum Ziel haben.

Die Hinweise, die meist auf eigene Erfahrungen zurückgreifen und sich auf alle Schulstufen erstrecken, haben nicht die Qualität eines ausgearbeiteten Unterrichtsmodells. (Bot)

(503)
Schmidt-Dumont, Geralde
Jugendliteratur in der BRD zum Thema Arbeitswelt. Nebst einigen didaktischen Bemerkungen
In: Deutschunterricht, 44. Jg., 1991, H. 6, S. 454-463

Im ersten Teil stellt die Autorin sieben Jugendbücher ausführlich vor, die sie zum Thema "Arbeitswelt" für den Einsatz im Unterricht empfiehlt. Nach einem übergreifenden Resümee ordnet sie die Nutzung von Jugendbüchern im Unterricht des Faches Arbeitslehre oder zur Vorbereitung eines Betriebspraktikums ein. (Bot)

(504)
Schober, Otto
Emotionelles Lernen als spezifische Aufgabe des Deutschunterrichts im Medienzeitalter
In: Sprache und Literatur in der Mediengesellschaft.
Mainz 1989, S. 68-91

Ziel des Autors ist es, den Deutschunterricht auf die emotionalen Wirkungsweisen der neuen Medien einzustellen, Motivationseffekte aufzugreifen und mögliche Defizite bewußt zu machen bzw. zu kompensieren. Dazu referiert er zunächst zentrale Ergebnisse der Medienwirkungsforschung in bezug auf Jugendliche, um in einem zweiten Schritt grundlegende didaktische Anforderungen an einen medienpädagogischen Sprach- und Deutschunterricht zu formulieren. (Bot)

(505)
Sobczyk, Peter
Chancen und Probleme der Verwendung von Jugendliteratur im Unterricht, erläutert am Beispiel "Die letzten Kinder von Schewenborn" für die 7./ 8. Jahrgangsstufe des Gymnasiums
In: Blätter für den Deutschlehrer, 1989, H. 3, S. 85-93

Anknüpfend an Forderungen des bayerischen Lehrplans für den Deutschunterricht, die den Einsatz einer Ganzschrift in den Schuljahren 7 und 8 vorsehen, befaßt sich der Autor einleitend mit der fachdidaktischen Diskussion über die Jugendliteratur im Literaturunterricht einerseits und ihrer tatsächlichen Stellung in der täglichen Praxis. Es folgt eine kurze Literaturliste, die für den Einsatz von Kinder- und Jugendliteratur im Unterricht wertvolle Hinweise bieten kann.

Der Hauptteil des Beitrags liefert eine ausführliche Unterrichtsvorbereitung für das mehrfach preisgekrönte Werk von Gudrun Pausewang, welches aus der Sicht eines 12jährigen Mädchens Ereignisse und Erfahrungen nach einem Atomreaktorunfall schildert. Dabei wird der Inhalt des Buches zunächst didaktisch eingeordnet und aufbereitet. (Bot)

(506)
Staatsinstitut für Unterricht und Kultus (Hrsg.)
Empfehlungen zur Leseerziehung in der Grund- und Hauptschule
München: Staatsinstitut für Schulpädagogik und Bildungsforschung, 1989, 159 S.

Die vorliegenden Empfehlungen möchten praktische Hinweise zur Leseerziehung geben. Dabei werden nicht nur lesemotivierende methodische Maßnahmen im Unterricht dargestellt, sondern auch vielfältige Möglichkeiten aufgezeigt, die Hinwendung zum Kinder- und Jugendbuch als Brücke zur Freizeitlektüre zu verstärken, Lesegelegenheiten in der Schule zu vermehren und die Einbindung des Lesens in fachliche und überfachliche Projekte zu intensivieren. Neben methodisch-didaktischen Hilfen bietet die Broschüre weiterführende Informationen über Leseförderungseinrichtungen, Materialien und Literatur.

(507)
Stellmach, Birgit
Schulbibliothek und Leseförderung
In: Schulbibliothek aktuell, 1988/H. 4, S. 298-306

Die Autorin wendet sich nach einigen Gedanken über die Aufgaben der Schulbibliothek, deren Aufbau und Einrichtung den Möglichkeiten von Veranstaltungen oder Aktionen zur Leseförderung in der Schulbibliothek zu:
- Bilderbuchstunde und Bilderbuchkino
- Buchdiskussionsgruppe
- Aktion "Schüler schreiben ein Buch"
- Bibliothekszeitung -Buchausstellungen
- Autorenbegegnungen
- Vorlesewettbewerbe
- Jugendbuchwoche
- Leseförderung durch motivierende Einführungen.
Abschließend erfolgen einige Hinweise für eine gute Zusammenarbeit von Bibliothekar und Lehrer. (Ze)

(508)
Unterrichtsvorschläge zur Medienerziehung. (Kl. 1-10)
Bad Kreuznach: Pädagogisches Zentrum des Landes Rheinland-Pfalz, 1991, H. 3, 93 S.

Die gegenwärtige medienpädagogische Diskussion erachtet die Einführung der Kinder und Jugendlichen in den Gesamtbereich der Medien als notwendig und weist diese Aufgabe dem Elternhaus sowie der Schule zu. An dieser umfassenden Arbeit beteiligten sich mehrere Unterrichtsfächer unter verschiedenen fachspezifischen Aspekten. Ausgehend von den Lehrplänen des Faches Deutsch wird der Versuch unternommen, in Anknüpfung an vorgegebene Lehrinhalte Ansatzpunkte und Möglichkeiten der Medienerziehung aufzuzeigen. Entsprechende Arbeitsfelder, in denen der Einsatz und die Behandlung von Printmedien, auditiven und audiovisuellen Medien sinnvoll erscheint, werden für die Klassen 1-10 aufgelistet.

Hinweise zur unterrichtspraktischen Umsetzung der Arbeit mit einzelnen Medien in verschiedenen Altersstufen bieten elf Unterrichtsbeispiele an. Die methodischen Anregungen und Hilfen zielen darauf, Schüler in die Lage zu versetzen, die vermittelten Erfahrungen und Weltsichten zu erkennen und sich mit ihnen unter medienspezifischen Gesichtspunkten beurteilend auseinanderzusetzen. Anregungen zur selbsttätigen Handhabung der Medien und zum kreativen Umgang mit technischen Möglichkeiten schließen sich an. (Vorwort)

(509)
Voigt, Gudrun
Begegnung mit Autoren - ein Baustein der Leseerziehung
In: Pädagogische Notizen 1991, H. 2, S. 17-18

Die Autorin ist Lehrerin und seit langem mit Leseförderung im Bereich der Grund- und Hauptschulen sowie der Schulen für Behinderte befaßt. In ihrem Aufsatz stellt sie wesentliche Punkte ihres Konzepts zu einer sinnvollen Leseförderung zur Diskussion: "Leseerziehung heißt: Entwickeln einer Motivation zum Lesen vielfältiger Inhalte; Stabilisieren der Motivation durch Angebote verschiedener Textarten speziell der Kinder- und Jugendliteratur und durch produktiven Umgang mit dieser Literatur; Erweitern der Motivation durch Angebote "rund ums Buch" (Klassen/ Schulbüchereien, Leseecke, Unterrichtsgänge in Öffentliche Bibliotheken und Buchhandlungen, Wettbewerbe, Autorenlesungen)". (men)

(510)
Watzke, Oswald
Anekdoten. Grundlegung und Beispiele zum Literaturunterricht in der Hauptschule
In: Pädagogische Welt, 42. Jg., 1988, H. 5, S. 222-225

Nach einer einleitenden Erläuterung des Begriffs "Anekdote" und ihrer Typen gibt der Autor verschiedene fachdidaktische Hinweise, u.a. zu Unterrichtsverfahren und zur Lernzielkontrolle. In den "Schulpraktischen Hinweisen" führt er eine Verlaufsplanung durch, mit deren Hilfe der Stoff vermittelt werden kann: Hinführung, Darbietung der Anekdote, Sprachgestaltung, Erschließung des Inhalts etc. Daran anschließend zeigt er, wie

Anekdoten in der 8. bzw. 9. Jahrgangsstufe behandelt werden können. Angaben zu Sekundärliteratur und Anekdotensammlungen schließen den Artikel ab. (Em)

(511)
Watzke, Oswald; Satt, Hans
Die Literaturmappe im Unterricht der Hauptschule. Grundsätzliche Überlegungen und praktische Hinweise
In: Lehrer - Journal, 1989, H. 2, S. 19-22

In die persönliche "Literaturmappe" nimmt der Schüler nach individuellen Gesichtspunkten literarisch Interessantes auf: Gedichte, Geschichten, Informationen über Autoren und Bücher, Texte aus verschiedenartigen Quellen oder selbstgeschriebene - jeweils mit Bildern oder Zeichnungen versehen. Die Autoren begründen die Literaturmappe in ihrem didaktischen Verwendungszusammenhang und geben Anregungen zu ihrer formalen und inhaltlichen Gestaltung. (Bot)

(512)
Wittmann, Elke
Hörspiele produzieren - Zugänge schaffen. Zu Anna Seghers' "Das siebte Kreuz"
In: Praxis Deutsch, 18. Jg., 1991, H. 109, S. 56-59

Vorgestellt wird eine achtstündige Unterrichtseinheit für die 12. Klasse, in der die Erschließung des Romans von Anna Seghers unter anderem über die Umsetzung wesentlicher Episoden des Buches in Hörspieltexte und -produktionen verläuft, die in Gruppenarbeit erstellt werden. Der Beitrag gibt genaue Hinweise auf geeignete Themen und Fragestellungen und führt einen stündlich gegliederten Unterrichtsablauf vor. (Bot)

(513)
Zerlin, Dieter
Neue Aspekte zum Literaturunterricht
In: Schulreport, 1989, H. 1, S. 6-7

Im Hinblick auf die im Gang befindliche Lehrplanrevision in Bayern gibt der Autor Anregungen für eine Neukonzeption des Literaturunterrichts, die den gattungspoetischen Ansatz von früher durch eine stärker auf Leseerziehung gerichtete Motivierung ablöst, wobei die in der Grundschule projektierte "Leseförderung" auf wissensorientiertem Niveau weitergeführt werden sollte. Für die drei Schulstufen des Sekundarbereichs werden dazu didaktische Hinweise gegeben. (Bot)

(514)
Zimmermann, Peter
Das Buch "Esperanza heißt Hoffnung" in einer 7. Klasse
In: Materialien Jugendlit. und Medien, 1990, H. 22, S. 34-37

Zunächst informiert die Inhaltsangabe der Erzählung "Esperanza heißt Hoffnung" über das Leben einer philippinischen Familie, die zur Zeit der politischen Umwälzungen gegen ihre Abhängigkeit und Ausnutzung durch den Fabrikanten dieser Region mit Streik protestiert. Der Autor macht Vorschläge zum Umgang mit dem Text im Unterricht (mögliche Schwerpunkte). Abschließend folgen Hinweise zur methodischen Realisierung, die die Lesefreude in den Vordergrund rücken. (ze)

(515)
Conrady, Peter (Hrsg.)
Zum Lesen verlocken.
Jugendbücher im Unterricht für die Klassen 5-10
Würzburg: Arena, 3. Aufl. 1988, 244 S.

Das Buch bietet dem Lehrer methodische und didaktische Anregungen für die Gestaltung des Leseunterrichts mit Hilfe von Jugendbüchern. Die Hinweise sind meist bis zu Unterrichtseinheiten ausgestaltet, die jeweils auf ein bestimmtes Jugendbuch Bezug nehmen. Die Jugendbücher sind alle aus dem Arena-Verlag. (Bot)

8. Leseförderung durch Bibliotheken

(516)
Böckler, Heidelinde
Organisation eines Buchvorstellungsabends
In: Die Neue Bücherei, 1991, H. 2, S. 247-249

Die Mitarbeiterin der Stadtbücherei Kulmbach berichtet von einer Fortbildungsveranstaltung, die die Bibliothek für lokale Arbeitskreise von Erzieherinnen ausrichtete. Folgende Punkte, die bei der Durchführung eines Buchvorstellungsabends vor Kindergärtnerinnen zu beachten sind, werden aufgeführt: Kontaktaufnahme; Vorüberlegungen zu Terminen, Uhrzeit des Beginns, Räumlichkeiten und Information der Presse; Grundüberlegungen zu dem Referat (Aufbau); Beschaffung des Anschauungsmaterials.

(517)
Bonfadelli, Heinz
Leseförderung. Der Beitrag der Bibliotheken
In: Schulbibliothek aktuell, 1989, H. 2, S. 83-91

Der Text stellt einige Befunde der Studie "Leselandschaft Schweiz 1" vor allem im Hinblick auf den Stellenwert der Bibliotheksarbeit für die Leseförderung dar.

(518)
Braun, Astrid
Büchereifest in Duisburg: Neuleser
In: Börsenblatt für den Dt. Buchhandel, 1990, H. 69, S. 2499

Die Autorin berichtet über Veranstaltungen in der Zentralbibliothek und den Bezirksbibliotheken in Duisburg, die im Rahmen einer KJL-Ausstellung durchgeführt wurden.

(519)
Brockmann, Norbert
Buchausstellungen -
ein Weg zu mehr Geld für die Bestandsergänzung
In: Die Katholische Öffentliche Bücherei, 1991, H. 3, S. 18-23

Durch die Vermittlung von Büchern zum Eigenbesitz lassen sich die Anschaffungsmittel jeder Bibliothek beträchtlich aufstocken. Der Autor zeigt Strategien, wie die einzelne Bibliothek dabei über die Rückvergütung (Quote) des Borromäusvereins den eigenen Bestandsaufbau kostengünstig gestalten kann. In vier Abschnitten beschäftigt sich Brockmann mit den wesentlichen Aspekten einer der Vermittlungsaktion zugrundeliegenden Buchausstellung: Anlaß, Zusammenarbeit mit anderen Institutionen, Wahl von Zeit und Ort sowie die Gestaltung der Ausstellung.

Buchausstellungen, schreibt der Autor abschließend, sind jedoch nicht nur Mittel zur Förderung der Buch- und Büchereiarbeit, sondern dienen auch (oder: vor allem?) der Verbreitung guter Literatur. (men)

(520)
Elbin, Cora
Suppenlesungen. Literatur aus Düsseldorfer Töpfen
In: Buch und Bibliothek, 43. Jg., 1991, H. 10/11, S. 838 f.

Die Reihe "Suppenlesungen" der Stadtbüchereien Düsseldorf existiert seit 1986. Gemäß dem amerikanischen Vorbild der "brown bag culture" beschlossen die Initiatoren dieser Reihe damals, mit der Kultur-, d.h. in diesem Fall der Leseförderung, direkt auf die potentielle Klientel zuzugehen und Lesungen - teilweise mit prominenten Autoren - in der Mittagszeit anzubieten. Zielpersonen waren zu Beginn des Projekts vor allem die mehr als 3000 Angestellten im lokalen Umfeld der initiierenden Bücherei.

Im Laufe der Jahre entwickelte sich ein festes Stammpublikum und damit auch ein reger Zuspruch zu den monatlich einmal stattfindenden Veranstaltungen. Zum Namen "Suppenlesungen": Die Suppe zur Lesung liefert das benachbarte Gerichts-Casino; der Verkauf (Portion à DM 4,50) ist Sache der Veranstalter. Verzehrzwang besteht nicht; der Eintritt zur Lesung ist frei. (men)

(521)
Ernst, Susanne
Kinderbücherei und Förderverein Gelsenkirchen.
So kann Zusammenarbeit sein
In: Buch und Bibliothek, 42. Jg., 1990, H. 10/11, S. 815

In Gelsenkirchen existiert mit der "Gesellschaft der Freunde der Stadtbücherei" eine Institution, die vor allem auch für die Kinder- und Jugendbücherei finanzielle und organisatorische Unterstützung bietet. Praktisch umgesetzt wurde dies im Sommer 1990 mit der gemeinsamen Durchführung eines Ferienprogramms.

(522)
Fisch, Georg
"Unsere Bibliothek". Projektunterricht in Straubing
In: Die Neue Bücherei, 1991, H. 1, S. 15-16

Berichtet wird über ein gemeinsames Unterrichtsprojekt einer Hauptschule und einer Stadtbibliothek, in dessen Rahmen die Schüler über die Bibliothek, ihre Benutzungsmöglichkeiten und ihre Benutzer (Fragebogenaktion) Informationen sammelten. Außerdem informierten sich die Schüler über Funktion und Entstehungsprozeß (Autorenlesung) eines Buches in arbeitsintensiver außerunterrichtlicher Tätigkeit. (Bot)

(523)
Friedrich-Preuß, Irene
"... und mittwochs in die Bücherei".
Praktikable Leseförderung im Stadtteil
In: Buch und Bibliothek, 43. Jg., 1991, H. 6/7, S. 540-544

Zu Beginn des Artikels geht die Autorin auf die Bedeutung der Leseförderung in Schulbibliotheken und das Selbstverständnis einer Stadtteil- und Zweigstellenarbeit ein.

Anschließend berichtet sie aus der eigenen Erfahrung über Möglichkeiten, Leseförderung in der Bibliothek (auch in Kooperation mit anderen Institutionen und Organisationen) zu betreiben. Hierzu zählen u.a. Mal- und Schreibwettbewerbe, Vorleseaktionen und die Einrichtung eines Leseclubs. (Ze)

(524)
Gestrich, Helmut
Häuser für Bücher und Leser.
Die Zukunft der Büchereien in den Landkreisen
In: Die Bücherei, 33. Jg., 1989, H. 2, S. 163-176

Im Anschluß an eine kritische Bestandsaufnahme des Ist-Zustandes der Büchereien in Rheinland-Pfalz beschäftigt sich der Referent mit Anforderungen, die an eine optimale Bibliothek zu stellen sind. Dazu behandelt er u.a.: Bestandsauswahl, Bestandspräsentation, Möblierung, Kooperation mit anderen kulturellen Einrichtungen, Veranstaltungen. Der Aufsatz kann interessierten Bibliothekaren wertvolle Anregungen geben. (Ze)

(525)
Grees, Angela
Bibliotheksarbeit mit Kindern.
Unter Berücksichtigung sozialpädagogischer Aspekte
Bad Honnef: Bock und Herrchen, 1990, 192 S.

Die Arbeit liefert einen Überblick über die Geschichte der Kinder- und Jugendbibliotheksarbeit seit dem 19. Jahrhundert. Im einzelnen erfolgt zunächst ein Problemaufriß der Bibliotheksarbeit mit Kindern und der sozialen Bibliotheksarbeit, die in eine sozial- und problemgeschichtliche Analyse eingebettet ist.

Den praxisrelevanten Kern der Arbeit bildet eine Übersicht über die gegenwärtigen Realitäten der sozialen Bibliotheksarbeit mit Kindern, wobei Umrisse neuer konzeptioneller Ansätze an ausgewählten Beispielen dargestellt werden. (Bot)

(526)
Grüner, Ursula
Als Leseratte wird niemand geboren...
Sozio-kulturelle Literaturarbeit in Düsseldorf
In: Buch und Bibliothek, 41. Jg., 1989, H. 6/7, S. 571-573

Die Autorin berichtet von einem einjährigen sozialpädagogischen Projekt, welches sie im Rahmen eines Anerkennungsjahres in der Düsseldorfer zentralen Kinder- und Jugendbibliothek durchführte. Detailliert werden einzelne Förderungsmaßnahmen geschildert. Besondere Aufmerksamkeit wurde Problemgruppen (Ausländerkinder, Wenigleser) gewidmet. Aufgrund der günstigen Arbeitssituation (keine allgemeinbibliothekarischen Aufgaben) konnten die Kinder und Jugendlichen verstärkt einzeln betreut werden. Veranstaltungen konnten in Kooperation mit verschiedenen Einrichtungen geplant werden. (Bot)

(527)
Heidtmann, Horst
Comics in öffentlichen Bibliotheken.
Eine Bestandsaufnahme zu Beginn der 90er Jahre
In: Informat. Jugendlit. und Medien, 1991, H. 4, S. 163-173

Zu Beginn des Aufsatzes gibt der Autor einen Überblick über die Formen der Comics und deren Produktion seit dem 19. Jahrhundert bis 1965. In diesem Jahr wandelte sich die bundesdeutsche Comiclandschaft. Wie die Comics in den öffentlichen Bibliotheken aufgenommen wurden, stellt er in einem zweiten Kapitel sehr kurz dar. Der Hauptteil des Aufsatzes un-

ter der Überschrift "Comics in öffentlichen Bibliotheken zu Beginn der 90er Jahre" gliedert sich in folgende Unterkapitel:
- Grundsäzliche Einstellung zu den Comics;
- Seit wann werden Comics eingestellt;
- Anteil der Comics am Gesamtbestand;
- Zusammensetzung des Bestandes;
- Kriterien für den Bestandsaufbau;
- Präsentation des Bestandes;
- Stellenwert der Comics für die Benutzer;
- Ausleihrenner: Die meistgefragten Comic-Titel. (Ze)

(528)
Herold, Claudia; Oswald, Gabriele
Mensch, da geh'n wir hin! Beispiele der Kinder- und Jugendarbeit in den Münchner Städtischen Bibliotheken
In: Buch und Bibliothek, 43. Jg., 1991, H. 6/7, S. 523-544

In dem Artikel berichten die Autorinnen über Projekte, die mit Kindern und Jugendlichen in Münchner Bibliotheken durchgeführt wurden. Diese waren u.a.: Schreibwerkstatt; Büchereizeitung mit dem Titel "auweia"; Vorlesestunden; Mitmachtheater; Büchereifest; Buchdiskussion; Spiele; Buchausstellungen.

(529)
Herr, Gisela; Remmelmann, Gabriele
Das Lesen fördern. Tips und Informationen zur Planung, Organisation, Durchführung von Veranstaltungen
Köln: Bildungswerk der Erzdiözese Köln, 1990, 198 S.

Nach thesenartig formulierten grundsätzlichen Argumenten und Hinweisen zur Leseförderung stellt die Broschüre zunächst das Konzept der "Leseförderungskooperative" vor, des Zusammenschlusses von Privatpersonen und lokalen Institutionen zur gemeinsamen Durchführung von Veranstaltungen zur Leseförderung. Solche werden im Hauptteil dann praxisorientiert und materialreich vorgestellt. Von A wie Ausstellung bis W wie Wettbewerb sind insgesamt 15 lesefördernde Veranstaltungen und Aktionen mit Beispielen für die Öffentlichkeitsarbeit oder Finanzierungsmöglichkeiten aufgeführt.

Obwohl vorwiegend konzentriert auf Büchereien und Bibliotheken, können nach dem Konzept der kooperativen Aktion auch Mitarbeiter pädagogischer Einrichtungen oder engagierte Eltern Anregungen beziehen. Weiterführende Hinweise auf Literatur und Adressen ergänzen diese Handreichung. (Bot)

(530)
Kaesberg-Krause, Regine
Informationsbroschüren in der Bibliothek
In: Buch und Bibliothek, 41. Jg., 1989, H. 10, S. 907-908

Auf der Tagung in Münster ging es um das Thema, Informationsbroschüren jeglicher Art in Bibliotheken auszulegen und somit dem Publikum zugänglich zu machen.

(531)
Krompholz-Roehl, Brigitte
Zeitungs-Workshop in der Gemeindebücherei
In: Informat. Jugendlit. und Medien, 1991, 2. Beiheft, S. 21 f.

12 Kinder im Alter zwischen 6 und 10 Jahren nahmen an einem Zeitungsworkshop teil, der im Rahmen eines Ferienprogramms in der Gemeindebücherei Stelle (bei Göttingen) stattfand. Ziel dieses Angebots war es, jüngeren Kindern Informationen über Herstellung und Inhalte von Zeitungen zu vermitteln. Die Kinder trafen sich sechs Wochen lang einmal wöchentlich in der Bücherei und versuchten, unter Anleitung eine Zeitung möglichst realistisch zu konzipieren und zu gestalten.

(532)
Mütschenich, Elisabeth
Möglichkeiten der Leseförderung und Literaturvermittlung für Kinder
In: Die Bücherei, 34. Jg., 1990, H. 2, S. 204-205

Der Artikel informiert über den Verein für Leseförderung und Lesekultur e.V. Die zwei Veranstaltungen "Aktionstag Bilderbuch" und "Aktionstag Kinderbuch", die in Büchereien durchgeführt werden, werden kurz vorgestellt.

(533)
Nagel, Manfred
Leseförderung durch öffentliche Bibliotheken
In: Leseclubs für deutsche und ausländische Kinder und Jugendliche 1989, S. 20-25

Der Autor bezeichnet die zentralen Funktionen der öffentlichen Bibliotheken im Rahmen der Leseförderung, skizziert Defizite und innovative Strategien der Bibliotheksarbeit, die besonders in weniger pädagogisch und mehr leserbezogenen Maßnahmen und Anreizen bestehen. Er plädiert für eine stärkere finanzielle Berücksichtigung der Bibliotheksarbeit in der Gesamtheit der Leseförderungsaktivitäten. (Bot)

(534)
Powik, Martin
Krimi unter der Lupe. Literarische Wochenenden für Jugendliche und junge Erwachsene
In: Die Katholische Öffentliche Bücherei, 1991, H. 4, S. 21-23

Die Katholische Öffentliche Bücherei und die Katholische Jugend St. Peter und Paul in Grevenbroich veranstalteten im Mai 1991 Wochenenden mit dem Thema "Krimi unter der Lupe" mit dem Ziel, das Lesen von Krimis schmackhaft zu machen. Eingeladen waren junge Leute ab 16 Jahren, die langsam der Jugendarbeit entwachsen, aber in der Regel noch keinen Bezug zur Erwachsenenbildung haben. Bei der Konzeption der Veranstaltung wurden deshalb bewährte methodisch-didaktische Elemente aus der Jugendarbeit als auch aus der Erwachsenenarbeit aufgegriffen. (men)

(535)
Schmidt, Martina
Zweimal Leseförderung: Stadtbüchereien und Schulen arbeiten zusammen
In: Schulbibliothek aktuell, 1991, H. 2, S. 107-109

Im Zuge der Bemühungen um Leseförderung zwischen der Mannheimer Schulbibliothekarischen Arbeitsstelle, den Stadtbüchereien und vielen Lehrkräften entwickelte sich eine über das Anfangsstadium hinausgehende Zusammenarbeit. Als Beispiel sind im vorliegenden Aufsatz die Vorbereitungen für den inzwischen vierten zweisprachigen Lesewettbewerb dargestellt. Hierzu zählen u.a. die Auswahl der Preise, die Ausarbeitung der Wettbewerbsbedingungen und des Rahmenprogramms.

(536)
Schramm, Siegmund
Literaturfrühstück in der Bücherei
In: Die Katholische Öffentliche Bücherei, 1989, H. 1, S. 18-21

Berichtet wird über Erfahrungen und Konzept eines "Literaturfrühstücks" in einer katholischen Bücherei. Eine solche Veranstaltungsreihe, die vor allem atmosphärisch ansprechen soll, kann verschiedene Inhalte haben: Gesprächskreis, Vorstellung eigener Werke, Autorenlesungen. Themenbezogene Literatur wird durch Referenten vorgestellt. (Bot)

(537)
Spatz, Rosemarie
Märchen-Erzähl-Woche in Potsdam.
In: BibliotheksInfo, 1991, H. 6, S. 363

Die Potsdamer Wissenschaftliche Allgemeinbibliothek führte in einer Aktion für die Deutsche Multiple Sklerose Gesellschaft insgesamt 15 Märchen-Erzählveranstaltungen durch, bei denen mehr als DM 7000,- für die Betroffenen gespendet wurden. Durch ihren Bericht möchte Frau Spatz auch andere Bibliotheken zu ähnlichen Veranstaltungen ermuntern und nennt die Adresse der Europäischen Märchengesellschaft e.V. (siehe Teil 3, Nr. 619), die gerne über die professionellen Märchenerzähler/-innen im deutschsprachigen Raum informiert. (men)

(538)
Starmans-van Haren, Mieke
Bibliotheksarbeit mit "Leicht zu Lesen-Literatur" (easy-to-read) ist mühevoll, aber sie lohnt sich
In: Bibliothek Für Alle (BFA), 7. Jg., 1990, H. 3, S. 3-10

Der Beitrag berichtet über die Entwicklung und die Umsetzung einer Leseförderungsmaßnahme für geistig Behinderte und leseschwache Kinder und Erwachsene in Öffentlichen Bibliotheken in den Niederlanden. Im Zentrum stehen die speziell für diese Zielgruppe in enger Zusammenarbeit mit Buchverlagen konzipierten und gekennzeichneten Bücher, Zeitschriften und eine Audio-Zeitschrift, die eine breite Palette von leicht lesbaren Materialien bieten. Im einzelnen werden die Publikationen vorgestellt und Maßnahmen der Eltern- und Öffentlichkeitsarbeit sowie der Bibliothekarsfortbildung geschildert. Die Verwendung der Materialien im Kontext bibliothekarischer Leseförderungsaktivitäten wird kurz skizziert. (Bot)

(539)
Walta, Heike
Bücherwürmer in der Nacht
In: Börsenblatt für den Dt. Buchh., 158. Jg., 1992, H. 3, S. 15

15 Kunden der Coburger Buchhandlung Riemann konnten eine Nacht lang in den Regalen der Firma nach Herzenslust stöbern, lesen und sich austauschen. Die positive Resonanz bei den Beteiligten läßt ein solches Projekt auch für andere Buchhandlungen empfehlenswert erscheinen.

TEIL III: INFORMATIONSQUELLEN

1. Handbücher

(540)
Baumgärtner, Alfred C. (Hrsg.)
Abc und Abenteuer. Texte und Dokumente zur Geschichte des deutschen Kinder- und Jugendbuches. Band 1 und 2
München: dtv, 1985, 438 S. und 435 S.

Diese Sammlung von Quellentexten zur Geschichte der Kinder- und Jugendliteratur ist in fünf historische sequentierte Kapitel gegliedert:
- Mittelalter bis Barockzeit;
- Der Anfang: KJL der Aufklärung;
- Wandlungen: Romantik und Biedermeier;
- Ausweitung: spätes 19. Jahrhundert;
- Neue Wege: erste Hälfte des 20. Jahrhunderts.

Jeder Abschnitt ist mit einer einführenden Erläuterung versehen. (Bot)

(541)
Fürst, Rolf (Mitarb.) u.a.
Arbeitstransparente im Geometrieunterricht.
Bad Kreuznach: Pädagogisches Zentrum, 1983, 106 S.

Diese Schrift soll kein (weiteres) "Handbuch der Arbeitsprojektion" sein. Daher wurden im Teil "Grundsätzliche Überlegungen" nur die Aspekte der Arbeitsprojektion aufgegriffen, die unserer Meinung nach für die tägliche Arbeit in der Schule die wichtigsten sind. Zentrales Anliegen ist hier der schülergerechte Einsatz von Arbeitstransparenten, wobei vor allem die Förderung der Schüleraktivität und die Möglichkeiten individuellen Lernens angesprochen werden.
Das Heft ist in erster Linie für den Praktiker in der Schule ge-

dacht, der keine fertigen Rezepte, aber Anregungen mit konkreten Beispielen benötigt. Die Beispiele in Teil B sind aus dem Unterricht der Mitglieder der Arbeitsgruppe hervorgegangen und wurden in Diskussionen innerhalb der Gruppe ergänzt und verändert. (Vorwort)

(542)
Arnold, Sven (Bearb.)
Literarische Gesellschaften in Deutschland
Berlin: Argon, 1991, 320 S.

Dieses Buch gibt einen Überblick über insgesamt 61 Literaturgesellschaften, von denen 57 in der "Arbeitsgemeinschaft Literarischer Gesellschaften" zusammengeschlossen sind. Im ersten Teil des Buches informieren zwei- bis fünfseitige Porträts über Namensgeber, Geschichte und Aktivitäten der Gesellschaften. Ergänzt werden diese Kurzvorstellungen durch einen Übersichtsteil, der neben den aktuellen Anschriften auch Angaben zum derzeitigen Vorstand, zu den Mitgliedsbeiträgen und zu "herausragenden Veranstaltungen" enthält. (men)

(543)
Bergk, Marion
Rechtschreibenlernen von Anfang an. Kinder schreiben ihre ersten Lesetexte selbst
Frankfurt/M.: Diesterweg, 1987, 216 S.

Das Handbuch informiert darüber, mit welchen Methoden und Vorgehensweisen den Schülern Lesen und Schreiben ohne Streß und Langweile nahegebracht werden können.

(544)
Bettelheim, Bruno; Zelan, Karen
Kinder brauchen Bücher
München: dtv, 1985, 288 S.

Im Zentrum dieses aus der Sicht der Kinderpsychologie geschriebenen Buches steht der Prozeß des Lesenlernens, seine Behinderungen und seine Förderungsmöglichkeiten durch Eltern und Erzieher. Das Werk basiert weitgehend auf den Arbeiten eines Forschungsteams, welches sich auf langjährige Beobachtungen im unterrichtspraktischen und schulpsychologischen Bereich stützte.
Trotz des wissenschaftlichen Hintergrunds ist die Darstellung durch die Autoren fallbezogen und handlungsorientiert. Die drei

Teile des Buches befassen sich mit folgenden Problemen:
- Wie wird ein Kind zum Leser und welche Motivationsprobleme treten auf?
- Wie entstehen und wie verhält man sich bei Lesefehlern und Leseschwächen?
- Das Problem mit den Fibeln.

(545)
Blumenstock, Leonhard
Handbuch der Leseübungen. Vorschläge und Materialien zur Gestaltung des Erstleseunterrichts mit Schwerpunkt im sprachlich-akustischen Bereich
Weinheim: Beltz, 2. Aufl. 1989, 159 S.

Das Handbuch bietet eine Übungssammlung zu verschiedenen Phasen und Schwerpunkten des Erstleseunterrichts mit Verbindungen zum Schreib- und Rechtschreibunterricht. Eingeleitet wird das Übungsbuch durch eine sachliche und didaktische Analyse der Lernbereiche: Beziehungen zwischen Lautsprache und Schriftsprache (Buchstaben-Arbeit); Wortstruktur; Anreize zum selbständigen Erlesen; Verbesserung der Lesefertigkeit; Verbindung von Lesen und Schreiben. (Bot)

(546)
Brenner, Gerd; Kolvenbach, Hans Jürgen
Praxishandbuch Kinder- und Jugendliteratur: Informationen, Materialien, Texte, Handlungshilfen
Frankfurt/M.: Scriptor, 2. Aufl., 1984, 201 S.

Das "Praxishandbuch" soll die tägliche Arbeit in der Schule und in der Freizeit erleichtern. Der Band gibt Lehrern und Freizeitpädagogen vielfältige Praxishilfen - von der Vertretungsstunde bis hin zum längerfristig angelegten Projekt.

Das 1. Kapitel stellt neue Daten und Informationen zum Leseverhalten von 10- bis 18jährigen vor. Das 2. Kapitel, der Schwerpunkt des Bandes, bietet Textauszüge, Materialien, Unterrichtsvorschläge und Literaturhinweise zu folgenden Themen: Spaß und Ärger in der Schule, unheimliche Orte - wunderbare Reisen, Abenteuer-Serien und Krimis für junge Leser, Angst, Ich, andere Leute, die Zukunft, der Nationalsozialismus, Kriegsgefahren, selbst ein Jugendbuch schreiben. Das 3. Kapitel gibt Hinweise zum vertiefenden Studium, Adressen etc.

(547)
Doderer, Klaus (Hrsg.)
Das Bilderbuch. Geschichte und Entwicklung des Bilderbuches in Deutschl. von den Anfängen bis zur Gegenwart.
Weinheim: Beltz, 2. Aufl., 1975, 542 S.

Diese umfassende Literaturgeschichte des Bilderbuches mit zahlreichen Abbildungen und detaillierten Quellenbelegen behandelt in 10 Kapiteln, die von Spezialisten auf ihrem Gebiet erarbeitet wurden, die Entwicklung des Bilderbuches in Deutschland von den Anfängen als Bilderbogen im Mittelalter bis zur Gegenwartssituation. Inhaltliche und produktionstechnische Analysen werden dargestellt.

Ein ausführlicher bibliographischer Teil liefert Register für verschiedene Aspekte der Annäherung an das Thema und bietet dem Nutzer somit gute Zugangsmöglichkeiten.

(548)
Brand, Eva (Hrsg.)
Die Zeitungsanzeige. Medienkundliches Handbuch
Aachen-Hahn: Hahner Verlagsgesellschaft, 1988, 377 S.

Das Handbuch weist eine Zweiteilung auf. Im ersten Teil informieren Fachautoren aus dem Blickwinkel unterschiedlicher Berufszweige (Produktwerbung, Werbekonzepte, Imagewerbung, Geschäftsanzeigen, Journalismus) über Aspekte der Zeitungsanzeige, die dem Leser nicht unmittelbar sichtbar sind.

Im zweiten Teil arbeiten Pädagogen für zahlreiche Schulfächer Unterrichtseinheiten aus, die über das Medium Zeitungsanzeige verschiedene schulisch relevante Themen behandeln (siehe dazu: Einzelaufnahmen dieser Beiträge). (Bot)

(549)
Doelker, Christian u.a. (Mitarb.)
Immer dieses Fernsehen.
Handbuch für den Umgang mit Medien
Ravensburg: Otto Maier, 1983, 134 S.

Das Buch ist Teil des gleichnamigen Medienverbundprogrammes, ist jedoch auch unabhängig als Handbuch verwendbar. Es enthält eine Reihe von zusätzlichen Informationen und Ratschlägen zu den Themen, die Eltern und Erziehern ein besonderes Anliegen sind. Das Buch zeigt auf, wie verschiedene Medien auf Kinder wirken (u.a. Idole, Darstellung von Gewalt). Wie die Wirklichkeit im Fernsehen abgebildet wird, und auf welche Weise die Medien die Freizeit der Familie beeinflussen, sind weitere Themen dieses Buches. Ein besonderes Anliegen der Autoren ist es, praktische Ratschläge und Modelle für den Umgang mit den Medien in der Familie, im Kindergarten oder in der Schule zu geben (vgl. auch Projektteil, Nr. 15). (Bot)

(550)
Merkel, Johannes (Hrsg.)
Erzählen. Die Wiederentdeckung einer vergessenen Kunst. Geschichten und Anregungen: Ein Handbuch
Hamburg: Rowohlt, 1982, 348 S.

Das Buch entwirft in einer Vielzahl von Beiträgen ein buntes Bild der Erzählkunst in aller Welt an exemplarischen Beispielen. Darüber hinaus liefern die beiden Herausgeber Ideen und Hinweise für das Erzählen in verschiedenen Situationen.

(551)
Giehrl, Hans E.
Der junge Leser. Einführung in Grundfragen der Jungleserkunde und der literarischen Erziehung
Donauwörth: Auer, 1977, 158 S.

Das Buch wendet sich an Auszubildende und Praktiker, die sich beruflich auf den jungen Leser beziehen. Ein verhältnismäßig ausführlicher Abschnitt über den lesenden Menschen schlechthin soll die Grundlagen und die Zuordnungen für die spezielle Betrachtung des jungen Lesers liefern. Stärker als bisher soll auch die Funktionalität des Lesens berücksichtigt werden. Die Leseentwicklung darf nicht allein als literarästhetischer Fortgang gesehen werden, sondern vielmehr als eine zunehmende Bewältigung der sprachlichen Bedürftigkeit des Menschen in dieser seiner Welt. Die Folgerungen für Unterricht und Leseerziehung beschränken sich bewußt auf zahlreiche kurze Hinweise und geben keine ausführliche Darstellung literaturpädagogischer Aspekte. (Autor)

(552)
Grünewald, Dietrich; Kaminski, Winfried (Hrsg.)
Kinder- und Jugendmedien. Ein Handbuch für die Praxis
Weinheim und Basel: Beltz, 1984, 547 S.

Nach einer Einführung "Kinder- und Jugendmedien in der Diskussion" (Kritik und Förderung, Fragen der Ästhetik) werden verschiedene Medien behandelt: Druckmedien, das bewegte Bild, auditive Medien, Theater. Im folgenden werden spezifi-

sche Inhalte und spezifische Formen bzw. Gattungen untersucht: z.B. Arbeitswelt, Dritte Welt, Sport, Lyrik, Mädchenbuch
etc. Nach einem sachinformativen Teil werden jeweils Vorschläge für die Verwendung in der pädagogischen Praxis unterbreitet. Das Buch muß nicht als fortlaufender Lesetext verwendet werden, sondern ist als Nachschlagewerk gedacht,
welches allen, die mit Kindern und Jugendlichen leben oder
arbeiten, Hilfe im Umgang mit dem Medienangebot liefert.

(553)
Haas, Gerhard (Hrsg.)
Kinder- und Jugendliteratur. Ein Handbuch
Stuttgart: Reclam, 3. Aufl. 1984, 390 S.

Die dritte Auflage des Handbuches wurde von den einzelnen
Autoren jeweils völlig neu überarbeitet. Der Band weist fol-
gende Grobgliederung auf:
- Informationen (Fakten, Institutionen, Zeitschriften, Preise)
  über die BRD- und DDR-Szene;
- Realistische KJL;
- Zwischen Realismus und Phantastik;
- Phantastische KJL;
- Lyrik für junge Leser, Hörer, Sprecher.

(554)
Uschtrin, Sandra; Klaucke, Sandra (Hrsg.)
**Handbuch für Autoren. Adressen und Informationen aus
dem deutschsprachigen Literaturbetrieb**
München: Grafenstein, 3. Aufl. 1990, 430 S.

Das Buch bietet eine umfassende Sammlung zu Themen des
deutschsprachigen Literaturbetriebs. Es dient somit nicht nur
als Nachschlagewerk, das einen schnellen Zugriff auf Adreß-
material ermöglicht, sondern möchte auch einladen, sich durch
Beiträge von Insidern über Aspekte und Perspektiven der Lite-
ratur-Vermarktung ein Bild zu verschaffen.

(555)
Kreibich, Heinrich (Bearb.)
Lesen. Grundlagen, Ideen, Modelle zur Leseförderung
Mainz: Stiftung Lesen, 1988, 200 S.

Die Mappe "Lesen" ist als Sammelordner vorwiegend für Lehrer angelegt. Sie bietet Hilfestellung bei der Erarbeitung von
Grundlagen der Leseförderung für die Elternarbeit ebenso wie
bei der Organisation von Förderungsmodellen in der Schule.

(556)
Bauer, Karl W. (Hrsg.)
Kritische Stichwörter zur Kinderkultur
München: Fink, 1978, 366 S.

Stichworte aus dem literarischen Bereich sind: Abenteuerliteratur, Bibliothek, Bilderbuch, Comics, Kinderliteratur, Kinderschutz, Kindersprüche, Kindertheater, Mädchenliteratur, Märchen, Sachbuch, Zeitung, Zeitschrift, Zensur.

(557)
Baumgärtner, Alfred C. (Hrsg.)
Lesen - Ein Handbuch. Lesestoff, Leser und Leseverhalten, Lesewirkungen, Leseerziehung, Lesekultur
Hamburg: Verlag für Buchmarkt-Forschung, 1974, 663 S.

Dieses Standardwerk zum Themenbereich Lesen trägt in über 20 Beiträgen unterschiedlicher Autoren den Wissens- und Erkenntnisstand zusammen (Stand: Beginn der 70er Jahre) und verweist auf die wichtigsten Forschungs- und Praxisansätze. Die einzelnen Abschnitte sind folgendermaßen unterteilt:
- Lesestoff: Blatt und Heft, Zeitschrift, Zeitung, Buch, Verbreitung von Lesestoff;
- Leser und Leseverhalten: Sozialgeschichte, Leser - Nichtleser - Analphabeten heute;
- Wirkungen des Lesens: Wirkungsforschung, Literarische Wirkung und Literaturdidaktik;
- Methoden der Leseerziehung: Geschichte der Leseerziehung, das grundlegende Lesenlernen heute, Hinführung zum interpretierenden Lesen, Informationslesen, Sonderpädagogische Probleme, Textgrundlagen der Leseerziehung, Einführung in die Buchbenutzung;

(558)
Basse, Michael (Hrsg.)
Literaturwerkstätten und Literaturbüros in der Bundesrepublik. Handbuch der Literaturförderung und der literarischen Einrichtungen der Bundesländer
Lebach: Joachim Hempel Verlag, 1988, 198 S.

Der Band gibt im Einleitungsteil zunächst eine begriffliche Einführung in neue institutionalisierte Formen der Literatur- und Autorenförderung. Im weiteren werden diese von drei verschiedenen literarischen und kulturpolitischen Gesichtspunkten her beurteilt. Der Hauptteil bietet eine nach Bundesländern geordnete Übersicht über gegenwärtig arbeitende Einrichtungen der Literaturförderung. Die Übersicht erhebt keinen Anspruch auf Vollständigkeit, weist jedoch ca. 180 Einrichtungen nach. Davon werden 103 mit ausführlichen oder kurzen Porträts beschrieben. Jedes Bundesland wird mit allgemeinen Kurzinformationen in seinen kulturpolitischen Aktivitäten zur Autorenförderung und Literaturvermittlung skizziert. (Bot)

(559)
Maier, Karl Ernst
Jugendliteratur. Formen, Inhalte, pädagogische Bedeutung
Bad Heilbrunn: Klinkhardt, 9. Aufl., 1987, 303 S.

Dieses Buch stellt sich die Aufgabe, in den Gesamtkomplex Jugendliteratur einzuführen. Durch eine übersichtliche Systematisierung sollen die verschiedenen Gegenstands- und Problembereiche bekanntgemacht und in ihrem Zusammenhang aufgezeigt werden. Der Verfasser will damit den am Kinder- und Jugendbuch Interessierten helfen, sich eine umfangreiche Informationsbasis zu schaffen. Vor allem sollen die Ausführungen den Lernenden als Studienunterlage dienen. Das Inhaltsverzeichnis weist folgende Grobgliederung auf:

Erster Teil: 1. Das Bilderbuch; 2. Kinderreim und Kindergedicht; 3. Das Märchen; 4. Die Kindergeschichte; 5. Das Mädchenbuch; 6. Das Abenteuerbuch; 7. Das problemorientierte Jugendbuch; 8. Die Comics; 9. Das Sachbuch.

Zweiter Teil: 10. Jugendliteratur in historischer Betrachtung; 11. Der literarische Aspekt; 12. Der pädagogisch-funktionale Aspekt; 13. Der leserkundliche Aspekt. (Bot/Inhaltsverzeichnis)

(560)
Marquard, Manfred
Einführung in die Kinder- und Jugendliteratur
München: Bardtenschlager, 6. Aufl., 1986, 200 S.

In den 12 Kapiteln des Buches werden die wichtigsten Gattungen der Kinder- und Jugendliteratur unter sozialpädagogischen Aspekten erörtert: Bilderbuch, Kinderlyrik, Märchen, Kinderbuch, Mädchenbuch, Jugendbuch, Abenteuerbuch, Sachbuch, religiöse KJL, Comics, KJL auf Schallplatten und Tonkassetten, Kinder- und Jugendzeitschriften.

Das Buch vermittelt grundlegende Informationen, Denkanstöße und praktische Vorschläge für die Behandlung bzw. den Einsatz von KJL in der sozialpädagogischen Arbeit. Da dieses

Buch in erster Linie für die Ausbildung künftiger Erzieher gedacht ist, sind den einzelnen Kapiteln neben dem Lernziel auch Hinweise zur unterrichtlichen Bearbeitung des Themas zugeordnet. (Bot)

(561)
Brand, Eva (Hrsg.)
Medienkundliches Handbuch. Die Zeitung im Unterricht
Aachen-Hahn: Hahner Verlagsges., 1989, 491 S.

In über 30 Beiträgen von Lehrern werden praktisch erprobte Unterrichtseinheiten und -modelle vorgestellt, die die Zeitung in unterschiedlichen Schulfächern und für unterschiedliche Schulstufen als Thema bzw. Hilfsmittel verwenden. (Bot)

(562)
Polt, Robert
Freude am Lesen.
Das illustrierte Handbuch für Bücherfreunde
Wien: Brandstätter, 1986, 240 S.

Seit langem beschäftigen sich die einschlägigen Wissenschaften, die Psychologie, Pädagogik und Soziologie, vor allem aber die junge Disziplin der Leseforschung, mit der Problematik des Lesens. Warum wird gelesen oder nicht mehr gelesen? Welche Wirkungen hat die Lektüre? Welche individuelle und gesellschaftliche Bedeutung hat das Lesen? Welche der "moderne Analphabetismus"?
Folgende Themenbereiche werden behandelt: Verlagswesen und Buchhandel, Literaturwissenschaft, Buchkritik und Bestseller; über das Kaufen, Leihen, Schenken von, das Wohnen mit und das Reden über Bücher. Im zweiten Teil wird eine Übersicht über literarische und nicht-literarische Gattungen und Themenbereiche gegeben. (Bot)

(563)
Rehm, Margarete
Lexikon Buch - Bibliothek - Neue Medien
München u.a.: Saur, 1991, 294 S.

Das Lexikon vermittelt einen Überblick über den gesamten, das Thema "Buch" betreffenden Wissensstoff, von der Entstehung der Schrift und der Entwicklung des Buchdrucks bis hin zu Aufgaben und Arbeitsweise und der Benutzung neuer Medien in modernen Bibliotheken.
In mehr als 2400 Stichworten von A bis Z werden grundle-

gende Begriffe aus den Bereichen Buchherstellung, Bibliothekswesen und Bibliotheksgeschichte, Sortimentskunde und Buchforschung erläutert.

(564)
Rückert, Gerhard
Wege zur Kinderliteratur.
Eine praxisnahe Einführung für Lehrer
Freiburg i. Br.: Herder, 1980, 140 S.

Das Buch bietet eine Mischung aus systematischer Einführung (Literaturproduktion; Literaturgattungen; Inhaltsaspekte; anthropologische, psychologische und ethische Fragen) und situationsbezogenen Hinweisen. Der Verfasser nimmt charakteristische Beispiele als Ausgangspunkt, um Probleme der Wirkung des Lesens, Beurteilungsmaßstäbe und -kriterien sowie didaktisch-methodische Vorgehensweisen zu erörtern. Themenbeispiele sind u.a. Märchen und Trivialliteratur. (Bot)

(565)
Sandhaas, Bernd; Unkelbach, Gabriele
Internationales Alphabetisierungsjahr 1990. Handbuch für nichtstaatliche Organisat., UNESCO-Clubs, UNESCO-Modellschulen und andere interessierte Gruppen.
Bonn: Deutsche UNESCO-Kommission, 1989, 40 S.

Ziel des Handbuches ist es, interessierten Gruppen mit vielen kreativen Ideen und organisatorischen Hinweisen zum Internationalen Alphabetisierungsjahr zu unterstützen. Es werden eine Reihe konkreter Vorschläge zur Vorbereitung und Durchführung von Alphabetisierungsaktivitäten unterbreitet. (Bot)

(566)
Schaufelberger, Hildegard
Märchenkunde für Erzieher.
Grundwissen für den Umgang mit Märchen
Freiburg: Herder, 1987, 160 S.

Das Handbuch bietet literaturwissenschaftliche, soziologische und psychologische Hintergrundinformationen zum Märchen einerseits, und didaktisch-methodische sowie praktische Hinweise zur Verwendung des Märchens in der Vorschulerziehung andererseits.

Im einzelnen werden folgende Themen, zum Teil detailliert, behandelt: geschichtliche Entwicklung (Mythos, Kindermärchen, Erzählen); heutiges Märchenerzählen; Merkmale; Märchen und Wirklichkeit; Märcheninterpretation; pädagogische und religionspädagogische Aspekte; "Rotkäppchen" als Beispiel; Moderne Märchenformen; Märchen auf Platten und Kassetten. (Bot)

(567)
Schulze, Volker
Die Zeitung. Medienkundliches Handbuch
Aachen: Hahner Verlagsgesellschaft, 2. Aufl., 1990, 208 S.

Der Band informiert umfassend über Wesen und Funktion der Zeitung. Im einzelnen werden folgende thematischen Kapitel behandelt: Geschichte des Zeitungswesens; Historische Entwicklung der Pressefreiheit; Der Zeitungsmarkt (international und national); Rechtsstellung und Organisation der Presse in der BRD; Aufbau eines Zeitungsverlags; Die redaktionelle Arbeit; Darstellungsformen und Sprache; Der Anzeigenteil; Die technische Herstellung. Das Handbuch enthält auch ein Verzeichnis der Zeitungen in der BRD, ein Glossar zur schnellen Orientierung sowie weiterführende Literaturhinweise.

(568)
Silbermann, Alphons
Handbuch zur empirischen Massenkommunikationsforschung. Eine kommentierte Bibliographie. 2 Bde.
Frankfurt/M.: Lang, 1986, 985 S.

Die Bibliographie weist 12000 internationale Titel nach.

(569)
Thiele, Jens (Hrsg.)
Bilderbücher entdecken.
Untersuchungen, Materialien und Empfehlungen zum kritischen Gebrauch einer Buchgattung
Oldenburg: Isensee, 1986, 207 S.

Das Buch will Eltern, Erziehern, Lehrern und Bibliothekaren bei der Auswahl, Beurteilung und Bewertung von Bilderbüchern helfen: es informiert über Bilderbücher, die kindliche Alltagsprobleme aufgreifen und Kindern somit helfen können, es setzt sich mit unterschiedlichen Illustrationsstilen auseinander und gibt Einblicke in die Entstehungsprozesse von Bilderbüchern.

Das Buch gibt schließlich Empfehlungen und Anregungen zu einem selbstbestimmten und aktiven Gebrauch der Bilderbücher und vermittelt Vorschläge zur Verarbeitung der Buchinhalte im Kinderzimmer, im Kindergarten und in der Schule.

(570)
Wittmann, Reinhard
Geschichte des deutschen Buchhandels. Ein Überblick
München: C.H. Beck'sche, 1991, 440 S.

Reinhard Wittmanns Werk verfolgt die Entwicklung des deutschen Buchhandels von der Zeit vor Gutenberg über die "Leserevolution" des achzehnten Jahrhunderts hinweg, über die Restaurations- und Gründerzeit bis zu den Polarisierungen der Weimarer Republik, dem Niedergang im Dritten Reich und der wieder aufstrebenden Buchindustrie der Nachkriegszeit.

Die Darstellung endet in der unmittelbaren Gegenwart und damit in einem Augenblick, da das Buch seine Funktion als kulturelles Leitmedium unwiderruflich an andere Medien abzugeben scheint. Weil aber gerade das Neueste heute so rasch veraltet oder doch seine Unzulänglichkeiten erkennen läßt, kann Wittmanns Überblick vorsichtig optimistisch schließen: nach 550 Jahren sei die Geschichte des gedruckten Buches sowenig am Ende wie die des Buchhandels. (men)

2. Informationsdienste

(571)
Abenteuer Lesen - Buchempfehlungen für Unterricht, Schulbibliothek und Freizeit
Herausgeber: Landesinstitut für Erziehung und Unterricht; Rotebühlstraße 133; 7000 Stuttgart
Ansprechpartner: Füller, Klaus; Tel.: 0711/6472933

Ab Dezember 1987 erscheinen die von einem Arbeitskreis des Landesinstituts erstellten Buchempfehlungen in der Zeitschrift "Lehren und Lernen" einmal im Halbjahr. Diese Buchempfehlungen sind nicht als Rezensionen zu verstehen, sondern als pädagogisch-didaktische Vorschläge, bezogen auf die neuen Lehrpläne Baden-Württembergs.

Jede Empfehlung enthält eine Kurzanalyse des Buches sowie didaktische Hinweise für die Behandlung im Unterricht. Damit sollen Anregungen für Deutschlehrer sowie Tips für Neuanschaffungen in Schulbibliotheken gegeben werden. Zur besseren altersmäßigen Einordnung der Bücher sind die Empfehlungen jeweils mit einer Klassenangabe von Stufe 1 bis 9 versehen.

Diese Stufen erfassen die Schuljahre, die für die Lesemotivation besonders wichtig sind. Folgende Themen wurden bisher behandelt: Freundschaft; Leben im Mittelalter; Reisen; Tiere; Leben in fremden Kulturen; Biographie; Märchen und Märchenhaftes; Jugend und Alter. Es folgt als nächstes: Science Fiction und Fantasy.

Hinweise: Dieser und der folgende Titel wäre inhaltlich eher einem Kapitel "Leseempfehlungen" zuzuordnen. Die Aufnahme der beiden Publikationen in diesem Kapitel erfolgte vor allem deshalb, weil sie sich qualitativ von der (nicht verzeichneten) Masse von Leseempfehlungsbroschüren abheben.

(572)
Arbeitsblätter für Lehrer (Jugendtaschenbücher in der Schule / Jugendbücher zum Thema)
Herausgeber: Stiftung Lesen; Fischtorplatz 23; 6500 Mainz
Ansprechpartner: Hasselblatt, Tamara; Tel.: 06131/230888

In jeder Ausgabe der Arbeitsblätter sind etwa 15 Jugendbuchtitel inhaltlich vorgestellt und mit methodischen und didak-

tischen Hinweisen versehen. Schüler können so durch gut geschriebene, fesselnde Lektüre nicht nur Interesse am Thema,
sondern auch Lust am Lesen überhaupt gewinnen. Beide Publikationen (Auflage 15. 000 Ex.) wenden sich an Lehrer aller
Schulstufen und Schularten. Sie beinhalten in der Unterichts-
praxis getestete Buchempfehlungen, die als Orientierungshilfen
im übervollen Angebot des Büchermarktes und zum Einsatz im
Unterricht dienen sollen.

Materialien: Folgende Ausgaben wurden bisher erarbeitet:

- Jugendtaschenbücher für Schule und Freizeit;
- Jugendtaschenbücher zum Thema Familie;
- Jugendbücher zum Thema Umwelt;
- Jugendbücher zum Thema Erwachsenwerden;
- In Kooperation mit dem Pädagogischen Zentrum Bad Kreuz-
  nach entstand außerdem die Sondernummer "Mit Büchern
  kann man mehr als Lesen - Projekttage zum Jugendbuch".

(573)
Autorenliste -
Autorinnen und Autoren in Hamburger Schulen
Herausgeber: Behörde für Schule und Berufsbildung; Amt für
Schule; Hamburger Straße 31; 2000 Hamburg 76
Ansprechpartner: Widmann, Bernd-Axel; Tel.: 040/291882072

Die Autorenliste dient der gründlichen Vorbereitung einer Autorenlesung in Hamburger Schulen. In einem einleitenden Teil
werden organisatorische Hinweise gegeben. Der Hauptteil listet
die Autoren mit unterschiedlich detaillierten Beschreibungen ihrer Biographie und Werke auf, wobei meist eine Angabe der
geeigneten Altersstufen erfolgt. Diese Texte sind jeweils von
den Autoren selbst verfaßt worden.

Hinweise: Ähnliche regionale Verzeichnisse werden auch in
anderen Städten erstellt. Das Autorenverzeichnis der Bödecker-
Kreise (vgl. Literaturteil, Nr. 304) ist überregional angelegt.
Materialien: Broschüre

(574)
Broschüre "Kinder- und Jugendzeitschriften"
Herausgeber: Deutsches Jugendschriftenwerk;
Fischtorplatz 23; 6500 Mainz
Ansprechpartner: Bergmann, Günter; Tel.: 06131/230888

Die unregelmäßig erscheinende Broschüre informiert in Wort
und Bild über pädagogisch ausgewählte Zeitschriften für Kinder, Jugendliche und Heranwachsende von 3 bis 20 Jahren,

die nicht am Kiosk erhältlich sind.

Hinweise: Die Broschüre ist gegen Einsendung des Rückportos beim Deutschen Jugendschriftenwerk erhältlich.

(575)
Buchempfehlungslisten
Herausgeber: Stiftung Lesen; Fischtorplatz 23; 6500 Mainz
Ansprechpartner: Kranz, Christine; Tel.: 06131/230888

Die Buchempfehlungslisten stehen in einem Medienverbund mit Themen von Fernsehsendungen. 1978 wurden die ersten Buchempfehlungslisten zu den Themen des Erziehungsmagazins "Kinder Kinder" herausgegeben, auf die die Fernsehzuschauer im Rahmen der Sendung hingewiesen wurden. Die gemeinsame "Philosophie": das Fernsehen kann durch optische Aufbereitung Interesse an einem Thema wecken; Bücher sind notwendig für alle, die sich eingehender mit diesem Themenkreis beschäftigen wollen.

Während zunächst Buchempfehlungslisten zu einzelnen Sendungen erarbeitet wurden, erscheinen inzwischen umfangreichere Listen mit durchschnittlich 90 Titeln zu Sendereihen oder aktuellen Themenschwerpunkten. Verlagsunabhängige Fachleute charakterisieren die Bücher und geben Empfehlungen über ihre Eignung ab. Die Listen enthalten: Fachbücher für den Kenner; Populäre Sachbücher und praktische Ratgeber für den allgemein Interessierten; Romane und Erzählungen für Erwachsene; Kinder- und Jugendbücher. Die Gesamtauflage der Buchempfehlungslisten hat mittlerweile die Drei-Millionen-Grenze überschritten.

Hinweise: Die Buchempfehlungslisten sind gegen Einsendung von Briefmarken im Wert von DM 1,- + Freiumschlag, ebenso wie zwei Poster bei der Stiftung Lesen erhältlich. Zu einer Reihe von Buchempfehlungslisten werden die zugehörigen Bücher interessierten Einrichtungen zur Verfügung gestellt.

Materialien: Poster "Leselieben"; Poster "Lesen"

(576)
Buchklub-Bücher und Jahrbücher
Herausgeber: Österreichischer Buchklub der Jugend; Mayerhofgasse 6; Postf. 34; A-1041 Wien; Tel.: (0043) 0222/5051754
Ansprechpartner: Machacek, Robert

Unter dem Motto "zum Lesen verlocken" ist der österreichische Buchklub der Jugend vor allem an Schulen verankert. Die Mitgliedschaft im Buchklub eröffnet die Möglichkeit, die Bücher einer Auswahlliste (ca. 200 jährlich aufgefrischte, empfohlene Titel) mit 25%iger Ermäßigung in den Partnerbuchhandlungen zu erwerben. Verlage und Buchhändler tragen jeweils einen Anteil an dieser Vergünstigung.

Die "Philipp-Hefte" des Buchklubs enthalten neben einzelnen, in sich abgeschlossenen literarischen und sachlichen Beiträgen vor allem sogenannte "Anlesestücke", Ausschnitte aus Büchern der Auswahlliste, die den Leser zum Kauf des Buches veranlassen sollen. Die "Philipp-Hefte" sind nach Altersstufen differenziert (1./ 2. Schulstufe und 3./ 4. Schulstufe). Der Buchklub bietet weitere Veröffentlichungen, die über das literarische Geschehen auf dem Jugendbuchsektor informieren. Interessant sind hierbei vor allem für junge Menschen ab 14 Jahren die Anthologiereihe "edition buchklub" und das Literaturmagazin "blattsalat".

Die Jahresmagazine "Joker 1" (10 - 12 Jahre) und "Joker 2" (13 - 15 Jahre) präsentieren zu verschiedenen Schwerpunktthemen literarische und redaktionelle Beiträge. Speziell an Lehrer richtet sich die viermal jährlich erscheinende Zeitschrift "Jugend und Medien" und das Projektbuch "Die Barke".

Hinweise: Unter dem Titel "Buch konkret" erscheinen in neuer Gestaltung literaturpädagogische Arbeitsblätter für Lehrer, die den unterrichtlichen Einsatz von Jugendbüchern didaktisch-methodisch aufbereiten.

(577)
Bücher - der Buchbesprechungsdienst des DJW
Herausgeber: Deutsches Jugendschriftenwerk;
Fischtorplatz 23; 6500 Mainz
Ansprechpartner: Bergmann, Günter; Tel.: 06131/230888

Der Buchbesprechungsdienst wurde im 14. Jahrgang 1990 neu konzipiert. Die Loseblatt-Sammlung wurde durch ein achtseitiges, zweifarbiges Faltblatt ersetzt. "Bücher" erscheint in 4 Ausgaben jährlich im Abonnement und bietet ausführliche Besprechungen. Es werden Titel aus dem Bereich der Kinderliteratur bis acht Jahre besprochen, die einen optimalen Einsatz in der Praxis ermöglichen.

Ergänzt wird diese Auswahl durch Hinweise auf wichtige Neuerscheinungen der Fachliteratur. Ein Grundsatzartikel pro Ausgabe informiert über aktuelle Fragen der frühkindlichen Medien- und Leseerziehung. Der Besprechungsdienst enthält nun auch eine Rubrik mit Nachrichten aus der Szene und Kurztips.

Hinweise: Das Abonnement kostet DM 12,- im Jahr, bei Abnahme größerer Mengen gibt es Rabatt.

(578)
Bücherverzeichnis "Was soll ich lesen?"
Herausgeber: Landesarbeitsgemeinschaft Jugend und Literatur NRW; von-Werth-Straße 159; 5024 Pulheim 2 (Brauweiler)
Ansprechpartner: Müller-Beyreiss, Brigitte; Tel.: 02234/84286

Zu jedem Thema wird eine Auswahl erzählender Bücher sowie Sachbücher ausführlich besprochen. Bei den Besprechungen werden Hinweise gegeben, wie man mit einzelnen Titeln in der Praxis arbeiten kann. Praktische Tips für den Umgang mit Bilderbüchern und ein Register, das einige Themen nach Schlagworten aufschlüsselt, schließen sich dem Besprechungsteil an.

Die Bücherverzeichnisse sind gegen eine Schutzgebühr (Bd. 1 bis 5 je DM 8,-; Bd. 6 und 7 je DM 15,-; Bd. 8 und 9 je DM 18,-; Bd. 10 DM 20,-) und Versandkosten bei der Geschäftsstelle der LAG erhältlich.

Hinweise: Die Nachfrage nach den Bücherverzeichnissen wächst kontinuierlich (Schwerpunkt 1992 sind die neuen Bundesländer. Äußerst schwierig ist für die LAG die Finanzierung der Publikation, da die Fortführung des Projekts stets abhängig ist von der Bereitstellung zusätzlicher Mittel.

(579)
Bücherverzeichnisse/Auswahllisten
Herausgeber: Arbeitskreis für Jugendliteratur; Schlörstr. 10; 8000 München 19
Ansprechpartner: Meyer, Franz; Tel.: 089/1684052

In unregelmäßigen Abständen (etwa alle 2-3 Jahre) werden für bestimmte Themen- oder Verwendungsbereiche Bücherverzeichnisse erstellt. In den sach- und themenorientierten Buchempfehlungslisten "Das Bilderbuch", "Das Kinderbuch" und "Bücher zum Vorlesen" wird jedes Buch rezensiert und mit didaktisch-methodischen Hinweisen versehen.

Außerdem erscheint jährlich das knapp kommentierte Verzeichnis "Das Buch der Jugend" (Für 1991/92 sind ca. 700 Titel verzeichnet).

(580)
Bulletin Jugend + Literatur
Herausgeber: Eulenhof-Verlag; Hallerplatz 5;
2000 Hamburg 13; Tel.: 040/458820
Ansprechpartner: Heinold, Ehrhardt F.; Schöler, Thomas

Den größten Teil der redaktionellen Beiträge nehmen Rezensionen von Kinder- und Jugendbüchern ein, die themabezogen gruppiert werden. Informationen über die Szene (Autoren, Verlagsinterna, Preise, Wettbewerbe etc.) ergänzen das Heft. In einer Rubrik werden zeitaktuelle, gesellschaftliche Themen unter dem Aspekt der Jugendliteratur erörtert.

Seit Oktober 1982 verleiht die Redaktion die "Eule des Monats" an den/ die Autor/in eines ausgewählten Jugendbuches oder an Personen und Institutionen, die sich anderweitig um die Kinder- und Jugendliteratur verdient gemacht haben.
Hinweise: Jahresabonnement DM 115,-; Studenten DM 90,-; Einzelheft DM 10,-. Alle Preise incl. Mwst, zzgl. Porto.

(581)
das neue buch/
buchprofile für die katholische büchereiarbeit
Herausgeber: Zentralstelle des Borromäusvereins;
Wittelsbacherring 9; 5300 Bonn 1
Ansprechpartner: Stangl, Herbert; Tel.: 0228/72580

Der sechsmal erscheinende Rezensionsdienst weist die folgende Gliederung auf: Sachbücher (mit thematischer Unterteilung), Schöne Literatur, Kinderliteratur (Kindersachbücher, Bilderbücher, Erzählungen mit Alterseinteilung), Tonträger, Spiele. Die einzelnen Titel (pro Jahrgang ca. 3200) werden unterschiedlich ausführlich beschrieben und mit einer kurzen Bewertung versehen.

(582)
Der bunte Hund. Magazin für Kinder in den besten Jahren
Herausgeber: Beltz & Gelberg Verlag; Postfach 100154;
6940 Weinheim; Tel.: 06201/60070
Ansprechpartner: Gelberg, Hans-Joachim

"Der bunte Hund" erscheint dreimal jährlich und hat 64 Seiten. Die vierfarbige Zeitschrift bietet künstlerisch anspruchsvolle Bilder, Zeichnungen und Graphiken. Jedes Heft enthält Geschichten, Gedichte und einen Roman sowie einen "Erzählwettbewerb für Kinder". Außerdem gibt es kindgemäße Informationen über neue Bücher, Autoren und Künstler, Ratschläge für Spiele, Rätsel und spaßige Freizeitgestaltung sowie jeweils eine Extra-Beilage in Form eines Posters oder Heftes. **Hinweise:** Den Bunten Hund kann man nur im Buchhandel (bzw. über Abo), nicht am Kiosk kaufen. Preis: DM 9,80 pro Heft (1992). Große Teile des Zeitschriften-Inhalts sind auch im Rahmen des Unterrichts verwendbar. **Materialien:** 1. Deko-Material für Buchhandlungen; 2. Probeexemplare; 3. Prospekt

(583)
Der rote Elefant. Bücher und audio-visuelle Medien für Kinder und Jugendliche
Herausgeber: Roter Elefant: Arbeitskreis Kinder - Bücher - Medien; Yorckstr. 57; 2800 Bremen 1
Ansprechpartner: Schindler, Nina; Tel.: 0421/530561

Die einmal jährlich im Herbst erscheinenden Ausgaben dieser Buchempfehlungslisten für Kinder- und Jugendliteratur vertreten in ihrem Rezensionsteil einen kritisch-emanzipativen Anspruch. Die Literaturauswahl weist neben Standards (Bilderbücher, Phantastik) einen großen Anteil von Problemliteratur aus dem politischen und zeitgeschichtlichen Bereich auf.

(584)
Eselsohr: Informationsdienst f. Kinder- und Jugendmedien
Herausgeber: Verlag Eselsohr; Rheinallee 9; 6500 Mainz
Ansprechpartner: Wenke, Gabriela; Tel.: 06131/676868

Die monatlich erscheinende Zeitschrift informiert über den gesamten Markt von elektronischen und Lesemedien im Hinblick auf Kinder und Jugendliche als Rezipienten. Das Informationsangebot bezieht auch das Umfeld (Tagungen, Ausstellungen, Lesungen, sonstige Veranstaltungen) ein. Inhaltlicher Schwerpunkt ist jedoch die Auswahl, Präsentation und Kritik von Literatur für Kinder und Jugendliche.

(585)
Information Jugendliteratur und Medien
Herausgeber: Arbeitsgemeinschaft Jugendliteratur und Medien in der GEW; Ehretstraße 3; 6940 Weinheim
Ansprechpartner: Dahrendorf, Malte; Tel.: 040/866286

"Information Jugendliteratur und Medien" ist die älteste Zeitschrift über das Gebiet der Jugendlektüre im deutschsprachigen Raum. Sie wurde 1893 begründet durch die "Vereinigten

Prüfungsausschüsse f. Jugendschriften" der Lehrerschaft. Von 1893 bis 1972 war der Titel dieser Zeitschrift "Jugendschriften-Warte". Seit 1989 erscheint die IJM im Juventa-Verlag.

Der neue Titel seit Anfang der 70er Jahre signalisiert eine neue Absicht: stärkere Berücksichtigung der audiovisuellen Medien und der bislang wenig beachteten gedruckten Unterhaltungsmedien wie Zeitschrift und Comic. Jede Nummer bietet ein bis zwei Schwerpunkte, Berichte aus der Praxis und Rezensionen von Neuerscheinungen der Kinder- und Jugendliteratur.

Hinweise: Erscheinungsweise vierteljährlich; Einzelheft DM 10,-; Jahresabonnement DM 32,- (zuzügl. Versandspesen)

(586)
Jugendbuch heute. Informat. zum Kinder- u. Jugendbuch. Verlagsprogramme, Auszeichnungen, wichtige Anschriften
Herausgeber: Arbeitsgemeinschaft von Jugendbuchverlegern; c/o Franckh-Kosmos Verlags-GmbH & Co; Pfitzerstr. 5-7; 7000 Stuttgart 1; Tel.: 0711/2191359
Ansprechpartner: Bach, Arne (Vors.); Andert, Marion

In der jährlich erscheinenden Broschüre "Jugendbuch heute" präsentieren sich die Mitglieder der Arbeitsgemeinschaft von Jugendbuchverlegern mit ihren Verlagsprofilen und Programmschwerpunkten in deutscher und englischer Sprache.

Der Serviceteil bietet wichtige Anschriften rund ums Jugendbuch: Verbände und Institutionen, Forschungs- und Sammelstellen, Auflistung wichtiger Zeitschriften und Empfehlungslisten von Kinder- und Jugendbüchern sowie Preise und Auszeichnungen für Kinder- und Jugendbücher in Deutschland, Österreich und der Schweiz.

(587)
Kinder - Bücher - Medien. Zeitschrift vom Arbeitskreis Roter Elefant über Bücher und andere Medien
Herausgeber: Roter Elefant: Arbeitskreis Kinder - Bücher - Medien; Isestr. 5; 2000 Hamburg 13
Ansprechpartner: Ziegenhagen, Beate; Tel.: 040/4203423

"Kinder-Bücher-Medien" erscheint zwei- bis dreimal jährlich und kommentiert aus kritisch-emanzipatorischer Sicht das Angebot an Kinder- und Jugendkultur im Bereich Buch und Medien. Die einzelnen Ausgaben haben jeweils ein Schwerpunktthema. Themen 1991/92 z.B.: Faschismusthematik in der KJl; Nachkriegszeit; Weimarer Republik.

(588)
Lesefon
Träger: Schweizerischer Bund für Jugendliteratur (SBJ);
Gewerbestraße 8; CH-6330 Cham
Ansprechpartner: Merz, Ursula; Tel.: (0041) 42/413140

Der SBJ bietet eine neue Dienstleistung für Kinder, Jugendliche, Eltern sowie Lehrerinnen und Lehrer an. Ab März 1992
sind wöchentlich neue Lesetips und Buchhinweise unter der
Telefonnummer 156-54-50 (nur in der Schweiz abhörbar) zu hören. Während drei Minuten empfehlen Fachleute je ein ausgewähltes Buch: Bilderbücher, Erzählungen und Sachbücher für
die Unter-, Mittel- und Oberstufe.

Das Lesefon möchte insbesondere Kinder und Jugendliche
neugierig machen, damit sie sich die Titel in der Bibliothek
ausleihen oder gelegentlich sogar schenken lassen. Zugleich
ist diese wöchentliche Zusammenstellung auch eine Informati-
onshilfe für interessierte Erwachsene.

Materialien: Eine Liste der besprochenen Bücher kann beim
Zentralsekretariat angefordert werden

(589)
Materialien Jugendliteratur und Medien
Herausgeber: Arbeitsgemeinschaft Jugendliteratur und Me-
dien in der GEW; Bahnhofstr. 43; 7770 Überlingen
Ansprechpartner: Dörr, Heinz; Weber, Hans; Tel.: 07551/5228

Die Schriftenreihe "Materialien Jugendliteratur und Medien"
wird derzeit im Auftrag der Arbeitsgemeinschaft Jugendliteratur
und Medien in der GEW herausgegeben von Heinz Dörr, Jörg
Knobloch und Hans Weber. Bisher erschienen 26 Hefte im Um-
fang von je ca. 50 Seiten zum Selbstkostenpreis von jeweils
DM 3,50. Lieferbar sind zur Zeit (1992):
- Heft 2: Schulmediothek/Bibliothek (1980)
- Heft 3: Grundwissen Didaktik der KJL (1981)
- Heft 7: Thema 3. Welt (1983)
- Heft 12: Laßt die Kinder lesen (1985)
- Heft 17: ... da werden Kinder zu Autoren (1987)
- Heft 18: Heinrich-Wolgast-Preis 1988 (1988)
- Heft 20: Treffpunkt Jugendliteratur (1989)
- Heft 23: Sprachgrenzen überwinden (1990)
- Heft 24: Kinderliteratur und Kindertheater (1991)
- Heft 26: Wir über uns - die AG Jugendlit. u. Medien (1992)
- Heft 27: Schulbibliothek/Mediothek (1992)

(590)
Medienpädagogische Beratung und Information für Eltern, Erzieher, Lehrer
Herausgeber: Stiftung Lesen; Fischtorplatz 23; 6500 Mainz
Ansprechpartner: Kreibich, Heinrich; Tel.: 06131/230888

Seit Oktober 1985 konnten bisher insgesamt drei medienpädagogische Dienste erprobt werden, nachdem ihre inhaltliche und formale Gestaltung zuvor durch Befragungen gestützt wurden:

- Die Publikation "Lesen-Fernsehen-Spielen" ist ein dreispaltiges Poster im DIN-A3-Format. Darin werden Eltern und Kindern Anregungen für eine alternative Freizeitgestaltung gegeben, die sich auf ausgewählte Sendungen des aktuellen Kinder- und Jugendprogramms des Fernsehens beziehen. "Lesen - Fernsehen - Spielen" erschien auch als Wochenendbeilage in der Mainzer Allgemeinen Zeitung, wird aber zur Zeit nicht mehr produziert.
- Der Informationsdienst für Lehrer und Erzieher soll, neben Berichten über Neuigkeiten aus der Medienerziehung, vor allem Vorschläge für die Elternarbeit sowie für eine kindgemäße Aufarbeitung von medienpädagogischen Problemen bringen. Die bisher 10 Themenhefte behandeln u.a. Video, Wahrnehmung von Kindern, Werbung, Medienverhalten in der Schulklasse und im Kindergarten, Elternarbeit.
- Die Elternbriefe, die seit Herbst 1987 Familien mit Kindern von 3-8 Jahren kostenlos zur Verfügung gestellt werden, bieten neben medienkundlichen Hinweisen auch Beratung in allgemeinen Fragen der Kindererziehung.
  Die bisher erschienenen 6 Hefte behandeln: Bilderbücher, Vorlesen und Erzählen, Fernsehen, Freizeit, Spaß am Lesen, Spiele.

Hinweise: Die seit 1986 existierenden Elternbriefe werden nach wie vor von Kindergärten und Jugendämtern bei der Stiftung Lesen bestellt.

(591)
Mick's Tour
Herausgeber: Stiftung Lesen; Fischtorplatz 23; 6500 Mainz
Ansprechpartner: Hasselblatt, Tamara; Tel.: 06131/230888

Mick's Tour Lesetips stellen über die in den monatlich vom SFB ausgestrahlten Sendungen, in denen jeweils 3-4 Bücher zu einem bestimmten Thema vorgestellt werden, darüber hinaus noch etwa 10 empfehlenswerte Kinder und Jugendbücher zum entsprechenden Thema vor. Leider ist es kaum durchführbar, die Lesetips frühzeitig vor Ausstrahlung der entsprechenden Sendung an die Öffentlichkeit zu bringen, da die Sendungen immer wieder erst kurzfristig fertiggestellt werden und somit die für die Redaktion notwendigen Unterlagen zu spät vorliegen.

(592)
SR Kinder- und Jugendbuchliste

Herausgeber: Saarländischer Rundfunk; Redaktion Kinderfunk; Postfach 1050; 6600 Saarbrücken
Ansprechpartner: Rass, Ingrid; Tel.: 0681/6022158

Seit Dezember 1985 gibt der Saarländische Rundfunk die "SR Kinder- und Jugendbuchliste" heraus. Auf jeder Liste werden sechs Titel von einer unabhängigen Fachjury empfohlen. Die Bücher werden sowohl durch die bibliographischen Angaben als auch durch eine Kurzbeschreibung vorgestellt.

Zur Zeit hat die Liste eine Auflage von 14000 Exemplaren. Die Bücher der Buchliste erscheinen auf vielfältige Weise im gesamten Programmbereich des SR. Die Kinder- und Jugendbuchliste, die 6 x jährlich erscheint, wird kostenlos auf Anfrage an Schulen, Bibliotheken und Buchhandlungen verteilt.

Hinweise: Im Zusammenhang der Leseförderungsaktivitäten des SR existiert auch ein Stand auf der Buchmesse in Frankfurt/M. unter dem Motto "Wer hören kann, der liest auch".

(593)
Taschenbücher für den Unterricht
mit Handreichungen für LehrerInnen

Herausgeber: Arbeitsgemeinschaft Jugendliteratur und Medien in der GEW; Bahnhofstr. 43; 7770 Überlingen
Ansprechpartner: Dörr, Heinz; Tel.: 07551/5228

Die Publikation wird herausgegeben von Hans Weber. Lieferbar ist zum Einzelpreis (in Briefmarken) von DM 1,- zur Zeit die 5. Auflage (1991). In einem handlichen Faltprospekt werden 193 Titel (Kinder- und Jugendtaschenbücher) mit den entsprechenden Hinweisen auf die lieferbaren didaktischen Materialien aufgeführt.

Die Taschenbuchtitel sind nach dem Autorenalphabet geordnet. Hinweise auf die Jahrgangsstufe, in der das Buch eingesetzt werden kann, auf den Verfasser der didaktischen Materialien und die entsprechenden Bezugsadressen ergänzen das Verzeichnis, das sich als ein Beitrag zur Leseförderung versteht.

(594)
Von 3-8. Neue Bilderbücher, Spiele, Elternbücher
Herausgeber: Deutsches Jugendschriftenwerk;
Fischtorplatz 23; 6500 Mainz
Ansprechpartner: Bergmann, Günter; Tel.: 06131/230888

Die jährlich herausgegebenen Leseempfehlungen decken folgende Inhaltsbereiche ab:
- Bücher für Eltern und Erzieher - Arbeitshilfen, Zeitschriften - Vorlesebücher für Eltern und Kindergarten
- Bücher und Arbeitsmaterialien zur Bildungsförderung
- Spielbücher und Spiele zur Vermittlung von Fähigkeiten
- Bücher zur Wissenserweiterung und Sachinformation

Bücher zur Unterhaltung, zum Betrachten und Lesen - besonders empfohlene Bücher für Leseanfänger.
Die Titel sind kurz kommentiert und mit stichwortartigen Anwendungshinweisen versehen.
Hinweise: Einzelexemplare können gegen Einsendung von DM 2,40,- beim Dt. Jugendschriftenwerk bestellt werden.

3. Kontaktadressen

(595)
Agentur für Kinderkultur
Bleichenallee 16; 2000 Hamburg 50
Ansprechpartner: Sölter, Susanne; Tel.: 040/396223

Die Agentur bemüht sich um Öffentlichkeitsarbeit und Lobby für Kinderkultur: neben dem Angebot von Rezensionen (Buch/ Theater/ Film/ Spiel) bietet sie frei Artikel an sowie Fotos, Illustrationen und betrachtet besonders literaturbezogene Themen als Schwerpunkte ihrer Arbeit.

(596)
Akademie Remscheid
Küppelstein 34; 5630 Remscheid 1
Ansprechpartner: Tetzner, Bruno; Tel.: 02191/7941

Kulturpädagogische Fortbildungskurse zu folgenden Themen: Beratung und soziokulturelle Animation; Musik; Tanz/Rhythmik; Spiel; Theater; Bildnerisches Gestalten; Medien.

(597)
Arbeitsgemeinschaft Jugendliteratur u. Medien in d. GEW
Bahnhofstr. 43; 7770 Überlingen
Ansprechpartner: Dörr, Heinz; Tel.: 07551/5228

Publikationen "Informationen Jugendliteratur und Medien" und "Materialien Jugendliteratur und Medien". Ziel: Die Publikationen bezwecken die Sichtung und Prüfung von Jugendliteratur in verschiedenen medialen Formen für Schule und Unterricht, individuelles Lernen und Freizeit. Landesverbände dieser Organisation existieren in fast allen Bundesländern.

(598)
AG Kinder- und Jugendliteraturforschung
c/o Institut für Jugendbuchforschung;
Myliusstraße 30; 6000 Frankfurt/M. 1
Ansprechpartner: Ewers, Hans Heino; Tel.: 069/7983564

Die Arbeitsgemeinschaft veranstaltet insbesondere wissenschaftliche Jahrestagungen mit Schwerpunktthemen und internationaler Beteiligung. Dadurch soll der Erfahrungsaustausch zwischen KJL-Forschern verschiedener Disziplinen im deutschsprachigen Raum kontinuierlich gefördert werden. Mitglieder dieser Arbeitsgemeinschaft sind ausschließlich natürliche Personen.

(599)
Arbeitsgemeinschaft von Jugendbuchverlegern
c/o Franck-Kosmos Verlags-GmbH &Co.; Pfitzerstr. 5-7;
7000 Stuttgart 1
Ansprechpartner: Breitling, Bettina; Tel.: 0711/2191359
Jugendbuch heute. Informationen zum Kinder- und Jugendbuch. Verlagsprogramme, Auszeichnungen, wichtige Anschriften. Ziel: Allgemeine und speziellere Informationen für an Kinder- und Jugendliteratur Interessierte.

(600)
Arbeitskreis für Jugendliteratur
Schlörstraße 10; 8000 München 19
Ansprechpartner: Meyer, Franz; Tel.: 089/1684052
1. Deutscher Jugendliteraturpreis: Der Preis fühlt sich einem dreifachen Zweck verpflichtet: Information über Kinder- und Jugendliteratur, Vermittlung von Leseanreizen, Beitrag zur Qualitätssteigerung von KJL. 2. Bücherverzeichnis/ Auswahllisten: Die Verzeichnisse dienen der Information über Kinder- und Jugendbücher und wollen Anregungen für ihre Verwendung geben. 3. Seminare.: Schwerpunkt der Fortbildungsreihe ist die didaktische und methodische Einführung in den Umgang mit Kinder- und Jugendliteratur.

(601)
Arbeitsstelle der Katholischen Büchereiarbeit
Wittelsbacherring 9; 5300 Bonn 1
Ansprechpartner: Hodick, Erich; Tel.: 0228/631055
Fortbildungsseminare zur Ausbildung von Mitarbeitern in der Katholischen Büchereiarbeit.

(602)
Arbeitsstelle für Kinder- und Jugendliteraturforschung
Richard-Wagner-Straße 39; 5000 Köln 1
Ansprechpartner: Hurrelmann, Bettima; Tel.: 0221/4704069
Literaturwissenschaftlich-kulturhistor. Grundlagenforschung im Bereich der Kinder- und Jugendliteratur des deutschsprachigen Raumes.

(603)
Bayern liest e.V.
Rosenheimer Str. 5; 8000 München 80
Ansprechpartner: Sako, Renata; Tel.: 089/48098382

Der Zweck des Vereins ist die Förderung von Buch und Lesen, der Literatur und der Sprache in Bayern, insbesondere durch die Veranstaltung einer jährlich durchgeführten Frühjahrsbuchwoche "Bayern liest".

(604)
Börsenverein des Deutschen Buchhandels
Großer Hirschgraben 17-21; 6000 Frankfurt/M.
Ansprechpartner: Klosterberg, Monika; Tel.: 069/1306335

Projekte:
- Vorlesewettbewerb;
- "Das lesende Klassenzimmer";
- Wanderausstellungen;
- "Lesemobil" (Sommerprogramm);
- "Leseschiff";
- Kinder- und Jugendprogramme auf der Buchmesse.

(605)
Borromäusverein e.V.
Wittelsbacher Ring 9; 5300 Bonn
Ansprechpartner: Adler, Werner; Tel.: 0228/72580

Der Borromäusverein e.V. (gegründet 1844) ist ein gemeinnütziger kirchlicher Verein, dessen satzungsgemäße Aufgabe darin besteht, Bücher und andere Medien zum persönlichen Eigenbesitz zu vermitteln (durch die örtlichen Vereine in den Pfarrgemeinden) und die katholischen öffentlichen Büchereien zu fördern, zu beraten und zu beliefern.

(606)
Bundeselternrat -
Arbeitsgemeinschaft der Landesvertretungen
Hamburger Straße 31; 2000 Hamburg 76
Ansprechpartner: Oppermann, Ilse; Tel.: 040/291883527

Dokumentation (Stellungnahmen des Bundeselternrates zu verschiedenen Themen). Informationsschrift: Bundeselternrat im Dienst der Eltern. Erscheint in zwangloser Folge. Stellungnahmen zu Themen der Leseerziehung.

(607)
Bundesverband der Friedrich-Bödecker-Kreise
Fischtorplatz 23; 6500 Mainz
Ansprechpartner: Bergmann, Günter; Tel.: 06131/230888

- Autorenlesungen: Pädagogischer Zweck der Autorenlesungen ist das Erlernen eines selbständigen Umgangs mit Literatur durch die unmittelbare Begegnung mit dem Autor.
- Information und Beratung auf überregionalen Veranstaltungen (Literaturwochen, Jugendbuchwochen, Lehrerfortbildungsveranstaltungen, Akademien).
- Ausstellungen u. Wanderausstellungen.
- Erstellung von Literatur-Auswahl-Verzeichnissen, Autorenverzeichnis.
- Internationales Treffen von KJB-Autoren im zweijährigen Rhythmus

Die Kontaktaufnahme sollte in jedem Fall über einen der Landesverbände erfolgen:

- Baden-Württemberg e.V.: Schloß Solitude, Haus 3, 7000 Stuttgart 1, Tel.: 0711/6990700
- Bayern: Gräfeldinger Str. 14, 8000 München 70, Tel.: 089/711353
- Berlin: Badenallee 27, 1000 Berlin 19, Tel.: 030/3040396
- Brandenburg e.V.: Heideweg 34, O-1590 Potsdam, Tel.: 0331/74175
- Bremen e.V.: Heilsberger Str. 3, 2850 Bremerhaven, Tel.: 0471/88531
- Hamburg e.V.: Peter-Marquard-Str. 11, 2000 Hamburg 60, Tel.: 040/276980
- Hessen e.V.: Frankfurter Str. 20-22, 6290 Weilburg/Lahn, Tel.: 06471/1646
- Mecklenburg-Vorpommern e.V.: Groten Enn 27, O-2520 Rostock, Tel.: 0381/712404
- Niedersachsen e.V.: Sophienstr. 2, 3000 Hannover 81, Tel.: 0511/328435
- Nordrhein-Westfalen e.V.: Lahnstr. 6, 5000 Köln 40, Tel.: 02234/47583
- Rheinland-Pfalz e.V.: Eltzerhofstr. 6a, 5400 Koblenz, Tel.: 0261/3900525
- Saarland e.V.: Marktstr. 43, 6602 Saarbrücken-Dudweiler, Tel.: 06897/767517

- Sachsen e.V.: Wilhelm-Leuschner-Platz 10/11,
  O-7010 Leipzig, Tel. 0341/3954479
- Sachsen-Anhalt e.V.: Hauptstr. 8, O-3271 Niegripp,
  Tel.: 03931/4357
- Schleswig-Holstein e.V.: Langnis, 2301 Westensee,
  Tel.: 04305/1292
- Thüringen e.V.: Domplatz 1, O-5020 Erfurt,
  Tel.: 0361/24876

(608)
Bundesvereinigung Kulturelle Jugendbildung
Küppelstein 34; 5630 Remscheid 1
Ansprechpartner: Bockhorst, Hildegard; Tel.: 02191/7942902

Die in der "Akademie Remscheid" ansässige Bundesvereinigung ist ein Zusammenschluß von 29 bundesweiten Fachorga-
nisationen und Institutionen der kulturellen Jugendbildung. Ziel
ist die Förderung der außerschulischen Jugendbildung in der
Bundesrepublik. Das Büro "Projektbank" ist ein neuer Service
für die Kulturarbeit. Es soll ein zeitgemäßes Informationszentrum für die vielfältigen Formen und Bereiche kultureller Jugendbildung werden. Ziel ist es, Stadtteilfeste, Kulturtage, Fe-
stivals und andere Projekte mit und für Jugendliche und Kinder
zu sammeln und auf Abruf bereit zu halten.

(609)
Deutsche Akademie für Kinder- und Jugendliteratur
Hauptstraße 42; 8712 Volkach
Ansprechpartner: Pleticha, Heinrich; Tel.: 09381/4355
- Buch des Monats: Bei dem Preis geht es den Stiftern u.a.
  auch um die Steigerung des Ansehens der KJL.
- Arbeits- und Forschungsseminare: Die Seminare dienen vor
  allem der wissenschaftlichen und pädagogischen Weiterbil-
  dung auf dem Gebiet der Kinder- und Jugendliteratur
- Großer Preis der Deutschen Akademie für Kinder- und Ju-
  gendliteratur - Förderpreise und Sonderpreise

(610)
Deutsche Akademie für Sprache und Dichtung
Alexandraweg 23; 6100 Darmstadt; Tel.: 06151/44823

Fördert die Pflege der deutschen Sprache im alltäglichen und
literarischen Bereich. Verleiht u.a. den Georg-Büchner-Preis für
hervorragende literarische Leistungen bzw. ein Lebenswerk.

(611)
Deutsche Gesellschaft für Lesen und Schreiben
c/o Universität Bielefeld; 4800 Bielefeld
Ansprechpartner: Büchner, Inge; Tel.: 040/2704095

Die DGLS ist die deutsche Sektion der "International Reading Association" und befaßt sich überwiegend aus pädagogischer und psychologischer Sicht mit den Prozessen des Lesens und Schreibens.

(612)
Deutscher Ärztinnenbund
Kinderklinik d. Uni München; Lindwurmstr. 4; 8000 München 2
Ansprechpartner: Mundt, Edith; Tel.: 089/984551

- "Das fröhliche Krankenzimmer". Ziel: Es wird Krankenhaus-Arbeit geleistet, bei der kranken Kindern durch Literatur Lebenshilfe und psychische Stabilisierung gegeben werden soll. **Materialien:** Tagungsbericht '87, Dokumentation, Aufkleber, Buchempfehlungsliste, Faltblatt, INFO, Einladung.
- "Die silberne Feder": Würdigung von Leistungen in der Darstellung von gesundheits- und krankheitsbezogenen Themen in der KJL.

(613)
Deutscher Kulturrat
Adenauerallee 7; 5300 Bonn; Tel.: 0228/224800 oder 223808
Ansprechpartner: Wiesand, Andreas Johannes

Durchführung von Kongressen und Tagungen zu den verschiedensten Bereichen des kulturellen Lebens.

(614)
Deutscher Verband Evangelischer Büchereien
Bürgerstraße 2; 3400 Göttingen
Ansprechpartner: Frau Burmeister; Tel.: 0551/74917

"Evangelischer Buchberater". Vierteljährlich erscheinende Zeitschrift mit Rezensionen, Buchempfehlungen, Artikeln über literarische, kultur- oder büchereipolitische, theologische oder buchpädagogische Themen. Ausbildung zum "Büchereiassistenten im kirchlichen Dienst". Vergabe des "Evangelischen Buchpreises" an einen Autor für ein Buch. (Vorschläge werden von LeserInnen der ev. Büchereien eingebracht.)

(615)
Deutsches Bibliotheksinstitut -
Beratungsstelle für Schulbibliotheken
Luisenstr. 37; O-1041 Berlin
Ansprechpartner: Hoebbel, Niels; Tel.: 030/2362924

Das DBI hat die Aufgabe, die Arbeit der deutschen Bibliotheken fachlich zu unterstützen. Dazu werden einerseits Informationen und Dienstleistungen angeboten, andererseits wird Forschungs- und Entwicklungsarbeit geleistet. Seit 1990 arbeitet das Institut eng mit den Ostberliner Partnern "Zentralinstitut" und "Methodisches Zentrum für wissenschaftliche Bibliotheken" zusammen.

(616)
Deutsches Jugendinstitut
Freibadstraße 30; 8000 München 90; Tel.: 089/623060
Ansprechpartner: Tully, Claus; Bertram, Hans

- Jugend- und Jugendhilfeforschung;
- Familienforschung;
- Kinderforschung;
- Dokumentation und Information zu den obengenannten Punkten auf EDV-Basis (findet Verwendung bei internen und externen Anfragen) und als 4x jährlich erscheinende Bibliographie "Sozialisation und Sozialpädagogik".

(617)
Deutsches Jugendschriftenwerk
Fischtorplatz 23; 6500 Mainz
Ansprechpartner: Bergmann, Günter; Tel.: 06131/230888

Projekte:
- Von 3-8. Neue Bilderbücher, Spiele, Elternbücher Die Broschüre richtet sich vor allem an Eltern und Erzieher, um sie bei der Medienauswahl für ihre Kinder zu unterstützen.
- "Kinder- und Jugendzeitschriften", ein Auswahlverzeichnis
- "Bücher", ein Buchbesprechungsdienst.

(618)
Einkaufszentrale für öffentliche Bibliotheken
Bismarckstraße 3; 7410 Reutlingen
Ansprechpartner: Wurster, Erich H.; Tel.: 07121/1440

"Besprechungen - Annotationen". Mit Besprechungen zu Neuerscheinungen auf dem Buchmarkt soll eine Hilfe gegeben werden, geeignete Literatur für den Bestandsaufbau in öffentlichen Bibliotheken auszuwählen.

(619)
Europäische Märchengesellschaft
Schloß Bentlage; Postfach 1322; 4440 Rheine
Ansprechpartner: Bücksteeg, Thomas; Tel.: 05971/12117

Vermittlung von Kontakten zwischen allen an Märchen interessierten Menschen; Fortbildungskurse und Arbeitskreise; Internationaler Märchenkongreß (jährlich); Herausgabe von Buchreihen und Cassetten; Märchenseminare.

(620)
Institut für Jugendbuchforschung
Myliusstraße 30; 6000 Frankfurt/M. 1
Ansprechpartner: Ewers, Hans-Heino; Tel.: 069/7983564

Das der Frankfurter Universität angeschlossene Institut befaßt sich mit Forschung und Lehre. Außerdem verfügt das Institut über eine wissenschaftliche Bibliothek für Primär- und Sekundärliteratur.

(621)
Internationale Jugendbibliothek
Schloß Blutenburg; 8000 München 60
Ansprechpartner: Bode, Andreas; Tel.: 089/8112020

Bibliothek und Dokumentationszentrum für Kinder- und Jugendliteratur mit internationalem Aufgabengebiet. Die Studienbibliothek enthält auch Sekundärliteratur. Projekte: Ausstellungen mit Begleitprogramm, Fortbildungsveranstaltungen, Lesen und Diskutieren mit Kindern und Jugendlichen.

(622)
Jugendschriftenzentr. d. Verb. Bildung und Erziehung
St. Peter-Schule; Rosellener Schulstraße 12; 4040 Neuss 21
Ansprechpartner: Schindler, Erich; Tel.: 02107/60478

Die Jugendschriftenzentrale des VBE sichtet die laufende KJB-Produktion, führt Maßnahmen zur Leseförderung im Rahmen der Lehrerfortbildung durch und arbeitet mit an öffentlichen Maßnahmen zur Leseförderung und Literaturvermittlung (z.B. Messen wie Interschul, Didacta, Biblioteka). Außerdem leistet die Jugendschriftenzentrale einen individuellen Auskunfts- und Beratungsservice für Studierende, Erzieher, Lehrer und Büchereileiter in Fragen der Leseförderung.

(623)
Märchen-Stiftung Walter Kahn
Walter-Kahn-Weg 1; 8117 Bayersoien
Ansprechpartner: Kahn, Walter; Tel.: 08845/1859

Zweck der Stiftung ist die Unterstützung der Arbeit der Europäischen Märchengesellschaft e.v. bei der Erhaltung, Förderung und Erweiterung des europäischen Märchengutes sowie die Unterstützung und Förderung von Forschung auf dem Gebiet des Volksmärchens. Jährliche Vergabe eines Märchenpreises in Höhe von DM 10000,- an Personen oder Institutionen, die sich um den Stiftungszweck besonders verdient gemacht haben. Vergabe weiterer Förderpreise und Veranstaltung eines Märchen-Erzählwettbewerbs in deutscher Sprache.

(624)
Pädagog. Arbeitsstelle des Dt. Volkshochschul-Verbandes
Holzhausenstr. 21; 6000 Frankfurt/M. 1; Tel.: 069/15400559
Ansprechpartner: Fuchs-Brünninghoff, Elisabeth

Projekte "Vermittlung elementarer Qualifikationen". Das Projekt knüpft an das Vorgängerprojekt "Alphabetisierung" an und bezweckt die Entwicklung von Konzepten und Materialien für Weiterbildungsmaßnahmen im Bereich Elementarbildung und Alphabetisierung.

(625)
Pressedienst für Gefangenenzeitungen
Schweizer Allee 24/25; 4600 Dortmund; Tel.: 0231/448111

Die Gefangeneninitiative e.V. (GI) wurde 1979 von ehemaligen Häftlingen und sozial engagierten Menschen als Selbsthilfegruppe gegründet. Die GI ist ein eingetragener Verein, der sich die soziale und politische Unterstützung von Inhaftierten, Haftentlassenen und deren Angehörigen als Aufgabe gestellt hat. Darüber hinaus ist die GI Ansprechpartner für alle Menschen, die mit der Justiz, Ämtern und Behörden Schwierigkeiten haben.
Projekte:
- Buchfernleihe. Die Buchfernleihe für Gefangene (BFL) ist eine Bibliothek, die kostenlos Bücher an Gefangene und Insassen von Landeskrankenhäusern im gesamten Bundesgebiet und an deutsche Gefangene im Ausland verleiht. Sie ist eine Ergänzungsbücherei zu den Haftanstaltsbüchereien. Sie ergänzt diese mit Fach- und Sachliteratur,

mit fremdsprachiger Literatur und mit Büchern der Bel-letristik, die in Gefängnisbüchereien nicht vorhanden sind.
- Pressedienst für Redakteure von Gefangenenzeitungen.

(626)
Roter Elefant - Arbeitskreis Kinder-Bücher-Medien
Dillstr. 1; 2000 Hamburg 13
Ansprechpartner: Steenfatt, Margret; Tel.: 040/445764
Ziel: Die spezifische Förderung emanzipatorischer bzw. alternativer und nicht kommerziell motivierter Kindermedien ist der ausdrückliche Zweck dieses Kreises. Desweiteren: Buchempfehlungen; Zweimal jährlich erscheinende Zeitschrift.

(627)
Schmitz, Jessica
Elisabethstraße 16; 8000 München; Tel.: 089/2719013
Tätigkeitsfelder: 17jährige Praxis im Umgang mit Kindern und Jugendlichen (Alter 10-18) in regelmäßigen Buchdiskussionsgruppen, in denen ein zuvor von allen Teilnehmern gelesenes Buch besprochen wird (im 14tägigen Turnus). Seit 1973 in der Internationalen Jugendbibliothek in München. Seit 1984 in der Zentralstelle der Städtischen Büchereien München, Gasteig-Kulturzentrum.
   Fortbildungsveranstaltungen für Kindergarten- und Horterzieher mit dem Schwerpunkt Bilderbuch und Kinderbuch. Fortbildungen für Eltern im Bereich Märchen, Bilderbuch, Kinder- und Jugendbuch. Fortbildungen für Erzieher und Leiter von Freizeitheimen im Bereich Erzählen und Vorlesen. Umsetzung von Buchinhalten im Rollenspiel. Vorträge, Diskussionsveranstaltungen, Gesprächskreise, Workshops.

(628)
Staatsinstitut für Schulpädagogik und Bildungsforschung
Arabellastraße 1; 8000 München 81; Tel.: 089/92142380
Das Handbuch "Empfehlungen zur Leseerziehung in der Grund- und Hauptschule" zielt auf die Vermittlung von Lesefreude, die Steigerung des Leseinteresses, die Hinführung zum Buch, die Einbindung des Lesens in fachliche und überfachliche Projekte.

(629)
Stiftung Lesen
Fischtorplatz 23; 6500 Mainz; Tel.: 06131/230888
Ansprechpartner: Hoffmann, Hilmar; Zitzlsperger, Rolf

Um den Rückgang der Lesekultur und das Anwachsen des funktionalen Analphabetismus einzudämmen, setzt die Stiftung Lesen ihren Schwerpunkt in der Leseförderung von Kindern und Jugendlichen. Hierfür arbeitet sie mit einschlägigen Institutionen des Lesens zusammen, versorgt Eltern, Lehrer und sonstige Lesevermittler mit Informationen, bildet sie auf den verschiedensten Ebenen weiter und entwickelt vielfältige neue Projekte zur Leseförderung.

Mit langfristigen Großprojekten sollen Organisationen und Interessierte auf neue Möglichkeiten der Leseanimation aufmerksam gemacht werden und können sich beteiligen.

(630)
Verband Bildung und Erziehung -
Referat Kinder- und Jugendliteratur
Tannenhofallee 21 b; 4400 Münster; Tel.: 0251/315268
Ansprechpartner: Ossowski, Herbert (Vors.)

Tätigkeitsfelder: 13 Jahre Mitglied der Hauptjury zum Deutschen Kinderbuchpreis, davon 6 Jahre Vorsitzender. Lehrauftrag für Didaktik der Kinder- und Jugendliteratur an der Universität Münster. Durchführung von Fortbildungsmaßnahmen für Primar- und Sekundarstufenlehrer im Regierungsbezirk Münster. Leiter des Referates Kinder- und Jugendliteratur im "Verband Bildung und Erziehung" (Bonn). Verantwortliche Mitarbeit am "Das Buch der Jugend". - Rezensionen in "Forum E" und "Schule heute". Rezensionen in diversen Zeitungen und Zeitschriften; Rundfunk. Didaktische und methodische Fragen zur Kinder- und Jugendliteratur in diversen Buchpublikationen (Erstleserfragen; Vorschulbücher; Sachbücher für Kinder; Stundenbilder in Vorschule, Primar- und Sekundarstufe). Herausgabe des Kataloges "Sachbücher für Kinder" (Deutsche Akademie für Kinder- und Jugendliteratur Volkach). Herausgabe von Lektüren für Grundschüler etc. Vorträge, Diskussionsveranstaltungen, Gesprächskreise, Workshops, ein- und mehrtägige Seminare für Erzieher, Lehrer (Primarstufe und Sekundarstufe I, Eltern).

(631)
Verein für Leseförderung und Lesekultur e.V.
Postfach 3927; 5500 Trier
Ansprechpartner: Mütschenich, Elisabeth; Tel.: 0228/470257

Aktionstag Bilderbuch: Unter diesem Motto führt der Verein nach Anfrage einen Aktionstag in Bibliotheken und Buchhandlungen durch. Am Nachmittag wird ein abwechslungsreiches Programm für Kinder rund um das Bilderbuch veranstaltet.

Der Informationsabend richtet sich an Eltern, ErzieherInnen und andere pädagogisch Interessierte. Kosten für den gesamten Aktionstag (incl. Werbematerialien): DM 700,- zuzügl. Fahrtkosten. Herausgabe eines Bilderbuchberaters.

(632)
Verein zur Förderung medienpädagogischer Aktivitäten für Kinder und Jugendliche e.V.
Friesenstr. 90; 2800 Bremen 1
Ansprechpartner: Schreiber, Bernd; Tel.: 0421/72993

Projekte:
- "Klick - Wochenzeitung für Kinder und Jugendliche"
- Förderung medienpädagogischer Aktivitäten

Mit der Gründung der Zeitung war die Idee verbunden, kritische wachsame Leser/innen mit besonderem Gespür für Probleme in den Bereichen Politik, Umwelt sowie im Kinder- und Jugendbereich herauszubilden.

(633)
Verein zur Förderung und Verbreitung der guten Kinder- und Jugendliteratur e.V.
Jugendzentrum Essen; Papestraße 1; 4300 Essen
Ansprechpartner: Kühn, Gisela; Tel.: 0201/777809

Die von Eltern und engagierten PädagogInnen getragene Vereinigung betreibt Leseförderung über einen Leseclub, Veranstaltungen und Fortbildungen.

TEIL IV: REGISTER

Abenteuerliteratur: 74, 105, 136, 228, 239, 269, 297, 325, 335,
    351, 411, 506, 546, 552, 553, 556, 559, 560, 578, 629
Adoption: 242
Alltag: 110, 133, 161, 171, 189, 221, 303, 328, 340, 351, 436
Alphabetisierung: 150, 164, 391, 565, 625
Alte Menschen: 1, 53, 54, 141, 162, 242, 248, 301, 335, 366,
    414, 428, 529
Analphabetismus: 135, 144, 154, 164, 172, 208, 355, 391, 538,
    555, 557, 565, 625
Arbeitslosigkeit: 474
Arbeitswelt: 13, 303, 333, 503, 514
Audiovisuelle Medien: 101, 159, 178, 179, 180, 227, 340, 344,
    355, 407, 508, 533
Ausbildung: 194, 500, 615
Ausländerkind: 30, 51, 254, 389, 438
Ausstellung: 14, 27, 29, 35, 45, 47, 57, 60, 62, 66, 69, 72, 74,
    81, 83, 90, 181, 276, 300, 305, 339, 345, 366, 385, 411,
    447, 479, 489, 506, 507, 518, 519, 528, 529, 532, 555,
    578, 592, 604, 621, 622, 629, 631
Autorenlesung: 2, 5, 7, 9, 14, 16, 22, 23, 26, 32, 34, 35, 43, 45,
    60, 62, 64, 69, 71, 82, 83, 90, 304, 365, 373, 385, 399,
    411, 413, 414, 422, 447, 451, 458, 477, 489, 492, 507,
    509, 518, 522, 529, 554, 555, 558, 573, 607
Basteln: 39, 41, 42, 52, 61, 221, 335, 349, 518, 523
Berufsausbildung: 91
Bibliothekar: 15, 27, 56, 66, 471, 507, 525, 538, 590
Bibliotheksarbeit: 42, 45, 51, 56, 59, 81, 227, 306, 337, 349,
    390, 444, 471, 472, 496, 516, 518, 519, 521, 522, 523,
    524, 525, 526, 528, 530, 533, 538, 557, 581, 601, 605,
    615, 616, 619
Bibliotheksbenutzer: 527
Bibliotheksbestand: 88
Bibliotheksgestaltung: 443, 524
Bibliotheksnutzung: 469, 472, 482, 517, 524
Bildbetrachtung: 44, 222, 234, 362, 569

Bildgeschichte: 222, 420
Bildungspolitik: 148, 456
Bildwirkung: 222
Buchangebot: 47, 206, 517
Bücherei: 1, 148, 236, 292, 356, 366, 451, 516, 519, 520, 528,
    529, 531, 534, 536, 601, 605, 615, 626
Bucherwerb: 134, 155, 236, 240, 619
Buchforschung: 570
Buchhandel: 5, 9, 10, 22, 34, 57, 68, 69, 93, 97, 127, 134, 240,
    244, 308, 345, 375, 400, 539, 563, 570, 604
Buchmarkt: 46, 57, 134, 155, 188, 194, 206, 215, 223, 236, 575
Buchmarktforschung: 568
Buchmesse: 29, 72
Buchproduktion: 17, 155, 185, 240, 245, 268, 400, 427, 527,
    563
Buchstabieren: 432, 545
Comics: 138, 143, 151, 173, 187, 188, 247, 328, 372, 394, 438,
    440, 527, 552, 556, 559, 560, 562
Darstellendes Spiel: 2, 20, 22, 367, 380, 440, 455, 464, 485
Das lesende Klassenzimmer: 66
Detektivliteratur: 553, 559
Deutschunterricht: 73, 163, 196, 214, 216, 230, 285, 388, 400,
    404, 414, 420, 427, 432, 435, 442, 448, 453, 459, 460,
    463, 467, 468, 470, 474, 476, 478, 485, 494, 496, 497,
    499, 501, 503, 509, 512
Didaktische Analyse: 66, 177, 221, 367, 378, 389, 401, 404,
    405, 407, 408, 411, 413, 422, 423, 454, 457, 459, 460,
    461, 465, 467, 478, 485, 495, 501, 504, 551
Dritte Welt: 80, 268, 312, 333, 428, 514, 552
Elektronische Medien: 4, 36, 55, 74, 98, 129, 130, 134, 139,
    142, 146, 154, 159, 163, 170, 171, 173, 178, 336, 340,
    349, 357, 391, 506, 552, 629, 632
Eltern: 8, 38, 130, 141, 144, 147, 148, 173, 175, 189, 211, 242,
    244, 298, 316, 333, 340, 341, 350, 357, 361, 385, 425,
    560, 569, 606, 632
Elternabend: 425
Elternarbeit: 36, 74, 75, 146, 336, 350, 360, 447, 449, 506, 590,
    629
Emanzipation: 225, 272, 280, 291, 334
Empfehlungen: 88, 307, 314, 329, 438, 585, 591, 593
Empirische Untersuchung: 71, 129, 130, 131, 134, 139, 140,
    141, 147, 151, 155, 156, 157, 158, 159, 165, 167, 169,
    173, 174, 175, 176, 178, 179, 188, 194, 204, 231, 302,
    303, 340, 370, 424, 500, 504, 517, 546

Erzieher: 15, 198, 340, 560, 590, 631, 632
Erzieherausbildung: 560
Erzieherfortbildung: 30, 36, 516, 628
Erziehung: 108, 147, 172, 192, 198, 217, 225, 243, 254, 258,
    266, 284, 329, 347, 355, 389, 429, 457, 491, 547, 549,
    559, 560, 617, 632
Erziehungshilfe: 198, 242, 340, 350, 352
Fachdidaktik: 163, 435, 448, 494, 500, 504, 505
Fachliteratur: 350
Familie: 2, 13, 30, 41, 50, 130, 131, 133, 140, 141, 147, 148,
    154, 155, 162, 175, 189, 200, 201, 241, 242, 303, 328,
    333, 347, 351, 355, 357, 474, 514, 555
Fernsehen: 4, 15, 31, 55, 66, 92, 107, 124, 129, 130, 131, 132,
    133, 134, 137, 139, 140, 141, 142, 146, 147, 151, 154,
    158, 161, 162, 167, 170, 171, 173, 175, 178, 201, 222,
    321, 343, 347, 355, 364, 372, 411, 440, 504, 549, 552,
    555, 568, 575, 590, 591, 632
Film: 16, 45, 49, 55, 65, 90, 107, 134, 142, 159, 162, 174, 180,
    207, 222, 227, 310, 360, 366, 440, 480, 552, 555, 556,
    568, 584, 595
Förderungsmaßnahmen: 30, 106, 111, 306, 308, 360, 374, 395,
    507, 529, 534, 538, 600
Frauenliteratur: 194
Freinet-Pädagogik: 502
Freizeit: 6, 8, 9, 15, 18, 19, 20, 22, 25, 50, 64, 131, 133, 134,
    141, 155, 173, 175, 195, 308, 364, 398, 411, 444, 453,
    479, 497, 500, 546, 555
Freizeitverhalten: 2, 13, 23, 134, 139, 156, 157, 159, 306, 356,
    549
Fremdsprachenunterricht: 462
Frühförderung: 27, 36, 45, 50, 51, 66, 144, 204, 308, 316, 336,
    341, 345, 347, 350, 352, 353, 354, 357, 358, 359, 360,
    361, 362, 364, 367, 374, 384, 399, 407, 424, 432, 549,
    566
Frühlesen: 58, 144, 199, 354, 432
Ganzschrift: 116, 411, 412, 414, 426, 427, 429, 437, 445, 448,
    505, 510, 572
Gefängnis: 626
Generationskonflikt: 366
Gesamtschule: 72
Geschlechtsunterschied: 129, 130, 137, 153, 175, 178, 226,
    263, 265, 267, 272, 280, 291, 302, 319, 333, 517, 553,
    559, 569
Gewalt: 151, 159, 239, 276, 295, 319, 429, 549, 552

Groschenheft: 553, 559
Grundschule: 40, 50, 74, 75, 82, 83, 86, 116, 144, 167, 211,
    230, 337, 343, 372, 376, 388, 390, 395, 396, 398, 406,
    411, 413, 416, 417, 425, 435, 436, 437, 439, 443, 444,
    445, 447, 449, 456, 480, 506, 509, 577, 590, 629
Gymnasium: 128, 469, 472, 474, 475, 480, 482, 500, 505, 513
Hauptschule: 74, 407, 411, 456, 476, 496, 506, 509, 510, 511,
    522, 573, 629
Heranwachsender: 117, 154, 173, 176, 467
Hochschule: 602, 621
Hörfunk: 554
Hörspiel: 11, 20, 65, 69, 313, 351, 368, 404, 442, 459, 485,
    512, 554
Illustration: 44, 69, 74, 89, 102, 126, 145, 185, 209, 215, 222,
    234, 241, 243, 250, 300, 303, 342, 374, 381, 403, 428,
    440, 506, 547, 550, 552, 569, 582, 629
Indianerliteratur: 39, 201, 339
Informationsmittel: 530, 619
Jugendarbeit: 20, 30, 64, 162, 525, 528, 608
Jugendbildung: 617
Jugendkultur: 18, 596, 608
Jugendliteratur: 9, 29, 67, 88, 105, 112, 149, 187, 190, 191,
    192, 194, 203, 205, 207, 210, 213, 217, 225, 232, 233,
    236, 244, 245, 258, 266, 267, 284, 307, 318, 322, 323,
    461, 503, 505, 534, 552, 572, 585, 589, 597, 598, 623
Jugendtheater: 464
Kaufverhalten: 179, 183, 240
Kinderfernsehen: 151
Kinderfilm: 167, 207, 307
Kindergarten: 1, 4, 9, 30, 36, 50, 64, 81, 146, 198, 211, 231,
    308, 316, 336, 340, 341, 343, 350, 355, 358, 360, 362,
    367, 374, 516, 529, 549, 566, 569, 577, 594, 618
Kinderkultur: 133, 151, 197, 243, 279, 329, 340, 537, 595
Kinderlied: 214, 279, 368
Kinderlyrik: 38, 69, 200, 213, 214, 224, 230, 235, 278, 279, 292,
    303, 317, 358, 367, 368, 374, 411, 431, 433, 455, 478,
    553, 559, 560, 564
Kinderreim: 235, 279, 478
Kindersachbuch: 37, 111, 183, 185, 198, 209, 236, 252, 262,
    264, 286, 288, 296, 300
Kindertheater: 22, 363, 367, 380
Kindheit: 168, 189, 197, 201, 219, 238, 239, 306, 352, 361, 366,
    411, 429, 551, 569
Klassenbücherei: 395, 411, 416, 449, 462, 489, 506, 629

Kleinkind: 333, 349, 355

Kommunikationsverhalten: 434, 550, 559

Konflikt: 192, 244, 254, 294, 438

Krankheit: 104, 107, 123, 580, 612, 613

Kreativität: 2, 7, 9, 13, 19, 25, 40, 41, 55, 73, 74, 84, 87, 170,
230, 333, 336, 349, 389, 390, 402, 403, 411, 412, 423,
440, 455, 457, 460, 464, 473, 479, 499, 502, 504, 506,
508, 528, 531, 595, 629, 631

Kriminalliteratur: 294, 328, 534, 552, 553

Kulturpolitik: 149, 208, 524, 558

Legasthenie: 392, 393, 401, 611

Lehrerausbildung: 68, 573, 611

Lehrplan: 440, 461, 476, 479, 500, 505, 513

Lektüre: 156, 169, 451, 462, 534

Lesebuch: 186, 199, 385, 395, 396, 448, 452, 557

Leseclub: 19, 20, 30, 71, 74, 75, 354, 375, 456, 506, 523, 555,
629, 634

Lesedauer: 62, 493

Leseempfehlungen: 27, 33, 62, 66, 72, 90, 94, 98, 107, 119,
120, 124, 199, 247, 261, 270, 274, 276, 278, 289, 293,
294, 302, 307, 308, 315, 316, 317, 319, 321, 325, 329,
330, 332, 346, 354, 357, 362, 364, 386, 396, 415, 425,
542, 571, 574, 575, 576, 577, 578, 579, 580, 582, 584,
589, 594, 600, 605, 618, 622

Lesefehler: 391, 392, 393

Leseinteresse: 129, 141, 156, 157, 158, 163, 168, 178, 187,
228, 303, 407, 422, 424, 496, 509, 511, 533, 534, 557

Leseleistung: 70, 144, 152, 384, 401

Lesemedien: 4, 55

Lesemotivation: 19, 37, 40, 74, 78, 140, 141, 155, 168, 177,
184, 187, 211, 287, 346, 355, 357, 361, 373, 384, 395,
399, 407, 408, 411, 412, 413, 417, 422, 423, 424, 452,
453, 456, 462, 468, 484, 488, 493, 514, 517, 551, 557,
581, 625

Lesenlernen: 50, 65, 66, 70, 75, 82, 94, 144, 150, 152, 158,
164, 168, 177, 179, 184, 186, 199, 211, 328, 337, 342,
348, 354, 357, 377, 383, 385, 386, 387, 391, 392, 393,
395, 396, 401, 405, 407, 408, 415, 416, 420, 421, 422,
423, 424, 425, 426, 432, 435, 446, 447, 452, 493, 543,
544, 545, 557, 611, 625

Leseprozeß: 152, 158, 168, 174, 179, 186, 392, 393, 401, 425,
498, 545, 557, 611

Leserpsychologie: 7, 46, 158, 168, 169, 174, 218, 266, 274,
401, 497, 498, 557, 559, 564

Lesestil: 551
Lesestrategie: 392
Leseunterricht: 94, 148, 150, 152, 164, 186, 384, 391, 392, 393,
    401, 416, 418, 422, 423, 432, 434, 451, 452, 493, 496,
    557, 589, 597, 611
Lesevergnügen: 168
Lesevorgang: 30, 69
Lesewirkung: 7, 136, 137, 143, 148, 168, 169, 170, 174, 192,
    194, 228, 242, 245, 285, 341, 374, 384, 389, 411, 439,
    488, 497, 498, 500, 555, 557, 559, 562, 564
Lesezirkel: 30
Lexikon: 563
Literaturclub: 542
Literaturerziehung: 149, 158, 211, 213, 214, 231, 355, 361, 385,
    395, 494, 551
Literaturkassette: 20, 36, 344, 351, 365, 404, 538, 556, 560,
    566
Literaturproduktion: 8, 65, 69, 84, 89, 220, 268, 275, 400, 494,
    547, 557, 559, 562
Literaturunterricht: 58, 67, 76, 82, 163, 174, 214, 230, 285, 338,
    404, 410, 414, 423, 459, 460, 461, 464, 475, 481, 483,
    487, 488, 490, 494, 498, 500, 501, 504, 505, 512, 513,
    576, 589, 593
Literaturverfilmung: 65, 174, 207, 227, 309
Literaturzeitschrift: 320, 554
Mädchen: 175, 204, 242, 265, 272, 280, 287, 290, 291, 294,
    302, 334, 560
Mädchenbuch: 41, 52, 246, 280, 290, 291, 294, 552, 627
Mädchenliteratur: 201, 225, 272, 287, 290, 294, 553, 556, 559,
    560
Malen: 39, 41, 42, 52, 61, 170, 349, 358, 376, 441, 455, 529
Märchen: 19, 57, 69, 99, 199, 217, 219, 236, 237, 270, 313,
    325, 328, 336, 344, 347, 351, 353, 358, 367, 368, 372,
    379, 389, 426, 438, 439, 440, 448, 457, 485, 537, 547,
    552, 553, 556, 559, 560, 564, 566, 571, 578, 581, 620,
    624, 628
Massenmedien: 134, 154, 159, 180, 463, 568
Mediennutzung: 129, 130, 132, 137, 139, 140, 141, 142, 146,
    147, 148, 149, 150, 151, 155, 159, 161, 162, 165, 167,
    170, 171, 173, 175, 178, 188, 222, 223, 231, 340, 343,
    347, 349, 391, 407, 423, 427, 430, 444, 504, 508, 524,
    549, 560, 569
Medienpädagogik: 15, 55, 92, 142, 146, 161, 162, 167, 173,
    175, 340, 343, 349, 480, 508, 590, 596, 632

Mediensozialisation: 133, 159, 207, 225, 231, 329
Medienverbund: 4, 15, 36, 45, 49, 55, 174, 555, 575, 591, 592
Mediothek: 65
Mündliche Literatur: 195, 537
Musik: 26, 39, 139, 170, 175, 273, 313, 349, 380, 411
Musikunterricht: 397, 440
Musizieren: 11, 27, 39, 455
Natur: 17, 37, 45, 55, 252, 253, 260, 262, 264, 282, 286, 358,
    433, 490
Neue Medien: 130, 142, 148, 149, 151, 156, 179, 207, 344,
    391, 480, 504, 508, 563, 585
Phantasie: 13, 22, 38, 39, 40, 61, 127, 160, 168, 182, 221, 281,
    353, 430, 455, 550, 569
Phantastische Literatur: 74, 99, 182, 201, 210, 213, 217, 225,
    236, 239, 270, 281, 294, 311, 325, 328, 335, 358, 411,
    439, 448, 506, 560, 583, 627, 629
Poesie: 542
Pubertätsalter: 101, 169
Puppenspiel: 41
Quiz: 10, 14, 399, 470, 529, 632
Ratgeberliteratur: 225, 307
Rätsel: 195, 292
Reflektierendes Lesen: 27, 46, 64, 358, 408
Reiseführer: 277
Religiöse Literatur: 113, 201, 316, 325, 335, 553, 560, 581
Rollenspiel: 27, 291, 349, 372, 428
Sachunterricht: 198, 275, 387, 397, 437
Schreiben: 14, 16, 17, 18, 32, 52, 59, 60, 61, 69, 72, 82, 84, 87,
    89, 170, 186, 230, 371, 382, 384, 391, 396, 401, 402,
    409, 424, 430, 434, 441, 454, 473, 485, 488, 498, 499,
    502, 507, 531, 543, 554, 611, 633
Schreibenlernen: 25, 75, 86, 152, 164, 357, 388, 391, 420, 454,
    476, 531, 543, 545, 611
Schreibfähigkeit: 25, 73, 86, 89, 135, 164, 396, 531
Schreibwerkstatt: 60, 71, 400, 430, 528
Schulbibliothek: 56, 65, 70, 74, 77, 88, 90, 306, 332, 337, 373,
    395, 416, 417, 443, 444, 447, 449, 456, 469, 470, 471,
    479, 482, 484, 496, 506, 507, 517, 535, 555, 571, 616,
    619, 629
Schulpolitik: 77
Science Fiction: 217, 311, 325, 351, 448, 468, 483, 553, 559,
    578
Sekundarbereich: 63, 65, 85, 89, 91, 92, 351, 399, 454, 463,
    464, 468, 480, 483, 493, 502, 508, 513, 546, 571, 589

Sexualität: 55, 204, 224, 263, 267, 271, 287, 294, 295, 325, 467, 552

Soziales Lernen: 13, 32, 56, 58, 66, 74, 438

Sozialisation: 20, 129, 130, 134, 135, 136, 141, 142, 147, 157, 162, 170, 173, 181, 193, 194, 204, 217, 225, 226, 231, 242, 246, 265, 280, 285, 289, 336, 438, 474, 504, 547, 551, 553, 555

Sozialpädagogik: 525

Spielen: 39, 90, 292, 308, 328, 336, 340, 349, 356, 358, 369, 380, 394, 493, 523, 581

Sport: 552

Statistik: 62

Statistische Angaben: 134, 138, 140, 142, 172, 204, 226, 303, 313, 407, 489, 549, 555

Stiftung Lesen: 1, 4, 8, 9, 10, 12, 15, 20, 24, 26, 30, 31, 33, 36, 64, 70, 71, 75, 80, 81, 85, 86, 88, 91, 104, 118, 124, 140, 163, 208, 300, 306, 346, 355, 555, 572, 574, 575, 577, 590, 591, 594, 630

Student: 71, 131

Tageszeitung: 92, 465, 531, 561

Technik: 45, 253, 260, 463, 466, 468, 483, 505

Textverständnis: 450

Tiere: 15, 37, 127, 259, 264, 282, 287, 325, 333, 335, 358, 439, 553, 571

Tod: 256, 257, 274, 301, 333, 414, 438

Trivialliteratur: 219, 375, 411, 554, 559, 564

Unterrichtseinheit: 91, 94, 411, 414, 428, 433, 437, 455, 465, 466, 476, 482, 485, 490, 505, 561

Unterrichtsmaterial: 381, 480

Unterrichtsmittel: 453, 561

Unterrichtsmodell: 56, 63, 65, 67, 74, 75, 76, 85, 167, 174, 372, 380, 388, 395, 403, 408, 409, 410, 412, 417, 418, 419, 420, 421, 429, 431, 435, 438, 439, 441, 448, 451, 463, 468, 475, 476, 479, 480, 482, 483, 487, 488, 491, 492, 494, 496, 497, 498, 506, 508, 509, 514, 572, 593, 629

Unterrichtsprojekt: 72

Unterrichtsstil: 435

Utopische Literatur: 182, 217, 225, 311, 501

Vorlesewettbewerb: 54, 93, 406, 417, 496, 535

Vorschulerziehung: 15, 50, 144, 198, 231, 306, 336, 340, 341, 345, 350, 359, 362, 367, 368, 372, 432, 553, 557, 577, 590

Wissenschaftliche Literatur: 58

Zeichnen: 38, 87, 366, 376